房地产实战营销丛书

中国楼盘实战命名三万例

余源鹏 主编

中国建筑工业出版社

图书在版编目(CIP)数据

中国楼盘实战命名三万例/余源鹏主编. —北京：中国建筑工业出版社，2006
(房地产实战营销丛书)
ISBN 7-112-08462-8

Ⅰ.中… Ⅱ.余… Ⅲ.房地产-市场营销学-中国
Ⅳ.F299.233.5

中国版本图书馆 CIP 数据核字（2006）第 083350 号

责任编辑：封　毅
责任设计：赵　力
责任校对：张树梅　关　健

房地产实战营销丛书
中国楼盘实战命名三万例
余源鹏　主编

*

中国建筑工业出版社出版、发行（北京西郊百万庄）
新 华 书 店 经 销
北京嘉泰利德公司制版
北京建筑工业印刷厂印刷

*

开本：787×960毫米　1/16　印张：18½　字数：426 千字
2006 年 9 月第一版　2006 年 9 月第一次印刷
印数：1—4000 册　定价：38.00 元
ISBN 7-112-08462-8
(15126)

版权所有　翻印必究
如有印装质量问题，可寄本社退换
（邮政编码 100037）

本社网址：http://www.cabp.com.cn
网上书店：http://www.china-building.com.cn

作者简介

余源鹏，20世纪70年代出生于广东省潮州市黄冈镇。由于家庭背景关系，1996年即涉足房地产开发业，先后毕业于哈尔滨工业大学土木工程学院建筑工程专业和中山大学企业管理（营销管理方向）研究生进修班。

一直致力于房地产全程营销策划研究，长期跟踪穗、深、京、沪数百个楼盘的开发运作。研究策划内容涉及项目可行性研究、项目市场调查（宏观、区域、对手、借鉴、SWOT分析等）、项目整体定位（档次、类型、客户、理念、形象、产品、服务、推广等）、项目产品策划（规划、建筑、户型、装修、园景、智能、配套、服务等）以及项目营销策划（广告、媒介、包装、促销、公关、价格、销售等）。擅长于在房地产项目开发全程中进行解决问题式的营销顾问和管理顾问服务。

主编出版了20本房地产专业书籍，其中近两年陆续出版的"房地产实战营销丛书"包括：《住宅开发类型策划第1分册——位置、户型、档次策划》、《住宅开发类型策划第2分册——高度、素质、景观策划》、《住宅开发类型策划第3分册——别墅、公寓、创新策划》、《房地产广告策划与创作》、《房地产包装推广策划》、《三天造就售楼冠军》、《房地产实战促销300例》、《房地产实战定价与销售策略》、《房地产市场调研与优秀案例》、《房地产实用营销图表大全》、《房地产一线销售管理》等，以及近期同时推出的《售楼尖锋——促使客户下定购房的实战教案》和《中国楼盘实战命名三万例》。

个人网站：www.eaky.com
电话传真：020－84049953
E-mail：yuyp@eaky.com

本书编委会

主编
余源鹏

参编人员

李巧丽	林达愿	夏 庆	陈友芬
柴建华	杨健涛	张良洪	董庆园
宋明志	杜志杰	张吉柱	黄林峰
王旭丹	余鑫泉	罗 艳	林 涛
陈淑燕	曾 琳	张 洁	钟世权
林旭生	张雄辉		

信息支持

盈地网 www.eaky.com

前言

楼盘名称，即房地产开发项目的名称，在业内又被简称为"案名"，一般蕴藏有楼盘的优势、价值观或文化取向。作为楼盘的识别符号，楼盘名称是房地产广告的第一要素，是楼盘各个时期广告使用频率最高、消费者接触最多的楼盘文字。

从楼盘名称的传递性来看，一个好的楼盘名称可对楼盘的地段优势、规模、功能属性等进行传递，并以其广告的功能，迎合一定的目标客户，达到楼盘名称与业主身份的对称性。好的楼盘名称能迅速提高项目的知名度，为楼盘项目品牌以及开发商品牌增添光彩，从而节省了后期可观的推广费用，而且还可以给项目增添不可估量的附加价值，对促进项目的销售起着重要的作用。

楼盘命名已经成为当今房地产营销策划的第一项重要工作，是房地产项目市场调查和研究分析的结果，是房地产项目定位中理念定位或主题定位的核心，而且更是房地产项目包装推广的基础。

所以，楼盘命名牵动着开发商决策层的所有人员，是房地产项目开发的第一项创造性难题，不仅需要开发商决策层和营销策划部门的全体人员来动脑和讨论，而且往往还需要借助专业的营销策划公司和广告公司来对此做出提案。而开发商对广告公司和策划公司所提交的提案是相当严格、挑剔且经常不断推翻的。

于是，如何创作出一个优秀的楼盘名称，已经成为房地产业内急需研究解决的一个重要课题。这也就是本书编写的初衷。

简单地说，楼盘命名是在进行系统的市场调查、研究分析和市场定位之后，再通过对本地以及外地相类似的楼盘的命名做参考借鉴之后才提出的，最后当然还需要开发商决策者的决策。关于房地产市场调查与研究的方法要点，请读者们参考我们编写出版的《房地产市场调研与优秀案例》一书。本书则侧重于为楼盘命名工作者提供指南性和工具性的参考功能。

本书搜集了进入21世纪以来北京、上海、广州、深圳、香港、台湾等我国33个主要城市和地区的三万多个楼盘名称，首先概述了楼盘命名的发展、归类方式、作用、名称结构，特别是楼盘命名的具体要求和方法，接着将楼盘名称按照"岸、堡、城……"等59个结尾词眼，以及按照"安、昌、诚……"等69个核心词眼，还有按照"异域风格、谐音风格、含英文字母、含数字、创新个性"等特殊词眼分别进行归类（词眼和城市按照首字拼音的字母顺序排列，即a、b、c……），以期为楼盘的命名工作提供实战案例的启示，并方便读者进行多渠道和多方向的查找，非常适合广大房地产开发企业的决策人员和营销策划人员，以及房地产销售代理公司、策划顾问公司和广告公司的策划人员阅读收藏，是一本房地产营销策划的重要工具书。

本书所收录的楼盘名称乃广大业内人士的智慧结晶，我们对其所付出的创作工作表示感谢。书中有些内容参考了部分媒介的信息，由于出版时间紧促，请有关作者尽快与本书编委会联系，以便及时支付稿酬。

本书是"房地产实战营销丛书"中的一本。实际操作中，房地产营销涉及到十多个细致且重要的环节，本书只是其中的一个关键环节。而对于房地产开发的其他营销实战要诀，请读者们参阅我们陆续编写出版的"房地产实战营销丛书"的其他书籍，也请广大读者对我们所编写的书籍提出宝贵建议和指正意见。对此，编者们将十分感激。为答谢广大读者的支持，请购买"房地产实战营销丛书"的读者登录盈地网www.eaky.com，在客户留言处填写资料后就可每月收到我们免费发送的房地产资讯情报一份。

目 录

第一章

楼盘命名概述 1

2　一、楼盘命名的发展

3　二、楼盘名称的归类方式

5　三、楼盘名称的作用

9　四、楼盘名称结构的最新变化

10　五、楼盘命名的九个要求

12　六、楼盘命名的十一个要诀

15　七、各地政府对楼盘命名的规定

16　八、优秀楼盘名称应寻求商标保护

17　九、使用本书为楼盘命名的方法

第二章

按结尾词眼归类的楼盘名称 21

22 岸	23 堡	23 城	28 村
29 大厦	39 岛	39 邸	40 地
41 第	41 都	42 坊	43 峰
43 府	44 港	44 阁	46 公寓
54 馆	55 广场	59 国际	60 花园
78 家园	82 街	83 景	84 境
85 居	88 郡	89 空间	89 里
90 邻	90 楼	92 门	93 畔
93 人家	94 山庄	96 商(业/贸)城	96 舍
97 社	97 社区	97 世家	98 墅
101 台	101 堂	101 天下	102 亭
102 庭	104 湾	106 新城	107 轩
108 印象	109 域	109 园	123 苑
140 院	140 镇	141 中心	143 州

143 洲	143 筑	144 庄	144 座

第三章

按核心词眼归类的楼盘名称 147

148 安	150 昌	151 诚	151 城市
153 创	153 春	155 翠	157 德
159 帝	159 第	160 东	164 都
166 都市	167 丰	169 福	171 港
172 贵	173 国际	175 海	182 豪
184 和	186 恒	187 宏	188 虹
190 鸿	191 湖	193 皇	194 汇
196 基	197 佳	199 嘉	202 江
205 金	212 锦	214 晶	215 骏
215 康	217 兰	218 乐	219 丽
222 利	224 龙	227 绿	230 美
232 名	236 明	238 青	239 区
239 荣	240 瑞	241 盛	243 时代
244 世纪	246 仕	247 泰	249 伟
250 文	251 香	253 祥	254 鑫
255 信	256 秀	257 雅	260 阳光
262 怡	264 银	266 雍	266 永
267 御			

第四章

按特殊词眼归类的楼盘名称 269

270 异域风格命名方式

273 谐音风格命名方式

275 含英文字母命名方式

276 含数字命名方式

277 创新个性命名方式

第一章　楼盘命名概述

一、楼盘命名的发展

二、楼盘名称的归类方式

三、楼盘名称的作用

四、楼盘名称结构的最新变化

五、楼盘命名的九个要求

六、楼盘命名的十一个要诀

七、各地政府对楼盘命名的规定

八、优秀楼盘名称应寻求商标保护

九、使用本书为楼盘命名的方法

一、楼盘命名的发展

在短短不到 20 年的时间里，经济的发展和人民需求的增长，促使我国房地产业迅速发展。同时，房地产开发项目的名称（简称楼盘名称）也在不断的变化发展之中。

计划经济时期没有房地产商品的概念，住房由国家分配，所建楼盘基本上没有名称，有的只是"某某厂（所）家属院"、"某某厂（所）宿舍区"，每幢楼相互之间以"某号楼"区别。

房地产进入市场初期，楼盘逐渐有了自己的名称，如"大河商住楼"、"中山路综合楼"、"东方小区"、"和平小区"、"朝阳新村"等等，这些名称基本上是以街道、区位和建筑标志来命名，不是来自于市场化，而带有浓厚的计划经济色彩。

再后来，"花园"、"广场"、"大厦"、"城"、"苑"、"山庄"等常用通名的大规模运用，使得楼盘命名多了几分生气。这段时期有一些比较典型的楼盘命名和房地产事件值得回顾一下：

深圳文锦花园——深圳第一次公开招标出让土地上建造的商品住宅的名称，标志着中国房地产业进入了土地批租的全新发展阶段。深圳文锦花园地块于 1987 年 11 月 25 日首次全国公开招标出让。1988 年 8 月 8 日上海首次以国际招标形式出让虹桥开发区第 26 号地块，所建楼盘命名为"太阳广场"。从这以后，中国各大城市土地批租蓬勃兴起，成为中国第一轮房地产热潮的主要热点。

庐山名人别墅——最具名人色彩的楼名，印证中国房地产轮回变迁的虚热泡沫。1992 年夏末秋初，庐山管理局宣布：出让庐山 21 幢名人别墅 50 年使用权。1992 年 9 月 18 日香港运通年投资有限公司一举夺得该项目的改造和转让权。台湾华晟广告公司为此推出的广告一鸣惊人："蒋介石失去的，毛泽东得到的，全都卖给你"。然而，庐山名人别墅两年中无一幢成交，项目从此搁浅。与庐山名人别墅同时期的还有北京玫瑰园别墅和三亚万国旅游城等烂尾楼盘。

上海罗马花园——上海早期以欧洲城市命名的楼名，预示着中国房地产楼盘欧陆风纷至沓来。1992 下半年到 1993 年，上海古北新区三区 19－A 号地块冠以罗马花园楼名的广告频繁出现在上海、香港等各大报纸媒体上，尔后各地以欧州城市命名或以欧美理念命名的楼盘大量涌现，仅在上海古北新区就有巴黎花园、里昂花园、马赛花园、雅典花园、鹿特丹花园、维也纳广场、维多利亚大厦。

万科城市花园——以跨地域企业名称为前缀的楼名，标志着中国房地产企业的跨地域建品牌的发展模式出现。1992年底，深圳万科企业股份有限公司在上海率先开发中档住宅小区"城市花园"，以后万科城市花园又在北京、天津、沈阳等各大城市开发。

北京SOHO现代城——北京SOHO概念楼名，开创中国房地产业新时期生活模式，也掀起一股炒概念的风气。1996年潘石屹开发北京CBD区域内的现代城，引入了SOHO概念。SOHO是"Small Office Home Office"的缩写，从字面理解是小型家庭办公的意思。此后SOHO的概念又走出了北京，风靡全国。

奥林匹克花园——跨地域体育运动楼名，打造中国房地产业连锁经营的复合地产。坐落在广州洛溪地区的广州奥林匹克花园于1999年初开始建设，当年开发、当年销售，掀起了"奥林匹克花园旋风"。奥林匹克花园以奥林匹克内涵为主线，以运动与健康为特色和先导，将奥林匹克这种源于体育的生活哲学与社区文化相结合，形成了复合地产。继广州奥园之后，番禺奥园、南国奥园、上海奥园、天津奥园、北京奥园相继诞生，呈现连锁经营的发展势态。

2000年前，以"花园"命名的楼盘在深圳泛滥后，接踵而来的是提升于花园之上的"豪园"、"雅苑"、"华庭"等字眼。再后来"蔚蓝海岸"从巴黎的某个案名斑驳下来后，掀起了深圳楼盘命名的旋风，风声水起出"风和日丽"、"水榭花都"、"香榭里"、"熙园"等优秀的命名。

而北京的楼盘命名也开始变得个性化和国际化，如CLASS（建于果岭的上层建筑）、MOMA、朝外MEN等等。同时期深圳也有"波托菲诺"等欧美升级名称。

现在，寻常的通名已经越来越不能满足多元化的楼盘命名需求，"谷"、"湾"、"座"、"筑"、"坊"、"庐"等古老的通名也频频涌现，而且被用得颇有新意。当然，干脆甩掉通名进行更自由的命名也是一大趋势，像春江花月、赞成·林风、西域锋尚、岸上蓝山、同城印象等一大堆没有通名的楼盘名称持续地面世。

二、楼盘名称的归类方式

本书搜集了我国北京、上海、广州、深圳、成都、重庆、杭州、南京、武汉、天津、西安、香港、台湾、长春、长沙、大连、东莞、贵阳、桂林、哈尔滨、海口、济南、昆明、南宁、青岛、沈阳、石家庄、苏州、太原、乌鲁木齐、无锡、厦门、郑州等33个主要城市和地区的楼盘名称，并按照楼盘名称结尾词眼、核心词眼和特殊词眼归为三大类。

1. 按照结尾词眼归类的楼盘名称

根据词眼的使用频率，把搜集的楼盘名称的结尾词眼大致分为五类，如下表：

按结尾词眼的使用频率分类	楼盘的结尾词眼
A	花园、苑、园、大厦、公寓
B	城、家园、广场、居、墅、中心、楼、庭、阁
C	景、山庄、湾、新城、村
D	都、地、国际、岸、街、里、轩、座、邸、家、馆
E	岛、洲、舍、世家、商（业）城、筑、府、门、坊、天下、镇、院、郡、堡、境、港、畔、空间、印象、台、峰、邻、庄、社区、域、第、州、堂、社、亭

说明：1. A、B、C、D、E 级依次表示词眼使用的频率由高到低。

2. 由于带"小区"的命名方式比较过时，故本书不再专门进行搜集。

2. 按照核心词眼归类的楼盘名称

根据词眼的使用频率，把搜集的楼盘名称的核心词眼大致分为五类，如下表：

按核心词眼的使用频率分类	楼盘的核心词眼
A	金、海、东、名、龙、国际、江、丽、嘉、雅、安、湖、绿
B	世纪、豪、翠、美、阳光、都、和、锦、明、福、汇、春、泰
C	佳、香、城市、康、怡、时代、盛、银、丰、文、虹、德、港、信
D	恒、都市、利、鑫、乐、青、鸿、瑞、宏、兰、祥、秀、御、永
E	荣、创、昌、晶、帝、仕、皇、贵、基、第、伟、骏、诚、雍、区

说明：1. A、B、C、D、E 级依次表示词眼使用的频率由高到低。

2. 本书搜集归类的核心词眼乃使用频率较多的词，另外还有许多不是很常用的词眼本书没有专门做归类，请读者从本书中查找。

根据核心词眼的含义，大致把核心词眼归为以下10类，如下表：

按核心词眼的含义分类	楼盘的核心词眼
帝王型	帝、皇、泰、雍、御、龙
金钱型	利、鑫、银、金
名贵型	名、贵、仕、伟、荣、骏

续表

按核心词眼的含义分类	楼盘的核心词眼
祥瑞型	嘉、佳、丰、鸿、宏、锦、瑞、盛、祥、昌、福、恒
美德型	诚、德、信、文、雅
安乐型	安、和、怡、永、康、乐
地点型	都、都市、港、城市、东、区
自然型	春、翠、虹、兰、丽、绿、美、明、青、香、秀、阳光、晶
山水型	海、江、湖
时空型	时代、世纪、国际
其他型	创、汇、基

说明：核心词眼的含义实际上包含了楼盘的许多特质，如楼盘档次、楼盘的开发类型、楼盘面向的目标客户、楼盘地块的优势、楼盘产品的特征、楼盘为业主所营造的生活方式以及楼盘带给业主的利益等等。

3. 按照特殊词眼归类的楼盘名称

本书力求探索和把握最新的楼盘命名的发展趋势，以异域风格、谐音风格、含英文字母、含数字和创新个性等五种命名方式进行归类，具体请读者看第四章。

以这些命名方式命名的楼盘近年在北京、上海、西安、台湾等地迅速增多，似有逐步取代含有地点名词（如"花园"、"城"等名词）的楼盘命名之势，是读者需要特别关注的。

当然，在大部分一级城市及所有的二三级城市，这种命名方式是否能被广大市民所接受及认可，应视不同地区的实际情况来定，以免吃力不讨好。

比如在昆明，有人就一时之间出现大量以外国名胜命名的楼盘而发出异议，著文埋怨道："我担心外地的朋友来找我，我告诉他：经过创意英国和玛雅生活馆，沿着香榭丽园一直走，到了地中海，转过西贡码头，过挪威森林，到波西米亚花园后面的马可波罗半岛别墅附近，我等他。这样，连国人也看扁了我。"

三、楼盘名称的作用
1. 是楼盘的代号

楼盘是开发商心血的结晶，当然要起一个好听的名字。楼盘名是一种代号，也是一种识别方法。中国人向来就很注意名字这是不争的事实。当一个小生命刚刚在母亲的腹中孕育时，其父母乃至爷爷奶奶、外公外婆便开始为他（她）的名字操心了。名字只是一个人的代号，这谁都明白，然而就是这一个简单的代号却让人煞费苦心，名字取了一个又一个，以至搬出了新华字典，甚至康熙字典，仍然难以确定用哪个更好，因为人们在为孩子取名字时寄予了太多的希望。而楼盘呢，也同样像开发商的孩子一样，每一个楼盘都是其心血的凝结，命名当然不能马马虎虎、随随便便，而要取一个好听、易记而又为大家喜欢的名字。

2. 体现楼盘的定位

随着策划机构介入，房地产开发日趋规范，在楼盘的市场定位完成以后，楼盘命名就是市场核心定位的反映。楼盘名称或文化底蕴深厚，或表达目标客户的价值观，或灌输新居住理念，或反映地域特征，或展示品牌形象，或诉说亲情温馨，总之与楼盘定位紧密相关。

比如杭州的中大·吴庄这个案名，就包含着很多信息。首先"中大"交代了开发商，昭示了开发商的品牌价值；"吴"，既告知了吴山脚下的地理位置，又表现了其自然环境和历史文脉；"庄"则彰显了厚重矜贵的建筑风范。当然，最重要的是"吴庄"这个名称传达了面向高端客户的市场定位，因为"吴庄"的构词方式效仿了当地西湖边著名的"四庄"——刘庄、郭庄、汪庄和蒋庄，都是在姓氏后面冠以"庄"字。西湖"四庄"以往都是尊贵非凡的私家花园，"吴庄"的命名可以说是成功地借用了它们的尊贵感，再配以"曾经是帝王的家"的广告语，就更精准地切中了市场核心定位。

3. 是楼盘最初最直接的广告

好的案名可以吸引住消费者的眼球，在众多楼盘中脱颖而出，显现出楼盘的特质，并把这些特质在第一时间内传递给消费者。个性的案名本身就是一个最好的广告，具有一定的新闻性。这种市场新闻的生命力不仅支撑着案名在人们心中的记忆深度，同时也支持着项目在市场上的知名度。

当然，关键是楼盘的命名的主题要与项目主题形成吻合，这样的话，一个好的命名，可能会节省一大部分营销推广的费用。

曾有报载，一小姐拗着男友坚决要在一个名叫"浪琴屿"的楼盘落定下单，因为她就冲这名字而来："不仅看上去很美，而且听上去也很美……"。

一个极具亲和力，给人以审美愉悦的楼盘名称，可让客户产生第一印象，并会强化置业者的第一印象，虽然未必起决定性的作用，但富有内涵的案名，至少可吸引目标客户对楼盘本身的关注，以至于引发现场看房的欲望。成功的案名使全程策划与营销战略事半功倍。

4. 容易让人记住的楼盘名有促销作用

一个响亮的、令人耳目一新的楼盘名字肯定比一般的没特色的名字容易被人记住，能被人记住的楼盘名当然会比名不见经传的楼盘更容易被人接受。因此，取一个好的名字对楼盘的销售是有好处的。也许会有人说，楼盘能否销售出去，看的是其质量如何，是否切合大众的需求。当然这些都很有道理，一个楼盘能否热销，其关键当然在于质量及其定位，然而假若没人知道，其质量再好又有何用，谁会去买，因此取一个好名字，让大家知道、记住是很关键的一步。好的楼盘名字首先就在人心目中占了一定的位置，起到了一种先入为主的作用。因此，也就有了一种优越的地位，成了人们优先考虑的对象。

5. 是树立品牌的关键

如今人们买什么东西，都喜欢认品牌，品牌就是一种资本。同样的东西，名牌和默默无闻者其价格也许相差十万八千里，原因在哪儿？就在于人们的承认，就在于品牌的深入人心。品牌是什么？最初还不一样就是一个名字，品牌的树立乃至深入人心，不能不说有名字的一部分功劳，没有好名字又何来品牌。同样，一个易认易记，且又独特有寓意的名字才会容易被人记住，一个太普通的毫无特色的名字很容易被浩如烟海的楼盘名所淹没。许多歌星、影星为了出名而重起名字，也正是认识到了这一点。一大批取名公司的诞生不正是抓住了人们这一心理吗？因此，开发商为了树立自己的品牌，而煞费苦心地为自己楼盘命名就更是无可厚非的了。

6. 可以提升楼盘品牌附加值

楼盘命名与项目以及房地产企业的品牌推广密切地联系在一起，优化楼盘命名的最终目的是要有利于项目品牌附加值的提升，有利于项目的营销推广，有利于开发商企业文化的提升。

塑造楼盘品牌的第一步是要对楼盘进行全方位的形象设计，而形象设计的基础就是楼盘命名。俗话说，好的开始是成功的一半，开发商能否使自己的项目在市场上立于不败之地，以一个响亮的、独具特色的名字介入市场是关键因素。

同时，一个有内涵、有特色、有知名度的楼盘名称会在消费者中间形成广泛的认知，这对于提升楼盘品牌乃至开发商的品牌具有重大的意义。

这里需要明确的是，楼盘名不等同于地产品牌，但由于地产的特殊性，地产品牌的形成通常以楼盘名为载体。楼盘名属于地产品牌价值的外延部分，它对于地产品牌价值的建立也起着举足轻重的作用，楼盘名的推广和传播可以建立品牌的美誉度和知名度，而品牌价值的内涵部分则是需要楼盘带给消费者的实在利益以及物管服务等方面贡献来建立的。

7. 可以用于品牌连锁营销

如像奥园和万科，都是品牌连锁营销比较杰出的代表。

奥园集团在全国复制了广州奥园、南国奥园、上海奥园、天津奥园、沈阳奥园、北京奥园等楼盘，都统一以"奥园"命名，通过"运动就在家门口"的广告语整齐有力地喊出了运动、健康生活理念。和奥园的单一品牌策略不同，万科则采用多品牌策略，跨区域的多个楼盘均使用"城市花园"、"四季花城"等案名，充分展示品牌的强大实力和美誉度。"城市花园"通常用在城市边缘近郊区的项目上，而"四季花城"可以说是"城市花园"的升级版，倾注了更多对居住环境的关注和理解。

8. 给置业者一定的心理暗示

楼盘名称给予广大置业者的第一印象，虽说不是起决定性的作用，但有文化内涵、有审美价值的好名字，它的功能性、标识性、亲和力都会给客户以强烈的心理暗示与鼓动，的确能够在置业者心中产生一定的吸引力。这种吸引力可吸引目标客户群体对楼盘主要产品的关注，进而导致购房决定的第二个行为——客户在众多的楼盘信息中找出该楼盘的详尽资料，进而到楼盘现场咨询或者参观样板房。实践说明，一个给人以审美愉悦的楼盘名称，的确会强化客户的第一印象，使客户产生某种心理暗示，在整个看房、选房，直至最后签约过程中，都会起到一种潜移默化的导向作用。像深圳香蜜湖片区的"水榭花都"、"熙园"等楼盘的命名，除了具有较强的人情味和感染力，字面、寓意都具有温馨感和亲和力，在此基础上案名又具有了地域特色，使楼盘更加富有吸引力。

9. 楼盘换名可令销售大有起色

一个新奇的至少是响亮的名字，会给人耳目一新的感觉。一个楼盘广告打了一两年，如果再大肆宣扬下去，就会让受众产生"这楼不太好卖"的印象，广告的边际效益也会递减，而换个新名，就有点新上市、更新换代升级的味道了。

北京华润置地公司曾经在郭钧在任时就把旗下的华丽嘉园更名为"凤凰城"。谈起改名的原因，郭钧说："'华丽'二字不能充分地反映'标志建筑'的特点，便借来'凤凰城'这个名字。中国湘西有一个'凤凰城'，是作家沈从文、画家黄永玉的家乡，是一座生态环境非常好的典型的中国小城镇；美国亚利桑那州首府的名字也叫'凤凰城'，是一个将工业化、现代化与自然生态结合得很好的都市。而我们借来'凤凰城'这个名字，正是要反映出我们在这两方面做出的努力：中西兼顾、现代化和良好的生态环境兼顾。"华润的另一个项目华亭嘉园现在更名为"深蓝华亭"。

北京广安大街一个原来叫做东华经典的楼盘，之后改名叫"东华金座"。为了重新定位，不惜把金箔贴上楼盘的外立面，以提高楼盘的品质，楼盘的定位也由原来的商住公寓改为现在的酒店式公寓。对改名为阳光空间的芍药居，据有关人士说，原来楼盘名字没有突出自身的特点，楼盘是户户朝阳，因此才结合这个特点给它起名为"阳光空间"。

又如前两年，杭州一度滞销的新西湖花园，更名为"诺丁山郡"后，顺利售罄。当然，售罄肯定是多方面因素共同努力的结果，但是不可否认更名包装销售在其中起到的作用，毕竟"诺丁山郡"比"新西湖花园"更清晰地传达该项目依山而筑的尊贵气质。诺丁山郡成了杭州首例非烂尾楼更名包装销售的项目，而对于烂尾楼来说，更改案名更是理所当然的营销措施。

在深圳也曾有过一个好的命名救活一个楼盘的神话，说是在深圳大学附近有一个楼盘，盘量不大，地理位置也不是很好，总之，没有什么太多的特色，再加上命名定位也不准确，取了个什么"轩"什么"庭"之类的名字，结果楼盘销售业绩平平，于是求救于某著名的策划公司。策划者认真分析了楼盘的各种综合因素，顺理成章地找到了楼盘的"卖点"——深圳大学，根据消费心理分析：居住在著名的学府旁边，终日耳濡目染学术的气息，对人（尤其是对孩子的成长）是十分有利的。于是给楼盘取名为"学府××"，同时在策划推广活动中刻意突出深圳大学，让楼盘与深圳大学联系在一起，把一种与著名学府共同生活、感受浓厚的学术氛围的观念传递给消费者，于是该楼盘成为热销楼盘，很快一销而空。

广州旭景家园和信华花园针对目标客户先后改名七十年代家园和经理人家园，不仅价格提升了，而且由于包装推广的针对性和有效性，而顺利售完。

在北京还有许多著名楼盘的名字都非本名：曾经的"世纪阳光"，今天成了"远洋德邑"；现在的"阳光100"，原名"锦绣嘉园"；"时代之光·名苑"用过"京洲华园"这个名字；特别靠"典雅"的"柏林爱乐"原来是特别"发财"的"鑫兆嘉园"；"华府景园"的高贵出身于平易可亲的"柳源居"；易得居改名更勤，原为"俊景苑"后改"银街俊景"，最终起了个"易得居"；销售场面不俗的经济房也难免改名这一俗，热销京城的"翠城"原来的名字就叫做"堡头小区"。另外，"水印长滩"（橘郡二期）以及"快乐无穷大"、"维也纳森林"等，名字改得更成功，已经让人们淡忘了它原来的名字。

显然，随着市场竞争与房地产开发的规范化，楼盘名称已从一般的标识符号演变成楼盘整体营销的一个组成部分。

四、楼盘名称结构的最新变化

现在楼盘名称的结构比上世纪90年代有了以下几点变化：

1. 含有英文字母和数字的楼盘名称大量出现

如建外SOHO，伊顿18等。

2. 不含地点结尾词眼的创新个性楼盘名称大量出现

比如以前都有如"楼、苑"等词眼，现在如"荷塘月色"之类的楼盘名，只追求名称的意境、格调、个性、文化，而不一定要有地点名词。当然，这种情况也是由于消费者能逐步适应、接受甚至追捧的结果。

3. 以异域风格命名的楼盘更有品位

比如以前欧陆风楼盘含有"雅典花园"、"巴黎花园"等简单命名。现在更追求一种生活方式上的体验，如"德国印象"、"柏林春天"等。

4. 开发商名大量出现在楼盘名中

如万科四季花城、珠江骏景花园等命名方式的大量出现。

5. 同一开发商常重复使用某些词眼

如万通的"新新"、中远的"远洋"、合生的"景"等。

6. 间隔号"·"的大量使用

间隔号"·"的使用有以下几种不同的情况：

第一，间隔号之前为开发商名称，之后为楼盘名称，如深圳的"鸿翔·御景东园"。这种情况在深圳和杭州出现得特别多。

第二，间隔号之前为楼盘名称，间隔号之后为该楼盘不同时期所开发的组团或楼宇的名称。如成都的"丽水青城·金桂苑"和"丽水青城·玫瑰苑"。

第三，间隔号前或后分别是楼盘的旧名和新名。如广州的"旭景家园·七十年代家园"。

第四，间隔号的前或后分别是楼盘的标准注册名和广告推广名。标准注册名是楼盘开发商到政府主管部门登记注册的名称，推广名则是楼盘在推广过程中为营销而选定的名称，如"摩登时代·上海安天大厦"，其中"摩天时代"是广告推广名，"上海安天大厦"则是标准注册名。

五、楼盘命名的九个要求

1. 要通俗上口，音节搭配和谐

好的案名一定是通俗的案名，有位广告大师说过，只有通俗才能传播得更远。通俗不等于雷同，不等于庸俗，不等于低格调，真正的高明是在通俗中见创新、见品位，在通俗中与众不同，这样才能历久弥新，亲切如故，如深圳万科的"俊园"堪称一个好案名。一些怪异、拗口、莫名其妙的案名，只能昙花一现。

另外在楼盘命名的过程中，还有一个很重要的小环节，就是楼盘名称的读音要结合项目所在地方言的读音和语言习惯，尤其是楼盘的名字对于当地的读音和语言习惯上，不能产生歧义。

中国是一个语言大国，方言很多，各地对某些字音的读法差别很大，如果不注意，一个名字在普通话读得很好，可是当地方言却是另外的感觉，甚至其他意思，就适得其反了！

2. 名称字数要适中

好的楼盘命名，不仅富有文化内涵，更应言简意赅，让受众接触到楼盘名字后，对未来生活产生美好的联想。因此，楼盘名称一定要精短、通俗易懂，容易传播和记忆。商标界内的泰斗克斯帕尔·德·维尔克曼曾对产品中命名用文字商标长度作了一个统计分析，结果发现词语长度偏好集中在5~8个字母构成的词，一般7个字母构成的较好。也就是说，中文品牌以2~4字为好。楼盘的命名也不例外，一般2~6个字为妙。否则不易记忆，达不到较为理想的传播效果。

日本《经济新闻》对品牌传播作出一项调查，调查结果显示，品牌名称的字数对品牌认知有一定的影响力，品牌名在4~6个字的，平均认知度较高，而品牌名在6个字以上的，则平均认知度偏低，由此可以看出，品牌名称字数越少越容易记忆和传播。好的楼盘名称也是品牌名，如闻名全国地产界的"碧桂园"就是著名的成功案例。

3. 楼盘命名要有对应的资源作支撑

楼盘名称不仅要与楼盘功能属性相符，而且要名实相符。如普通住宅却命名"××国际"，经济适用房却命名"××豪苑"，使目标用户望而生畏，"以为神"；而高收入阶层容易认为是"挂羊头卖狗肉"，使开发商丧失信誉。如别墅本是成功人士社会经济地位的象征，楼盘命名要高贵显赫，让居住者感到荣耀和骄傲。若命名"福来花园"就不能满足成功者被周边尊重、被社会承认的心理需要。如铺块草坪起名"绿洲"，挖坑灌水起名"湖光"，开渠堆丘命名"山水"等等，这种名实不符的楼盘不仅在置业者心中造成极大的期望落差，在市场上也就很可能同时丧失了置信度与号召力。所以楼盘命名要有实际资源作支撑，不可"假、大、空、虚"。

4. 要体现楼盘的差异性并与市场定位相吻合

命名时，可以强调楼盘的地理如"虹口典范"，人文如"汉唐龙脉"，环境如"云间水庄"，品牌如"紫薇花园"，楼盘的定位如"唐御康城"（功能定位）、"北美经典"（风格定位）、"钻石王朝"（目标市场定位——高收入阶层）、"万家灯火"（目标市场定位——普通收入阶层）等。

5. 能传递楼盘的地段优势

好的项目案名，一听一看，就知道在什么地方，能传递对地段属性或地段性格的暗示。比如万恒·东方俪城、塔湾新城、中街北苑等。如果由于地段不好，有意隐藏地段是一个方面，但如果地段好，案名就应该显示地段特征。

6. 能准确表达楼盘的规模

大项目有"大名"，常用的后缀如"城"、"镇"、"花园"、"广场"等，小项目有"小名"，常用的词缀有"阁"、"轩"、"楼"、"苑"等。如果案名与项目规模不对称，会造成误解和客户的反感，对项目营销有害无利。

7. 能迎合目标客户的价值观

不同的区域、不同的定位，就会有不同的客户，而不同的客户就有不同的格调、品位和价值取向。案名必须符合这一逻辑，新财富阶层、BOBOS、中产阶级、小资格调各不相同，低价房、经济适用房又不同。"苹果社区"就符合迎合目标客户的价值观这一原则。今天，中国正处在社会阶层重新定位的动态期，以财富、格调为分水岭的社会复杂阶层正在形成，不同阶层正在处心积虑地寻找社会符号与标签，来界定自己的社会地位，因此，居住场所的案名也同样成为身份的标签，案名是与身份对称的密码，密码不对，市场的阵脚就乱，营销就达不到预期值。

8. 要给人深刻的第一印象

好的案名不仅字面美，而且立意深刻，令人过目不忘，从而达到很好的传播效果。"橘郡"、"水印长滩"都能做到这一点。案名本身就是广告。成功的案名，在推广过程中还能担当广告的功能，表达项目最突出的诉求，是一句很好的广告语。不管在哪里，一看到这样的案名，就有联想，就有好感，就和你潜在的需求接上口。许多客户买财富中心，就是因为名称的缘故，喜欢它；"非常宿舍"也是一个例子，一看就是为年轻人准备的小户型，有点酷，也有点时尚。

9. 要具有较强的人情味和吸引力

楼盘名在字面、寓意都具有温馨感和亲和力，在此基础上案名又具有地域特色，则楼盘就更加富于吸引力。地域特色包括两个方面，一是本地文化，一是异域文化。本地文化有较强的亲和力和人情味，但可能腐朽、落后和缺乏新意，不能满足人们对外界文化的天然追求心理。异域文化新颖、时尚、感染力强，但又易于画虎类犬，脱离地域特点，案名容易名实不符，以"阅（悦）海豪庭"为例，案名很港台化，最适宜于广东沿海，次适宜于江浙沿海，山东、辽宁也还勉强，用于西北就贻笑大方了。

六、楼盘命名的十一个要诀

1. 根据开发类型命名

如开发写字楼，多采用"大厦、中心、国际"等字眼。楼盘名称要起到筛分客户的作用，因此命名要与楼盘属性相符，如以贵族帝王式、欧美名胜式命名的楼盘，则多为高收入阶层的公寓或别墅；庭台楼阁古典式则面对的是文化层次较高的职业者，"阁"、"轩"多为单幢多层、小高层建筑；"大厦"、"中心"、"广场"多为商务或商住单幢或双体高层、超高层建筑；"公寓"多为商住单幢多层、高层建筑；"苑"、"园"多为普通住宅；"庐"、"第"、"邸"多为高级住宅等等。

2. 根据楼盘所处地块的特色命名

地段因素是房地产营销中的一个硬性指标，如果项目本身有着很强的地段优势，那么在楼盘命名中可以考虑添加位置标识性字眼。例如"东海岸"、"紫金长安"、"东门天下"等，地段优势一目了然。

3. 根据楼盘的产品特色命名

如北京的"柏林爱乐"（设计风格上采用德国简约手法）、"欧陆经典"（欧陆古典建筑风格，如券门、券窗、坡屋顶等）、"宽 HOUSE"（面宽大，进深浅，见阳面就多，居住非常舒适）和"阳光板话"（全板楼设计布局，面宽通透，与塔楼明显区隔开来）。

4. 根据在楼盘中所能观赏到的优质景观命名

如北京的"长河湾"（项目紧临与颐和园相通的长河旁）、"湖光山舍"（怀柔红螺湖湖岸别墅项目，湖光山色一览无遗）、"西山庭院"（西山脚下的中国围合式建筑）和"香山艺墅"（香山脚下的别墅，坐在家中就可观赏香山四季美景）。

在深圳有人说，为项目起名字的时候一定是拿着望远镜的，看见什么就叫什么名字好了，省时省力。往东看，有海，就叫"东海岸"。往西看，像是西边一颗明珠，就叫"西海明珠"。往上看，有星星，就叫"星光名庭"；有阳光，就叫"阳光天地"；既有阳光又有海，就叫"阳光带·海滨城"。往下看，有绿色的草地，就叫"鹿茵翠地"。有山景的更加可以大大地炒作一下了，最直白的莫过于"倚山花园"，依靠着山的、像花园一样的地方就是了，闭着眼睛都知道它的广告会做成什么样子。那么依靠的是什么山呢？梧桐山，好啊，就叫"桐景花园"喽！有海的就更好了，就叫"海世界"（像是游乐场的名字），有海又有夜景的就叫"海月"；加一点禅意，就叫"心海·伽蓝"；正好在海湾当中的就叫"深圳湾畔"、"假日湾"。按照颜色来分，"绿海名都"、"碧岭华庭"、"金域蓝湾"、"碧海红树"，五彩缤纷的，什么颜色都有就叫"彩世界"。

5. 根据楼盘的档次及面对的客户命名

首先，楼盘命名一定要与该项目定位，目标客户群体定位以及楼盘属性相符合，否则会为项目的销售带来不必要的麻烦。如果发展商开发的楼盘是针对普通的工薪阶层的，就不适宜取"金域豪庭"这样的名称。这样的名称是告诉大家这是有钱人或大户人家的公寓或别墅。如果楼盘是针对成功人士或都市新贵一族的，就不应取"××新村"之类的楼盘名称，否则就无法有效区隔客源。让工薪阶层去购买别墅，让成功人士和都市新贵族去挑普遍的、平民化的住宅，肯定是达不到较为理想的市场效果的。

楼盘命名一定要符合项目属性，只有这样，才能在营销推广的过程中针对目标客户群体进行有的放矢的广告诉求，让各个阶层的置业者各取所需，按照自己的意愿和经济实力进行合理的选择。也只有这样，发展商才不至于把有限的广告资源浪费掉，才能成功地拉拢和预定目标客户。

当然，如果有楼盘名称能适当地拔高楼盘的品牌形象，通过包装推广可以产生一定的销售势能，对楼盘的销售是有利的。

6. 巧用谐音为楼盘命名

以谐音方式为楼盘命名是近年兴起的一股潮流，这样能使楼盘名容易让受众产生联想，因为有趣而容易被长期记忆，进而使楼盘命名在市民中传播，可节省不少广告费，如北京的"源屋曲"（谐用于"圆舞曲"，建筑本身具有高低之势，看上去像乐谱上跳动的音符；既容易记住，又容易流传）、"高巢"（本意是有高度的建筑，但发音又与"高潮"一样，具体是什么样的高潮，只有留给读者无穷的想像空间了）、"品阁"（与"品格"同音，大意是说有品位和格调的意思，但创意不算高明，所以市场知名度一般）。

当然，在策划案名的时候，除了要突出案名的特色有创意之外，还要考虑到案名能较易被理解，不能费解。阅读上不能拗口，容易流传和易于记忆等。不能带有反面意思，以及忌讳的意思等。

7. 根据楼盘特色命名

一般来说，一个楼盘的营销策略都会有一个重点宣传的点，也即项目的卖点，可包括完善的配套设施、深厚的文化底蕴、新的居住理念、别具风情的小区环境等等。名字是品牌最基础的体现，当然应该体现楼盘的特色，反映楼盘的个性特征，可以采用一些有特定文化内涵的特色标识。这方面的典型案例有"英伦名苑·爱丁堡"、"波托菲诺"等等。

8. 创造个性为楼盘命名

如北京的"苹果社区"（项目与苹果没有任何关系，但通过前期征集案名的炒作，使项目迅速在市场上流传开来，推广手段既独特又节省了大量宣传费用）、"卡布其诺"（时尚人士非常喜欢的咖啡牌子，知名度甚广，拿来主义，既省钱又省力）、"甲方乙方"（谁叫冯导的电影那么火，所以项目也可以趁热打铁呀，反正也没注册）和"境界"（经济开发区2004年的名盘，不同的人可以得到不同的生活境界）。

9. 带数字或英文字母为楼盘命名

如北京的"贡院6号"（项目所处的门牌号，贡院本身也是贵族名门的代名词）、"公园5号"（说明项目离朝阳公园非常近，拥有优越的地段和休闲空间）、"五栋大楼"（项目由5栋建筑群组成，体现项目的独特之处）、"学风1911"（项目地处清华大学附近，清华是"五·四"运动的发源地，符合目标客户群的心理特征）。

又如"建外SOHO"（既说明了地点，又说明了项目市场定位）、"GOGO新世代"（针对20世纪80年代后出生的时尚新一族开发的小户型）、"BOBO自由城"（自由城本已很普遍了，加上BOBO味道就不同了）。

10. 根据开发商品牌为楼盘命名

如中海品牌的"中海雅园"、"中海紫金苑"，光大品牌的"光大花园"、"光大名筑"等。

11. 根据楼盘主题文化命名

楼盘命名除了要兼顾对项目的优势点的渲染、传播外，最重要的是，楼盘命名作为房地产营销的重要环节和房地产广告的一个组成部分，更应起到拾遗补缺的作用。譬如，我们可以通过命名来增添楼盘的文化内涵，给目标客户群体以一种未来生活的昭示，努力为购房者营造一种美丽的憧憬。众所周知，项目的优劣，有些地方可以通过后期的园林景观设计，后续的物业管理加以修正，而有一些楼盘先天性存在的缺点是无法改变的。楼盘名称作为项目的重要组成部分，却能起到弥补楼盘缺陷的作用。特别是产品的优势点并不是十分明显的时候，一则尽善尽美的楼盘命名的确能起到画龙点睛，锦上添花的效果，如"卧龙山庄"、"汉唐龙脉"、"开元盛世"、"雅典娜"、"高山流水"、"上林苑"、"寒舍"等等。

七、各地政府对楼盘命名的规定

近两年，全国各地许多城市的政府行政主管部门对楼盘命名过程中出现的过分"假、大、奇、古、洋"等现象进行限制（当然，这种限制一般只针对楼盘的标准注册名），各地的具体规定如下：

1. 上海规定

叫"某某花园"、"某某花苑"的，这一居住地的绿化率必须达到50%以上；取名"某某城"的，它的用地面积必须在2万平方米以上，并且建筑面积要达到10万平方米以上；取名"山庄"的，就应该是靠山，而且用地面积在1万平方米以上；取名"广场"的，用地面积必须是在8000平方米以上，并且有2000平方米以上的集中空地。

2. 成都规定

成都颁布了数据明确的《成都市城镇建筑物命名标准》，其中特别指出楼盘命名中不得出现外国的人名、地名；不得以人名或地名为建筑物命名；不得使用冠有"中国"、"中华"、"国际"、"世界"等词语的名称；同一城市内建筑物名称不得重复、同音；通名不得重叠使用，如"某某广场大厦"、"某某花园别墅"等。

3. 深圳规定

叫"大厦"的楼盘须是地面以上建筑层数达18层以上的综合性建筑；

叫"广场"的楼盘则须用地面积在1万平方米以上，且必须有2000平方米以上的整块露天公共场地（不包括停车场和消防通道）；叫"花园"、"花苑"的，则须是占地面积2万平方米以上，并且绿化和休闲面积（不包括道路、停车位）占总用地面积25%以上的中大型居住区；叫"别墅"、"山庄"的须以低层为主，地处市郊，且绿化和休闲面积占总用地面积50%以上的居住区，其中，叫"山庄"的还必须依山而建。

4. 沈阳规定

称为"小区"的建筑物面积要在5万平方米以上；商家要是叫"某某城"，其建筑面积要在20万平方米以上；建筑群叫"城"，占地面积要在2万平方米以上，拥有3幢5层以上建筑。

5. 佛山规定

高度在6层以上，且占地面积200平方米以上的商住楼宇可用"楼"作通名。高度在6层以上，且占地面积1000平方米以上的商住楼宇可用"轩"、"居"、"庭"作通名。

八、优秀楼盘名称应寻求商标保护

在我国，有一些销售业绩喜人、楼盘质素过硬、品牌知名度高的知名楼盘，如"四季花城"、"奥林匹克花园"、"SOHO现代城"、"香榭里花园"等，由于其他地区开发商为了迅速提高自身楼盘的知名度而采用了这些知名楼盘的同样的名称，结果受到该楼盘名称原来开发商的起诉。这种直接抄袭的行为我们是不提倡的。

比如"SOHO"和"现代城"，在北京第一次出现时可能对营销传播很有帮助，在其他地区第一次使用时也可能会引起关注。但东施效颦的故事告诉我们，一来开发商可能没有能力完全、完美的效仿，二来受众的差异和品味的变化就可能使这种效仿逊色许多。所以，即便是在北京，建外SOHO这一品牌延伸的楼盘，也由于"SOHO"概念的边际效益递减而使其传播作用减弱许多。

楼盘名称也属于一种知识产权，有些楼盘名称，如"四季花城"，早在1999年3月，万科就向国家商标局申请了商标注册，全名照搬使用的开发商自然会有被起诉的危险。

因此，我们虽然赞同业内人士互相学习借鉴（大家可以根据自身楼盘的各方面特质对可借鉴楼盘名称进行改动），但不要不合时宜、不合当地文化，甚至冒侵权被起诉的风险而一字不改地照搬使用。

另外，对于自身树立起的知名度、美誉度高的楼盘名称应尽快进行商标注册，并冠以企业名称，如金地格林小镇、金地格林春晓等"格林"品牌的楼盘。

最后还要实行楼盘商标贮备。资料显示，采用商标贮备的方法在国外大企业十分流行，当企业的名称、图形等设计出来，就立即将其注册。针对当前案名模仿之风盛行的现状，开发商在房地产楼盘前期策划时，也可以抢注好楼盘商标，等到楼盘开盘销售时，商标注册证也就拿到手了。在此情况下，其他楼盘若效仿，就可依法告他侵犯，以确保自己合法权益不受侵害。

九、使用本书为楼盘命名的方法

1. 先确定楼盘命名的基础

优秀的楼盘命名应该包含楼盘的优势、价值观或文化取向，也应该能呼应楼盘的推广主题；优秀楼盘的推广主题一定是既诉说楼盘的优势又诉说消费者所期望的利益的。

所以楼盘命名并不是凭空想像的，它是基于对楼盘外部存在的客观优势（如生活配套、景观资源等因素）和楼盘内部所营造的主观优势（如社区配套、园林景观、建筑立面、特色服务等因素）的调查、比较、分析后，提炼出楼盘的核心优势或主力卖点，然后再结合项目投资者对该楼盘的前期设想和开发定位，作为楼盘命名的基础的。

2. 确定要采用的特定关键词眼

有了以上的基础，楼盘命名就进入到了选关键词眼的时候了。

这时候，我们首先要把已经能确定要使用的文字先写下来，如楼盘名称前的开发商名称，或某些开发商、投资者所热衷的文字，或是能凸显楼盘开发商价值取向的文字。

比如万科将其位于不同地段的楼盘在不同的城市用统一的称呼，如在广州南湖的山水之间开发了"万科蓝山"，在上海同样也有类似地段的项目叫这样的名字。

又如有个开发商曾在苏州买了当年当地著名的高档楼盘，叫"御×花园"，之后把自己开发的第一个楼盘项目就叫"御花园"，后来换了另外的城市又把新项目命名为"江南御花园"。如果是这种情况的话，"御花园"三个字就是可以首先确定下来的关键词眼。

3. 根据楼盘的开发理念选关键词眼

如果楼盘是豪宅，那么像本书所归纳的"帝、仕、皇、贵、雍、御、豪、泰"等核心词眼就可以参考借鉴了。

如果楼盘是要表达文化意境的，可以将本书所归纳的"庄、域、庭、亭、墅、台、堂、舍、府、人家、境、馆、坊、第"等结尾词眼作为备选用词。

如果楼盘的开发理念是想仿照欧美的某个地区的建筑，实现某种与国内不同的生活方式和居住环境时，我们可以参考本书的按特殊词眼归类的楼盘名称中的"异域风格命名方式"或"含英文字母命名方式"。

当然楼盘为了突出某种特定的开发理念，树立鲜明的楼盘形象，往往采用没有地点词眼的楼盘名称，如"云山诗意"、"在水一方"等命名方式。读者可以参考本书按特殊词眼归类的楼盘名称中的"创新个性命名方式"。

4. 结合楼盘优势和定位选词眼

接着，我们要根据楼盘的外部和内部的核心优势，并结合当地消费者的购房需求排序来确定楼盘的核心词眼。

比如江苏某城市有个楼盘，旁边是条运河，楼盘马路对面就是该城市最好的高中，楼盘内部产品营造方面没有鲜明的优势。开始，楼盘开发商将其命名为"康×家园"，读起来很通顺，文字含义也不错，但词眼与楼盘核心优势没有直接的联系，只能说代表了开发商的某种价值取向。当时笔者认为还应该有更好的命名可以采用，于是结合楼盘的外部优势，告诉开发商叫"河畔知府"比较好。"河畔知府"，其中"河畔"代表外环境，"知"又有"知识"的意思对应着那所重点高中，"府"有"府邸"的意思，可以是个地点名词，而"知府"又是中国古代一个比较大的官职，能提高楼盘的附加价值，并能让人产生联想，从而记住这个楼盘。

又如当楼盘位置是在水边的，而水景又是人们所喜爱的，那么楼盘结尾可以选"湾、洲、畔、港、岛、岸"等词眼。当然结尾词眼还要根据楼盘的类型、规模、位置、理念等等因素来缩小选择范围。

如果楼盘的外部资源没有突出优势时，我们往往只能从楼盘的内部资源和产品入手来命名，如有个楼盘本身地块内就有几十棵数十年的榕树，而健康环境又是购房者所关注的主要利益，所以楼盘鲜明地命名为"榕景四季"。

5. 根据鲜明的目标客户定位选词眼

当楼盘是很明显针对某类目标客户的实际需求来设计营造时，楼盘采用直接针对该目标客户来命名效果会比较好，这也是市场细分下的结果。比如"非常宿舍"、"七十年代家园"、"SOHO现代城"等楼盘的命名，就是直接针对楼盘的目标客户来命名而取得很好销售业绩的。这种情况读者可以参考本书按特殊词眼归类的楼盘名称中的"创新个性命名方式"中的部分楼盘名称。

6. 采用谐音命名方式加强记忆点

在一级城市中，由于楼盘众多、竞争激烈，而楼盘本身又没有十分突出的优势时，采用谐音方式命名的楼盘名称起码能起到让市民记忆、产生联想、形成传播而节省广告费的效果，这样的楼盘名称如"静水楼台"、

"林与堂"、"杰座"等等。读者可以参考本书按特殊词眼归类的楼盘名称中的"谐音风格命名方式"来具体命名。

7. 根据当地实际情况调整楼盘名称

我国幅员辽阔，各地人口数量的不同、房地产市场发展的时间不同、各地房地产发展所处阶段的不同、房地产市场竞争程度和市场细分程度的不同，各地人口素质、文化和价值取向的不同，加上各地方言的差异，对楼盘名称选择就会有很大差异。所以本书在编写过程中除了按照词眼来归类外，还特别列出了各个城市的名称供不同地区的读者参考借鉴。

比如北京上海与国际的联系比较密切，所以采用异域风格和含英文字母的命名方式就比其他城市要多。

又如，在300万人口以上的大城市中，有很多楼盘采用了创新个性命名方式，特别是进行市场细分后针对某类特定目标客户群进行楼盘命名。原因一是由于城市人口众多，市场细分后仍然有足够多的客户量可以消化掉楼盘的货量；二是在楼盘众多而竞争激烈的市场情况下，没有个性的楼盘常常令人淡忘。

值得特别指出的是，由于业内互相借鉴的风气盛行，加上楼盘命名的难度较大，为了降低命名的难度和风险，许多业内人士经常会攫取在当地比较受肯定的词眼作为自身楼盘名称的一部分，如北京在2002年前后就频繁出现以"嘉园"为结尾词眼的楼盘名称，而深圳在2001年前后也频繁出现以"华亭"为结尾词眼的楼盘名称。这种现象实际上还是由于词汇挖掘的广度不够造成的。在一个大城市中，城市不同区域开发的楼盘，根据自身楼盘的情况，适当借鉴某些其他区域使用过而效果反应良好的词眼是正常而可行的。但反对不顾自身楼盘的实际情况，为了降低楼盘命名的难度和风险，而盲目使用那些在当地已经被多次使用过的楼盘名称词眼。

简单来说，要取得一个优秀合适的楼盘名称，一方面应该扎根楼盘本身的调查分析，另一方面则要跳出本城市，到周边大城市和国内发达城市，甚至到国外特定的地区中去寻找。本书作者花费很大的精力搜集了我国33个代表城市和地区的楼盘名称，并根据实际命名工作的需要将其详细分类，目的就是为了方便读者们查找借鉴相应的楼盘名称，起到接触更多词汇、开拓命名思路、降低命名难度的指导性和工具性作用。

第二章 按结尾词眼归类的楼盘名称

◀ 岸 ▶

北京
东岸
武夷水岸
丽都水岸
陶然北岸
澜花语岸
都市心海岸

成都
黄金海岸
江南岸
金海岸
沙河北岸
双楠水岸
象牙海岸
怡和水岸
玉林都市·金岸
在水一方·吧情水岸
新沙河阳光水岸
廊桥水岸

重庆
光宇阳光海岸
泰正花园·蔚蓝水岸
广厦城湖水岸
金科金沙水岸
自由左岸
协信黄金海岸
大川水岸

大连
蓝色海岸

东莞
黄金海岸

广州
百顺台花岸
蓝钻水岸
美林海岸
自由心岸
绿茵岛水岸
金海岸
瀚林水岸

杭州
滨江·金色海岸
华业·南岸
太平洋左岸
名城左岸
通和·南岸
蔚蓝海岸
白金海岸

昆明
阳光海岸

南京
21世纪连岛金海岸
东城水岸
黄金海岸
连岛金海岸
沁湖景岸

青岛
大公海岸
天泰阳光海岸

上海
21世纪金海岸
金铭·新水岸
长岛澜桥水岸
湖左岸
西海岸
财富口岸
阳光水岸
风华水岸
金地格林春岸
蔚蓝海岸
黄金水岸
大华水岸
世纪左岸
塞纳·左岸
楠林水岸
浪琴水岸
中海翡翠湖岸
LACALA 阳光海岸
静安左岸
华安苑·柳岸

深圳
西海岸
罗湖金岸
蔚蓝海岸
东海岸
万科东海岸
洪湖东岸
瀚海东岸
虹桥金岸
幸福海岸
深业风临左岸

椰风海岸
红树西岸
金海岸
纯水岸
佳兆业水岸

石家庄
阳光水岸

苏州
湖左岸
金枫苑·阳光水岸

台湾
湖左岸
巴黎左岸

天津
天保金海岸
东海岸
林立鑫铭水岸
巨川金海岸
香滨左岸

武汉
光谷未来·阳光海岸
黄金海岸
威尼斯水岸
梦湖水岸
未来岸
长城口岸
大洋彼岸
东湖·香榭水岸
西岸
紫竹金岸

厦门
阳光海岸

香港
蓝天海岸

爱琴海岸
嘉云西岸

◀ **堡** ▶

北京
荣尊堡
月亮城堡
欧堡
时尚橙堡
海德堡
蓝堡
双泉堡
康堡
成都
爱丁堡
利通天鹅堡
重庆
爱丁堡
黄金堡
美茵新天鹅堡
东莞
金峰堡
广州
海伦堡
白云堡
理想蓝堡
王子山天鹅湖城堡

富力爱丁堡
贵阳
景藤堡
上海
上海蓝堡
圣堡
中祥哥德堡
爱丁堡
艺术传家堡
莱茵半岛海德堡
深圳
海伦堡
天鹅堡
台湾
歌德堡
欧风城堡
如森堡
雅仕堡
新天鹅堡
西安
新温莎堡
香港
旺角 chic 之堡

◀ **城** ▶

北京
万年花城

国美第一城
紫城
翠城
彩虹城
康城
星河城
世纪东方城
乐城
润城
华纺易城
京汉旭城
巧克力城
富力城
太阳星城
丽桥城
快乐洋城
丰台科学城
五亭桥畔月亮城
绿茵泉城
地铁古城
大苑恬城
北京太阳城
凯旋城
信荷城
当代万国城
水晶城
嘉铭桐城
跃城
武夷水岸花城
美然百度城
BOBO自由城
金隅丽港城

西现代城
万城
土博士城
翡翠城
太阳星城
顺义新城
山水倾城
馨城
那尔水晶城
水恋晶城
融城
清城
傲城
秀城
榆堡小城
新华联家园布拉格城
后现代城
东方太阳城
凤凰城
运河明珠城
东方太阳城
骏城
世纪城
东土城
怡景城
未来城
华城
现代城
欢乐文城
珠江国际城
北京青年城
质城

天伦锦城	**长沙**	丽水青城	心怡蝴蝶城
望京悦城	顺天城	郦景东城	华凌尚城
嘉浩国际商住别墅城	汇景龙城	千和馨城	时代尊城
华纺易城	明媚星城	强生商业城	锦官新城
佳境天城	名城	蜀风花园城	半山卫城
郦城	四季花城	双楠名城	中海格林威治城
世纪城生活城	维一星城	四季花城	花样年别样城
阳光星城	**成都**	太阳城	自由星城
东卫城	青城	天府长城	万科魅力之城
东方城	龙泉阳光假日体育城	天府汇城	SOLO 自由城
华纺·易城	沸城	天府香城	南阳锦城
境界·水晶城	爱家馨城	天下青城	都江堰花木城
棉花城	边城	万贯五金机电城	芙蓉名城
美然·百度城	博美装饰城	现代城	美丽朋城
欧陆经典·凯旋城	大发百度城	现代名城	SOHO 沸城
日光清城	叠翠城	现代生态水城	牧马山易城
日月星城	东华电脑城	新少城	卓锦城
世纪星城	都市欣城	熊猫城	蔚蓝花城
尚品·福城	芙蓉古城	溢阳绿城	**重庆**
水上公园·华城	冠城	中国青城	大地兴城
月亮城	和贵馨城	中海名城	华宇名都城
荷城	弘民美食城	爱家馨城	名仕城
方舟苑艺术城	华润置地翡翠城	博美装饰城	万科兴城
南国花城	嘉州花城	都市欣城	望海现代城
潭柘山城	交大都市花城	卧龙晓城	旭日·凤凰城
上城	金府汽配城	武城	中国龙水五金旅游城
绿城	金港商城	溢阳绿城	大地兴城
盈通购物城	金港兴城	丽景欣城	轻轨名店城
运河明珠城	金沙时代城	VACA 国际城	尚阳康城
长春	锦城	翡翠城	珠江太阳城
富苑华城	锦绣朋城	SHOW 秀城	金科绿韵康城
华侨城	聚星城	翰林南城	金科天籁城

国窖明城	西部商城	广州富力城	宋都商城
现代家居精品城	利得尔北碚商业城	宝新城	吴山商城
奔力乡间城	庆业巴蜀城	**贵阳**	元华商城
申烨太阳城	渝能汽配城	香港城	绿都·四季花城
龙湖紫都城	重庆世贸采博城	智慧龙城	世贸丽晶城
国瑞城	皇冠自由城	**桂林**	旅游·水印城
绿洲龙城	美堤雅城	安厦世纪城	顺发·佳境天城
龙湖水晶郦城	万隆土特产交易城	都市之光·名品城	名都·西雅城
星河城	九龙商业城	惠龙城	通和·南岸花城
恋城	金港国际城	联邦城	贺田·尚城
江城广厦城	**大连**	兴进数码城	绿城·桂花城
世纪阳光新尚城	海昌欣城	**海口**	华鸿·怡景花城
嘉华鑫城	**广州**	金福城	大禹·御景城
上海城	南国嘉园·苹果城	友合金城	**济南**
浩立半岛康城	碧桂园·凤凰城	**杭州**	太阳城
山水绿城	中海康城	彩虹城	阳光舜城
润江金韵天城	宏宇广场·新都城	御景城	中润世纪城
力帆体育城	广州国际轻纺城	广厦天都城	**昆明**
天一顺和康城	天平架电器城	豪景城	北辰凤凰城
恒鑫名城	四季花城	尚城	太阳城
旺角金城	双子星城	怡景花城	**南昌**
佳禾钰茂香港城	番禺华侨城	江南春城	阳明锦城
融科蔚城	白云尚城	绿城	中山城
华宇名都城	会展星城	瑞城	**南京**
斌鑫世纪城	黄岐第一城	世贸丽晶城	21世纪·现代城
阳光世纪城	安华装饰材料城灯饰城	通城	米兰城
巴国城	富丽家园朝阳城	南岸花城	百水芊城
天江鼎城	晓城	威尼斯水城	边城
天佳紫林阳城	王子山天鹅湖城	东海·水景城	翠岛花城
光华阳光水城	南沙逸涛碧海花城	顺发·倾城	翠屏国际城
建工未来城	广场新都城	华立永通·逸城	翠屏湾花园城
鲁能星城	中海康城	发展绿城·翡翠城	东方华城

凤凰花园城	三山街花园城	世纪之城	新江湾城
广成东方名城	裕华名居城	国际丽都城	阳光欧洲城
翡翠城	华东五金城	临汾·上海名城	新湖明珠城
康城	开宁·钻石星城	河滨围城	地杰国际城
华欧国际友好城	永利晶华城	新梅共和城	欧洲豪庭·韵都城
华侨城	江岸水城	精文城上城	众望城
嘉业阳光城	未来城	魅力之城	恒大华城
江南·青年城	花园米兰城	上海春城	现代星洲城
金基翠城	德盈双城	好世凤凰城	春申复地城
金基唐城	圣淘沙·花城	春申城	永和新城
金马郦城	大华锦绣华城	东兰新城	上海临汾名城
金源太古城	旭日景城	国际华城	ME 时代·上海阳城
快乐之城	凯润金城	华南诗城	松江世纪新城
龙江花园城	华汇·康城	绿城	虹桥银城
漫城	钟山·银城	梅陇城	新海城
欧洲城	亚都锦园新城	上海名城	新凤凰城
清城	亚东花园城	城上城	仁恒河滨城
如月康城	金源太古城	丽水青城	黄浦众鑫城
三山街花园城	龙海·新加坡花园城	西溪阳光城	凯润金城
圣淘沙·花城	金基尚城	加城	城投世纪名城
市政·天元城	海德卫城	春申景城	上南花城
顺驰滨江奥城	**宁波**	万象城	东苑古龙城
苏建城	日月星城	夏朵·小城	静安兴海城
太阳城	**上海**	第一城	美林小城
同曦鸣城	外滩·中福现代城	太阳星城	上海绿城
威尼斯水城	大运盛城	林海伟星·靖江花城	大运盛城
银城	星河世纪城	绿洲康城	阳光摩天城
中南·麒麟锦城	上海万里城	尚城	东苑米蓝城
钟山花园城	春江花月城	华润置地·凤凰城	东兰兴城
鑫园·凯旋城	复地太阳城	万象城	上海花城
东方城	绿地世纪城	万科四季花城	陆家嘴国际华城
绿城	中远两湾城	品家都市星城	花园城

踵嘉城	百水芊城	世纪春城	岸未来城
好世凤凰城	华欧国际友好城	星海名城	天津富力城
同方锦城	凤凰花园城	海悦华城	广厦富城
名都城	金基翠城	丽景城	世纪汽配城
虹桥银城	苏建城	新亚洲电子商城	盛达园景水映碧城
金色西郊城	三山街花园城	德兴城	泰达城
中兴城	**深圳**	蛇口花园城	顺驰山倾城
旭日之城	富通城	西海花城	凤凰城
协和城	泰华锦绣城	滨海春城	顺驰又一城
上海国际华城	万科城	宝安电子城	凤溪花中城
丽都康城	南国丽城	潜龙华城	顺驰第壹城
宝地绿洲城	花园城	振业城	翡翠城
三湘世纪花城	碧湖港澳城	中心城	燕宇艺术城
连城	信义假日名城	**石家庄**	万科水晶城
明园世纪城	奥特城	建国食品城	天津国际自行车商城
美丽星城	宝安电子城	民惠城	国泰逸城
金色航城	金泓凯旋城	新浩城	中基T城
上海莘城	海印长城	燕都金地城	时代奥城
东方名城	天健现代城	易城	天津古玩城
嘉城	欧景城	卓达东方服装城	北斗星城
易居东城	天健郡城	**苏州**	天津国际轻工商贸城
玉佛城	阳光带海滨城	嘉业·阳光城	万科花园新城
阳光世纪城	世纪春城	**台湾**	**乌鲁木齐**
西郊华城	万科四季花城	碧茵星城	北国春城
虹口小城	太阳新城	士林紫京城	**无锡**
大华阳城	水晶之城	薪易城	华侨城
爱建城	百合星城	御宝京城	**武汉**
滨河景城	锦冠华城	台北京城	广场花城
达安城	中港城	纽约上城	国信小康城
锦绣华城	宏发雍景城	未来城	海滨城
大华颐和华城	华南国际工业原料城	天空之城	汉江·阳光城
三林城	京基御景华城	**天津**	华星·晨龙城

华银城
金地·格林小城
金地·太阳城
锦绣龙城
开源·阳光城
尚文创业城
世纪彩城
天源城
万科四季花城
武汉国信城
五里汉城
园艺花城
宝安·山水龙城
当代光谷智慧城
东方花城
东方阳光城
东风·阳光城
东鑫·鑫海花城
滨湖名都城
常阳·丽江城
古田安居花园城

西安

海荣阳光城
世家星城
EE 康城
金玉华城
金泰丝路花城

不夜城
领先心城
中华世纪城
上海城
水岸花城
小寨领秀城
御道华城
西雅图翡翠城
蔚蓝花城
新艺城
茗景城
骊马豪城
深业商城
御城
绿地世纪城
豪盛时代华城

厦门

信隆城

香港

梦幻之城
新都城
丽港城
太古城
港运城
沙田第一城

郑州

文化绿城

◀ 村 ▶

北京

国际使馆村

西黄村
幸福一村
八仙新村
幸福村
上河村
幸福二村
西湖新村
UHN 国际村
中关村
魏公村
北京乡村
龙脉温泉度假村
南洋度假村
鲁艺上河村
幸福三村
庆峡假日乡村

长春

奥林匹克村
华侨新村
科技新村
林园新村
南湖职工新村
三佳新村
钻石村
杏花村

长沙

德邦新村
广厦新村
科教新村
富绿新村
咸嘉新村
园丁新村

成都

金房汇景新村

龙爪新村
圣沅汇景新村
陶然村
天籁村

东莞

豪江新村
华侨新村

广州

君兰国际高尔夫生活村
明珠新村
天一新村
祈福新村
富荣新村
富力新村
东圆新村
祥兴新村
紫云山高尔夫乡村
侨乐新村
华园新村
广发新村
百事佳新村
丽江新村

贵阳

朝阳村
翡翠新村

杭州

千岛湖·开元度假村
西湖山度假村
良渚文化村
海南白沙门温泉度假村
板桥新村
天目国际村

汇苑城市新村	临江三村	碧波二村	公安新村
文靖新村	西渡·锦港新村	翠园新村	汉桥村
南京	绿园四村	新元二村	积玉新村
月苑五村	真南新村	里河新村	梅艳新村
白沙门温泉度假村	**深圳**	徐家浜二村	仁桥新村
天目国际村	雨田村	**台湾**	香江新村
城南新村	世纪村	地球村	尚隆地球村
板桥新村	名墅海景度假村	荷兰村	徐洲新村
丽江村	朝阳新村	艺术村	杨园新村
上海	香蜜三村	渴望村	钟家村
阳光加州·国际村	石化坂田新村	**天津**	宝安·江南村
长峰新村	莲花北村	金龙国际村	长青东村
中关村	桃源村	奥林匹克村	**西安**
祁连新村	**沈阳**	地球村	柿园新村
东泉新村	凤凰新村	翠阜新村	**厦门**
龙柏新村	华盛新村	关渡假村	禹洲新村
益丰新村	华都新村	水上国际村	**香港**
东沟新村	通达新村	**无锡**	杏花村
林梅新村	望花新村	山明四村	**郑州**
江桥二村	五彩新村	**武汉**	花园新村
由由新村	**石家庄**	复兴村	
淞南九村	教堂新村		
榴云新村	滨湖新村	◀ **大厦** ▶	
逸仙二村	东简良新村		
共富四村	华脉新村	**北京**	盈都大厦
控江一村	杜北梦圆新村	智慧大厦	三义大厦
梅陇紫藤一村	华南新村	金码大厦	华远首府大厦
罗阳新村	华西新村	神州数码大厦	泛利大厦
中科大学村	华源新村	中都大厦	月坛大厦
莲花新村	燕港新村	航天长城大厦	紫光发展大厦
君安乡村	永壁新村	广宾大厦	联合广场大厦
共富新村	**苏州**	国润商务大厦	太平湖大厦

泽洋大厦	中安盛业大厦	香化大厦	辉煌时代大厦
外企大厦	美华世纪大厦	宝丰大厦	鑫帝大厦
一商华睦大厦	学院国际大厦	中宜大厦	圣都大厦
金宝大厦	南曦大厦	中兴大厦	中国电子大厦
华腾北搪商务大厦	华树大厦	右安大厦	中加大厦
爱码国际大厦	雨润国际大厦	宣兴大厦	数码01大厦
嘉华大厦	金燕龙大厦	华晨大厦	隆福大厦
华天大厦	国恒基业大厦	银谷大厦	亮马大厦
皇冠大厦	世纪科贸大厦	南银大厦	通正国际大厦
长河大厦	华声国际大厦	三爱大厦	蓝岛大厦
金泽大厦	中盛大厦	中非大厦	建功大厦
北京火炬大厦	雍和大厦	惠能大厦	金伦大厦
TPT大厦	锦秋国际大厦	英华大厦	信恒大厦
银科大厦	海兴大厦	银通大厦	华威大厦
正东国际大厦	首创拓展大厦	星火大厦	华普大厦
青云当代科技大厦	金地大厦	信通大厦	龙宝大厦
新保利大厦	信义大厦	伟图大厦	恒业大厦
加利大厦	亚特兰大厦	汽配大厦	贵友大厦
林达大厦	正旗大厦	太丰惠中大厦	鹏润大厦
1+1大厦	国际投资大厦	凯帝克大厦	金色谷大厦
恒兴大厦	怡和阳光大厦	深房大厦	百富国际大厦
海格国际大厦	中关村商务大厦	成远大厦	丹耀大厦
金港大厦	平安发展大厦	天恒大厦	崇文区天坛商业大厦
龙辉大厦	名商大厦	浙江大厦	京鼎大厦
嘉都大厦	兴源大厦	白云时代大厦	公主坟商业大厦
南新仓国际大厦	摩码大厦	鸿安国际大厦	成铭大厦
亿时代大厦	北京朝林大厦	国际药械大厦	国英大厦
富尔大厦	盈地大厦	金隆基大厦	建材经贸大厦
洲际大厦	德胜置业大厦	中辰大厦	星火大厦
天建大厦	名成国际大厦	依斯特大厦	地坛体育花园大厦
宝景大厦	盛今大厦	铁印大厦	百盛大厦
科实大厦	物华大厦	中雅大厦	百事和大厦

科贸大厦	恒兴大厦	五角大厦	朗居·高频大厦
泛利大厦	海天大厦	**长沙**	**重庆**
联合广场大厦	商务大厦	凤凰大厦	北部大厦
太平湖大厦	宏源大厦	福临大厦	变维大厦
富华大厦	嘉业大厦	海东青大厦	长航大厦
兵器大厦	金隆基大厦	鸿富大厦	大渡口商业大厦
北京市工商联大厦	科实大厦	鸿信大厦	德艺大厦
北大博雅创业大厦	海兴大厦	华隆商务大厦	福天大厦
宝轩大厦	理想国际大厦	华侨大厦	富悦大厦
财满街财记大厦	世纪科贸大厦	金佛大厦	光华大厦
长城大厦	盛鸿大厦	南洋大厦	光宇广厦
创富大厦	双全大厦	南园大厦	广场大厦
城建大厦	家业大厦	平和堂商贸大厦	鸿程大厦
长河大厦	圣都大厦	银海大厦	宏城大厦
大成大厦	太平洋国际大厦	御景大厦	宏声大厦
都城科技大厦	万通发展大厦	政力世纪大厦	宏信大厦
东域大厦	望园大厦	中欣大厦	花卉大厦
原雪莲大厦	中元大厦	潇湘大厦	惠来大厦
东升大厦	新洲商务大厦	**成都**	贤达大厦
方正大厦	新世界正仁大厦	彩虹商务大厦	建东大厦
富凯大厦	星火科技大厦	富临大厦	金福大厦
国润大厦	雍和大厦	高频大厦	金港大厦
火炬大厦	**长春**	华西大厦	金信大厦
华树大厦	长江科贸大厦	吉祥大厦	敬业大厦
华声国际大厦	光明大厦	娇子大厦	抗建大厦
寰太大厦	广泽大厦	时代数码大厦	科尔国际商务大厦
华丽大厦	硅谷大厦	世都大厦	南滨大厦
皇冠大厦	国际大厦	四川国际大厦	南坪大厦
华龙大厦	吉宇大厦	四川新良大厦	荣升大厦
华杰大厦	经伟大厦	太升大厦	融信大厦
恒阳大厦	时代大厦	天亿大厦	润安大厦
汇欣大厦	双龙大厦	威斯顿联邦大厦	三凌大厦

上宏大厦	罗马大厦	越秀大厦	骏和大厦
十八梯大厦	欧街数码大厦	辰熙大厦	均益大厦
泰达大厦	建东大厦	宏孚国际大厦	荔康大厦
天宇大厦	合景国际大厦	**东莞**	中新大厦
听江大厦	大渡口商业大厦	红山大厦	佳兴大厦
通泰大厦	鸥鹏商务大厦	华信大厦	景腾商业大厦
文星大厦	嘉州景园贤达大厦	华业大厦	基立大厦
雾都大厦	中信银行大厦	荣华大厦	勤建商务大厦
新时代大厦	新城大厦	**广州**	荟贤大厦
燕城大厦	西普大厦	美东大厦	华翰大厦
银中大厦	加新大厦	伟超大厦	禾田大厦
原野大厦	大顺商厦	金穗大厦	南华西大厦
知联大厦	帝国大厦	金平大厦	南方国际商业大厦
中信银行大厦	嘉年华大厦	金奴大厦	广之旅大厦
重庆国际商会大厦	九龙大厦	金门大厦	广怡大厦
馨苑大厦	怡馨大厦	华建大厦	富力商贸大厦
鑫泰大厦	爱华大厦	金和大厦	富力科讯国际大厦
凤桥大厦	利得尔大厦	金濠大厦	中房大厦
赛格尔国际大厦	遂州大厦	金帽大厦	永丰大厦
新兴大厦	鑫源大厦	宏天大厦	棠利大厦
临江大厦	商务大厦	恒仕大厦	广信桥东大厦
光宇锦鑫大厦	鑫隆达大厦	金鼎大厦	曼哈顿大厦
四环大厦	宏基大厦	永福大厦	白云大厦
中富大厦	重庆希尔顿大厦	恒城大厦	广发大厦
富城大厦	巴蜀大厦	金昌大厦	广东蓄能大厦
浪高凯悦大厦	创克科技大厦	新裕大厦	穗文大厦
理想大厦	龙溪建材大厦	恒安大厦	信合大厦
圣地大厦	盛仁汇大厦	利都大厦	广东交通大厦
鸿兴大厦	**大连**	华荟大厦	光明大厦
富华大厦	虹源大厦	广百新翼大厦	光大银行大厦
美源国际商务大厦	建信敦煌大厦	怡龙大厦	冠城大厦
米兰大厦	友好大厦	广州保利大厦	隆城大厦

天誉商务大厦	侨力大厦	汇华商贸大厦	华福大厦
远锋大厦	天立大厦	银政大厦	京穗花卉大厦
龙苑大厦	安泰大厦	黄石大厦	锦秀大厦
高盛大厦	东晓大厦	银苑大厦	华建大厦
龙田大厦	东圃顺景大厦	黄沙大厦	丰泽大厦
港丰大厦	天汇大厦	银燕大厦	新中国大厦
龙口科技大厦	十甫名都商厦	兴达大厦	金泽大厦
富星商贸大厦	新大厦	银山大厦	海谊大厦
龙津商贸大厦	惠福大厦	皇上皇大厦	海天四望大厦
龙津大厦	鸿业大厦	银华大厦	国龙大厦
富荣大厦	骏汇大厦	华友大厦	金信大厦
龙湖大厦	东方花苑大厦	城建大厦	海景大厦
六榕大厦	中侨大厦	成丰大厦	金威大厦
华顺大厦	中广大厦	陈岗大厦	东川大厦
荔新大厦	江滨大厦	华南大厦	祥兴大厦
富都商贸大厦	三新大厦	华龙大厦	名晋大厦
辉煌大厦	健力宝大厦	彩虹大厦	名汇商业大厦
丽华大厦	润粤大厦	金禧大厦	广州鹏源发展大厦
福鑫大厦	润泰大厦	碧海大厦	辉煌大厦
海谊百子大厦	建丰大厦	君怡大厦	广州海运大厦
名门大厦	瑞兴大厦	金骏大厦	西湖商业大厦
逢源大厦	瑞康大厦	汇豪大厦	广州国际电子大厦
金迪大厦	瑞华大厦	北京大厦	安泰大厦
丰景大厦	荣庆大厦	安骏大厦	白云大厦
飞龙大厦	荣建大厦	华海大厦	宝供大厦
同乐大厦	荣华大厦	宝供大厦	东盛大厦
东山龙珠大厦	日升大厦	远洋商务大厦	福兴大厦
金汇大厦	粤安大厦	燕侨大厦	富星商贸大厦
洪桥大厦	双城国际大厦	湖景华厦	基立大厦
中曦大厦	加怡大厦	远晖大厦	松园大厦
东洲大厦	盈基大厦	康裕大厦	旭日大厦
高科大厦	簏湖大厦	中旅商务大厦	发展中心大厦

兴华大厦	诚泰大厦	春城大厦	锦华大厦
德安大厦	八棱大厦	兴业大厦	联强国际大厦
大德大厦	鼎华大厦	华元大厦	隆盛大厦
贵阳	光明大厦	红石中央大厦	明城大厦
东方大厦	金广大厦	万新大厦	莫愁大厦
港天大厦	仙泉大厦	金融大厦	南京商会大厦
恒生大厦	新达商务大厦	公元大厦	南京世界贸易中心大厦
虹祥大厦	**杭州**	聚龙大厦	日月大厦
华坤发展大厦	晶晶大厦	中田大厦	市政管理综合业务大厦
华联市西商厦	双牛大厦	博大商务大厦	太平商务大厦
经协大厦	香榭商务大厦	求是大厦	天安国际大厦
联合通讯大厦	中江大厦	滨海威陵大厦	天鹤·文云商务大厦
太平洋大厦	金泰商务大厦	润和发展大厦	同曦大厦
中山大厦	华龙商务大厦	易盛大厦	新城大厦
桂林	广利大厦	杭州新东方大厦	新大都大厦
桂名大厦	大华·星河商务大厦	**昆明**	星汉成贤大厦
康美大厦	黄龙恒励大厦	华信大厦	裕华大厦
南方大厦	越都商务大厦	世博大厦	正泰大厦
五洲大厦	金衙庄大厦	兴杰大厦	中天国际大厦
智能办公大厦	庆春发展大厦	展弘大厦	科技大厦
哈尔滨	华鸿大厦	**南京**	数码港大厦
宝捷大厦	天翔·凤起时代大厦	长征大厦	广汇大厦
东方友谊大厦	华源发展大厦	东渡滨江大厦	富升大厦
东兴大厦	白云大厦	丰汇大厦	鸿发大厦
光芒大厦	华荣时代大厦	谷阳世纪大厦	瑞金大厦
建业大厦	铭扬大厦	鸿都大厦	永丰国际商业大厦
宏光大厦	银座大厦	鸿意·地产大厦	银城大厦
龙电大厦	同方财富大厦	华辰大厦	南京瑞尔大厦
龙江大厦	西湖国贸大厦	华茂大厦	五星·年华大厦
龙兴大厦	中大·文锦大厦	建宇大厦	苏粮国际大厦
马迭尔大厦	怡泰大厦	金鹏大厦	易发信息大厦
海口	星汇商务大厦	金山大厦	龙台国际大厦

天诚大厦	银东大厦	申安大厦	精武大厦
华泰证券大厦	宝丽金大厦	康桥大厦	灵艺大厦
建华大厦	人才大厦	盛源大厦	庐迅大厦
南宁	建国大厦	兰港大厦	新兴大厦
明湖大厦	懿文大厦	欣安大厦	民达大厦
珉旖大厦	东湖大厦	贵人大厦	银鹿大厦
富港商厦	金虹大厦	莱克大厦	金宝大厦
皓月大厦	长发大厦	捷运大厦	蓬莱大厦
湖滨大厦	欣武大厦	联谊西康大厦	宏业大厦
华亿大厦	爱博大厦	福缘·怡沣大厦	荣欣大厦
佳和大厦	云福大厦	中福大厦	东泰大厦
凯丰大厦	中华BOSS淮海中华大厦	莘远大厦	长久大厦
宁阳大厦		金昌大厦	靖宇大厦
万町大厦	Office2010丽都大厦	建华大厦	海泰大厦
文德大厦	紫光大厦	南证大厦	中通大厦
新兴大厦	致远大厦	新宏安大厦	天合大厦
青岛	巨富大厦	交通物资大厦	文锦大厦
天虹大厦	胜康廖氏大厦	展宏大厦	嘉发大厦
祥泰商住大厦	凌兆大厦	德诚大厦	富容大厦
中荣大厦	明华大厦	迎龙大厦	申银发展大厦
上海	京城大厦	长寿苑锦海大厦	和一大厦
元海大厦	上安大厦	富南大厦	中煌大厦
伟星大厦	湘江大厦	宏伦大厦	北海大厦
盈都大厦	海森国际大厦	永惠大厦	利富商贸大厦
LG大厦	绿地科创大厦	上海虹诚大厦	金鹰大厦
海森国际大厦	东渡名人大厦	新兴大厦	同达创业大厦
番禺大厦	申贝大厦	伊泰利大厦	福阳大厦
睿园大厦	天山大厦	裕华恒银大厦	闵富大厦
联业大厦	裕丰大厦	上海现代交通商务大厦	兴国大厦
友力大厦	天马大厦	南文大厦	新华大厦
金岛大厦	嘉富利大厦	东新大厦	浦江大厦
佳成大厦	长宁大厦	上海安天大厦	平安大厦

鸿申大厦	永升大厦	东和大厦	湖臻大厦
紫云大厦	晶采名人大厦	电影大厦	鸿颖大厦
兴联大厦	钱江大厦	苍松大厦	金润大厦
维多利大厦	爱和爱乐大厦	电子科技大厦	九州创展大厦
龙踞大厦	爱中爱华大厦	峰景台大厦	金桃园大厦
茂名大厦	安基大厦	广发大厦	聚龙大厦
凯托大厦	八方大厦	广怡大厦	爵士大厦
银晨数码大厦	北科大厦	国企大厦	景园大厦
富丽大厦	博泓大厦	海康大厦	金晖大厦
法华门大厦	博鸿大厦	宏天大厦	龙昌大厦
晶品汇·国鑫大厦	诚信大厦	皇兴大厦	龙源大厦
福安大厦	金象大厦	瑞昌大厦	路桥大厦
御品大厦	沪东大厦	太平洋商贸大厦	鹏丽大厦
林顿大厦	花旗集团大厦	天元大厦	求是大厦
海斯大厦	华融大厦	学府大厦	侨福大厦
新地大厦	华融国际大厦	英龙大厦	青海大厦
兰村大厦	华申大厦	奥林匹克大厦	沙河大厦
东业大厦	华生大厦	百富大厦	时代骄子大厦
惠达大厦	华泰大厦	本元大厦	笋岗大厦
法华门大厦	华通大厦	长城大厦	世濠大厦
恒安大厦	华轩大厦	大庆大厦	特力大厦
扬波大厦	华园大厦	福岸新洲民生大厦	特区报业大厦
凯鹏大厦	华苑大厦	飞亚达科技大厦	田心大厦
森南大厦	华舟大厦	国际商务大厦	太阳岛大厦
元福大厦	淮海中华大厦	广业大厦	田面城市大厦
浩润大厦	**深圳**	国际科技大厦	天健大厦
兰侨大厦	总部大厦	国贸商业大厦	天安数码时代大厦
扬子江大厦	安联大厦	国际文化大厦	威文大厦
辛耕大厦	江苏大厦	海关大厦	维富大厦
国威大厦	彩福大厦	华融大厦	文华大厦
茂兴大厦	长城大厦	航天大厦	文福大厦
振新大厦	国华大厦	华富大厦	新豪方大厦

新绿岛大厦
新保辉大厦
新街口大厦
新丰大厦
易达大厦
雨田大厦
怡园大厦
中电信息大厦
中央商务大厦
卓越大厦
知本大厦
中国有色大厦
中深国际大厦
中盛大厦
振业景洲大厦

沈阳
龙鼎大厦

石家庄
成功商务大厦
东海大厦
福源大厦
光明大厦
国际大厦
中苑商务大厦

苏州
通园大厦
新侨大厦
信息大厦
中欣大厦

台湾
世纪花园大厦
中港世贸大厦

太原
佳地商务大厦
双龙大厦
文苑大厦

天津
津都大厦
友谊大厦
滨湖大厦
财富大厦
越秀大厦
泰达大厦
恒华大厦
龙都商务大厦
通宝商厦
澳景大厦
美震裕阳大厦
西锦大厦
嘉华新厦
合汇大厦
浩地大厦
新泉大厦
津滨发展大厦
汇通大厦
平安大厦
大安大厦
合众大厦
泰鸿大厦
辰悦大厦
康华大厦
方正中心大厦
永安大厦
津玉大厦

国华大厦
天津百脑汇科技大厦
海泰大厦
美华大厦
万豪大厦
杰林大厦
贵都大厦
新华大厦
亚太大厦
世纪大厦

乌鲁木齐
金阳大厦

无锡
恒通国际大厦
华通大厦
永丰大厦

武汉
锋尚时代大厦
扶轮大厦
福星科技大厦
阜华大厦
港信大厦
广苑大厦
国贸大厦
汉宝大厦
洪广大厦
湖北商务大厦
华润大厦
环亚大厦
嘉鑫大厦
建华大厦
江锋大厦

江汉大厦
金冠大厦
金石盟大厦
金涛大厦
廉诚大厦
良友大厦
龙华商务大厦
龙凯大厦
美高大厦
汽贸大厦
三峡证券大厦
声直大厦
圣淘沙大厦
世纪大厦
世贸大厦
桃源大厦
天恒大厦
天骄国际大厦
天永大厦
天晖大厦
同成大厦
伟鹏大厦
武房大厦
新凯大厦
新丽大厦
新源大厦
兴城大厦
阳光大厦
义成大厦
银邦大厦
樱花大厦
永成大厦

玉林大厦	红叶大厦	璟商务大厦	红磡大厦
宇济·天仙大厦	华苑大厦	鑫海大厦	华堂大厦
云鹤大厦	佳腾大厦	金泰丰商务大厦	昌明大厦
远景大厦	建功科技大厦	经发大厦	时益大厦
正信大厦	捷瑞智能大厦	宏府大厦	捷利大厦
龙华大厦	金都大厦	西部电子信息大厦	同兴大厦
中环大厦	凯爱大厦	西部大厦	一盛大厦
钻石大厦	明德花园大厦	金水大厦	振宜大厦
珞珈山大厦	秦骊大厦	升平大厦	广发大厦
长航大厦	瑞欣大厦	会展国际大厦	利园大厦
长盛大厦	世贸大厦	西安旅游大厦	伟发大厦
长源大厦	天乙大厦	西北新闻大厦	昌年大厦
长源商住大厦	伟世佳大厦	明德雅园大厦	金融商业大厦
城西·海景大厦	西北文化艺术大厦	国贸大厦	好发商业大厦
德润大厦	西部大厦	**厦门**	普庆大厦
德盛大厦	华融国际商务大厦	安宝大厦	保和大厦
东自大厦	中城大厦	富璟大厦	柏龄大厦
多福大厦	华迪大厦	泰和大厦	幸运大厦
发展大厦	瑞祥大厦	信达大厦	宝山大厦
华润大厦	蓝天大厦	阿里山大厦	瑞景大厦
九运大厦	丰泰大厦	**香港**	伊利莎伯大厦
俊华大厦	明珠花园大厦	香和大厦	快活大厦
商联大厦	居业大厦	恒诚大厦	置安大厦
信合大厦	云锦大厦	益丰大厦	百宁大厦
兆富国际大厦	方兴大厦	福家大厦	鹏丽大厦
西安	华奥大厦	立德大厦	**郑州**
长海大厦	广源大厦	侨业大厦	二十一世纪中心大厦
成城大厦	亚美大厦	葵英大厦	金天商务大厦
翠华大厦	高速大厦	华发工业大厦	新闻大厦
泛美大厦	中贸国际大厦	兴发大厦	郑州科技大厦
高科大厦	瑞欣大厦		
含光大厦	志诚大厦		

◀ 岛 ▶

北京
海逸半岛
恋日绿岛

成都
华楠半岛
金林半岛
岷江畔岛
左岸半岛
水映长岛
观澜半岛
华楠半岛

重庆
金岛
世纪环岛
融侨半岛
洲际半岛
浩立半岛
林华环岛
晋愉绿岛

广州
海珠半岛
海怡半岛
祈福南湾半岛
富力半岛
绿茵岛
南湖半岛

珠江半岛

杭州
e世纪·长岛
菲达·春江绿岛
五洋·千岛
时代·长岛

南京
东湖丽岛
21世纪连岛
佳湖绿岛
香格里拉半岛
梦之岛

上海
世纪之城·半岛
东苑半岛
美丽岛
虹山半岛
城城金岛
莱茵半岛
绿苑半岛
绿洲千岛
盈湖三岛
恒升半岛
康桥半岛
海逸半岛
中星长岛

◀ 邸 ▶

北京
水景官邸
乐澜宝邸
清砖府邸
博鳌亚洲论坛官邸
名都尊邸

成都
锦江国际商邸
天滨河名邸
中天滨河名邸
金荷名邸
白金府邸

重庆
中信宝邸
海韵名邸

哈尔滨
明珠府邸

杭州
广通·云河福邸

南京
三金福邸
天生福邸
中盈福邸

宁波
丽都名邸

上海
祥和名邸
浦江名邸
金轩大邸

静安静邸
金铭福邸
白金府邸
曲阳名邸
瑞金尊邸
知汇名邸
静巷府邸
西郊名邸
文化名邸
圣约瀚名邸
文治福邸
亿豪名邸
莱诗邸
薇阁尊邸
月泉湾名邸
枫桥湾名邸
宝莲府邸
明珠福邸
领秀府邸
首席名邸
荣盛名邸
当代高邸
静鼎安邦府邸
外滩香格里拉白金府邸
久阳文华府邸
沁春名邸
龙威名邸
莲浦府邸
高富丽源名邸

富仕名邸	**台湾**	**成都**	新天美地
金斯美邸	若林邸	博雅馨地	盈彩美地
太和名邸	艺树尊邸	翠拥天地	**广州**
福楼望邸	创邸	芳草地	洛桑美地
金霄云邸	大亨观邸	东珠美地	金色领地
欧阳名邸	臻邸	华润置地	**哈尔滨**
西部名邸	大学官邸	南桥新天地	宏景天地
欧香名邸	**天津**	楠极地	**杭州**
华银府邸	汇文名邸	新天地	润和天地
阳光名邸	御景园邸	优诗美地	野风·现代领地
水岸名邸	锋泛新邸	蔚蓝天地	浙水·阳光天地
豪门府邸	万维名邸	香都美地	永泰丰新天地
虹桥尊邸	水景官邸	玉林新天地	临平新天地
江南名邸	**武汉**	智业福地	**南京**
张杨福邸	剑桥铭邸	版主园地	格林美地
太原邸	明泽·半岛尊邸	光华馨地	苏源颐和美地
静安新邸	东湖名邸	银都领地	香居美地
深圳	嘉恒太白尊邸	**重庆**	文庙新天地
翠竹新邸	都市名邸	穗东花园·立源地	云锦美地
华尔登府邸		芳草地	荣和山水美地
		书香美地	同和华彩美地
	◀ **地** ▶	金色领地	**上海**
		升伟新天地	恒联新天地
北京	万森芳草地	人和天地	圣天地
优山美地	中海天地	跨越新天地	远洋天地
京艺新地	格林雅地	青年根据地	东苑新天地
日月天地	长远天地	盛天地	优山美地
悠胜美地	总部基地	申基纵横天地	世袭领地
锦绣大地	顶天立地	中天阳光美地	盛世天地
麦卡伦地	永丰基地	协信巴南新天地	长堤花园湿地
圣馨大地	**长沙**	中央美地	华润置地
远洋天地	香巴圣地	**东莞**	复地

ABP 总部基地	阳光天地	金第	书香门第
华府天地	嘉南美地	新天第	书香名第
新邻地	韵动领地	**重庆**	**深圳**
世袭领地	悠然天地	海宇状元府第	书香门第
瑞金福地	光彩新天地	**杭州**	**台湾**
上海领地	城市天地	新城·保元泽第	吉第
月厦新天地	**苏州**	枫华府第	书香大第
黄兴绿地	太湖天地	**济南**	兴隆及第
绿茵高地	**台湾**	名人大第	**武汉**
虹桥领地	大溪地	**上海**	书香门第
锦麟天地	集贤天地	锦绣天第	
馨空天地	**太原**		
爱法小天地	凯旋大地	◀ 都 ▶	
欢天喜地	榆次佳地		
优诗美地	**天津**	**北京**	星河名都
爱法天地	海河新天地	恋日花都	玉锦名都
虹桥新天地	远洋天地	澳洲康都	左岸花都
云间绿大地	第7领地	CONDO360° 瞰都	置信丽都
湖畔天地	太阳城新领地	心都	置信逸都
鹿澄天地	海泰绿色产业基地	动感之都	蜀牛知茗都
新实地	泰达金色领地	万科水榭花都	御府花都
美墅·复地	泰达新天地	华远·尚都	**重庆**
深圳	**武汉**	**长春**	伴山名都
鹿茵翠地	江城华庭·领地	长融名都	长安华都
松泉自由领地	武汉佳海都市工业基地	长影阳光景都	帝豪名都
天健时尚新天地	名流天地	**长沙**	朵力名都
		宝庆金都	光华龙都
	◀ 第 ▶	**成都**	盾安九龙都
		金茂礼都	帝豪丽都
北京	新新天第	锦都	沙美丽都
高第	香山甲第	岷山·水都	麒龙丽都
华源新第	森林大第	水榭花都	山水丽都

东和银都	**海口**	爱法新都	建国名都
龙城锦都	兆南龙都	上海豪都	**天津**
爱加丽都	**杭州**	南洋新都	水景花都
阳明商都	华业·南岸晶都	聚贤煌都	金厦世纪名都
龙脊金山名都	良渚·玉都	明丰绿都	盈海名都
邦兴北都	龙生·钱塘名都	欧风丽都	顺驰名都
锦天康都	塘栖·水榭花都	尚都	**武汉**
长安丽都	西湖·定安名都	东方丽都	宏宇·绿色新都
华环岛名都	**南京**	虹漕星都	嘉颐新都
金禾丽都	国际贵都	欧风花都	佳源花都
畔溪名都	锦虹丽都	爱法维也纳新都	汇文新都
湖山水榭花都	天空之都	仲信苑·香榭花都	江南金都
正升自由康都	星雨花都	金桥名都	香格里都
渝北名都	中驰商都	长宁贵都	新地·东方花都
渝州新都	和实·水榭花都	**深圳**	星河郦都
海屋裕鑫名都	嘉和南湖之都	京基东方华都	雅丽新都
渝安龙都	山水花都	富通丽沙花都	大唐新都
光华龙都	时代丽都	水榭花都	华城新都
星光名都	世纪商都	鸿荣源尚都	新地·东方花都
新城名都	阳光新都	绿海名都	**西安**
活力新都	**青岛**	俪景鸿都	华园丽景华都
鑫城名都	新贵都	东方国际茶都	航天新都
春江名都	**上海**	港湾丽都	丽景华都
新城丽都	东兰新城·欧枫花都	**沈阳**	曲江汇景新都
大连	阳光名都	宏伟新都	**香港**
府佳名都	康桥水都	宏伟茗都	泓都
广州	象源丽都	**石家庄**	
中海名都	丰绿都		
伟腾天逸名都	开元新都	◀ **坊** ▶	
云景名都	康健丽都		
佳地新都	七宝绿都	**北京**	新街坊
世纪华都	静安阳光名都	国际街坊	泰乐坊

长春
青怡坊
重庆
广胜·城市街坊
金科中华坊
广州
清华坊
河南状元坊
南京
六合坊
阳光·新街坊
上海
文坊
华银坊
汇元坊
仁德坊
建德坊
宜嘉坊
田林兰桂坊
吴淞三街坊
金汇五街坊
泾南一街坊
金缘坊

真新六街坊
茶园坊
华飞潍坊
金园坊
梅川二街坊
幸运坊
绿地名人坊
嘉德坊
凯旋坊
安信·湖畔天地坊
好第坊
兴银花园二街坊
嘉美坊
齐河小区十三街坊
深圳
城投荔香坊
苏州
画锦坊
景德路改造街坊
无锡
听松坊
武汉
城中坊

◀ 峰 ▶

北京
时代庐峰
荟景峰
南宁
振宁翠峰
上海

时代·庐峰
郁庭峰
深圳
云顶翠峰
叠翠新峰
帝廷峰

帝景峰
台湾
欧峰
双峰
五峰
天津
瑜峰
西安
交大瑞森云峰
广厦城森林峰

◀ 府 ▶

北京
华远首府
万城华府
禾风相府
今都王府
晶城·秀府
丽高王府
长沙
定王台新府
成都
嘉洲华府
金海岸府
御府
天下食府
重庆
香林华府
天一华府
紫苑学府
天辰华府

帝豪峰
香港
朗逸峰
蝶翠峰
灏畋峰
毕架山峰
君颐峰
傲云峰
慧云峰

中天香悦华府
广州
金碧华府
东山华府
杭州
东南华府
金都华府
南京
百合华府
江南名府
金陵王府
龙山名府
京隆名爵府
胜太华府
时代华府
桃源府
金王府
百利华府
上海

丽高王府	景城府	**香港**	君汇港
禾风·湘府	日月府		
翡翠名人府	雍华府	◀ **阁** ▶	
申亚新华府	嘉和府		
仙霞首府	雍翠华府	**北京**	瑞龙阁
静安华府	尊皇豪府	汇豪阁	岳麓山庄·华裕阁
申亚新华府	里仁府	龙阁	**成都**
外滩香格里拉铂金府	**台湾**	冠城阁	海天阁
深圳	中山首府	碧水星阁	汇缘阁
如意府	**武汉**	品阁	吉祥阁
总统府	临江府	晟丰阁	临江阁
王府	新地·东方华府	金苹阁	鄰江峰阁
		Mini 阁调	**台湾**
◀ **港** ▶		依都阁	春扬薇阁
		濠景阁	大砌峰阁
北京	**贵阳**	天韵阁	枫阁
鹿港	新世纪数码港	博海阁	高阁
国际港	**哈尔滨**	懿品阁	春扬薇阁
博奥新港	龙之港	优士阁	大砌峰阁
北京物流港	**杭州**	金泰阁	**大连**
西富港	南北商务港	东阁	东明阁
成都	**济南**	紫苑阁	龙珍阁
世代锦江商务港	济南数码港	龙腾阁	群英阁
新大发数码港	**南京**	吉顺阁	**东莞**
学苑风情港	凤凰港	绿雅阁	皇朝阁
紫薇快乐港	**上海**	中雅阁	**广州**
火炬动力港	绿洲湖畔商务港	新内阁	城启蓬莱阁
风尚玉林商务港	嘉宝都市港	望景阁	晋福阁
重庆	**苏州**	汇景阁	康王阁
远洋航港	新港	立业人家品阁	得意阁
广州	**武汉**	云枫阁	春风阁
星辰财富港	武汉数码港	**长沙**	竣雅阁

骏业阁	天晖阁	侨辉阁	美祥阁
信明阁	金山阁	侨星阁	**南京**
聚贤阁	腾龙阁	景雅阁	名雅阁
嘉宏阁	穗芳阁	聚宝阁	华阳·华景阁
南粤阁	松南阁	聚龙阁	阳光锦绣阁
南轩阁	如意阁	康盈阁	大邦·紫云阁
灏景阁	越华阁	兰兴阁	**上海**
迎风阁	荣芳阁	利和阁	通联阁
天韵阁	文景阁	金津阁	名仕苑帝庭阁
翰林阁	翠锦阁	益庭阁	观景阁
牡丹阁	逸安阁	文昌阁	静安艺阁
梅园阁	贤人阁	**贵阳**	紫藤居·天阁
麓苑阁	茶景阁	居易阁	紫薇阁
麓湖阁	怡花阁	**哈尔滨**	金华阁
光复阁	保利阁	海棠阁	腾王阁
紫荆阁	椰城阁	芙蓉阁	文涛阁
联发名阁	湖景阁	杜鹃阁	悠诗阁
椰诚阁	雅怡阁	荷花阁	锦绣阁
银涛阁	汇鑫阁	莲花阁	牡丹阁
紫丹阁	海逸阁	华丽阁	恒安阁
富江阁	鸿荣阁	华美阁	观景阁
悦湖阁	金雅阁	华景阁	恒辉阁
伟业阁	祥华阁	秀景阁	平成阁
凤兴阁	民泰阁	**杭州**	香港广场世纪阁
南康阁	五星阁	碧云阁	**深圳**
俊逸阁	翠锦阁	登云阁	翠沁阁
凤凰阁	恒福阁	绿湘阁	紫云阁
天英阁	恒华阁	京惠紫枫阁	湖滨阁
文华阁	恒康阁	万景阁	惠宁阁
天祥阁	鸿辉阁	**济南**	文伟阁
华厦阁	汇翠阁	汇景阁	天琴阁
晓阳阁	汇景阁	**昆明**	麒麟阁

祯祥阁	枫阁	新王府豪华公寓	敬远国际公寓
绿茵阁	高阁	巨石公寓	汇欣公寓
名科馨阁	春扬薇阁	元嘉国际公寓	九知公寓
金庸阁	大砌峰阁	半岛国际公寓	绿城百合公寓
雅仕阁	**太原**	景龙国际公寓	杰宝公寓
萃峰阁	漪兴阁	兴海公寓	华世隆国际公寓
明雅阁	**乌鲁木齐**	文津国际公寓	锦绣大地公寓
卧龙阁	丽天阁	万景公寓	金宸公寓
君悦阁	**武汉**	华馨公寓	雅宝公寓
君豪阁	福宁阁	华阳公寓	维多利亚花园公寓
鸿浩阁	凌霄阁	世豪国际酒店公寓	官园公寓
先龙阁	名仕阁	国际老年公寓	桃园公寓
百合阁	雅景阁	万豪国际公寓	宝源商务公寓
龙凤阁	紫藤阁	京达国际公寓	万信公寓
荔园阁	紫荆阁	百环公寓	联宝公寓
揽翠阁	紫烟阁	CBD 总部公寓	万事吉公寓
倚天阁	安和九龙阁	新世界太华公寓	芳馨园公寓
丽湖阁	百强·名流雅阁	光彩国际公寓	王府公寓
怡花阁	城开天梨阁	远中悦莱国际酒店公寓	富来宫温泉公寓
书香门第天一阁	安和九龙阁	西屋国际公寓	将军苑公寓
石家庄	**香港**	FESCO 外企国际公寓	祥龙公寓
田园阁	慧贤阁	荣尊堡国际俱乐部公寓	方圆公寓
苏州	瑞兴阁	豪柏国际公寓	国展国际英特公寓
嘉湖阁	建华阁	星源公寓	金桥国际公寓
台湾	晓岚阁	汇达公寓	先锋公寓
春扬薇阁	恒天阁	森豪公寓	金茂公寓
大砌峰阁	殷荣阁	天辉公寓	世纪金源公寓
		坚果公寓	颐海居科技公寓
		华亭国际公寓	锋尚国际公寓
		润枫德尚国际公寓	国英绿景公寓

◀ **公寓** ▶

北京	嘉德公寓	依都阁公寓	棕榈泉国际公寓
尚品公寓	王府温馨公寓	建国公寓	宏源公寓

新新公寓	海晖公寓	碧园公寓	大同方·城市公寓
世贸国际公寓	天兴公寓	缤纷假日国际公寓	世纪金源国际公寓
和乔丽晶公寓	宝隆温泉公寓	成都国际公寓	嘉瑞江山公寓
瑞馨公寓	龙头公寓	冠城国际商务公寓	新重庆公寓
迦南公寓	澳林park国际公寓	金海岸府南河公寓	水晶石国际公寓
团结公寓	半岛公寓	锦宏自由假日之五角	**大连**
中环公寓	百吉名门国际公寓	度假公寓	海月公寓
金融街华荣公寓	清境明湖公寓	锦宏足球假日公寓	环海公寓
鹏丽国际公寓	宝丰大厦公寓	井福公寓	金煌公寓
沁园公寓	半山枫林公寓	万达公寓	金马海景公寓
长兴公寓	盛华公寓	西区花园之白领公寓	锦绣公寓
富瑞苑公寓	**长春**	肖家河公寓	武昌公寓
幸福公寓	奥华德公寓	新里维多利亚公寓	中山公寓
蓝堡国际公寓	滨河公寓	府南河公寓	**广州**
阳光100国际公寓	吉塔公寓	足球假日公寓	马赛国际公寓
天缘公寓	建设广场公寓	白领公寓	欧洲假日投资公寓
丛林庄公寓	锦江公寓	北苑电梯公寓	友和公寓
新纪元公寓	御花苑公寓	朝阳公寓	世港国际公寓
海润国际公寓	**长沙**	维多利亚公寓	纵横白领公寓
望景阁公寓	楚湘公寓	**重庆**	宏景国际公寓
华阳公寓	广济苑公寓	恒通·云鼎国际公寓	富力爱丁堡国际公寓
华宝公寓	和府酒店公寓	望江公寓	**贵阳**
酒仙公寓	家兴公寓	新天地公寓	恒昱商务公寓
华展国际公寓	金泉公寓	银都公寓	江山公寓
丹耀公寓	南建公寓	渝城公寓	温州公寓
世桥国贸公寓	南沙公寓	石国际公寓	**哈尔滨**
北京GOLF公寓	太傅公寓	黄金堡公寓	博大公寓
蓝T公寓	通发公寓	柏林公寓	东方明珠公寓
京贸国际公寓	新族公寓	东方曼哈顿商务公寓	花圃高级公寓
芳群公寓	银洲公寓	围城国际公寓	军悦公寓
中星公寓	裕华公寓	万友康年国际公寓	龙悦公寓
建国国际公寓	**成都**	立海国际商务公寓	**海口**

戎居一号公寓	平凡里城市公寓	凤翔公寓	帆升公寓
方园公寓	平海公寓	观园翔龙公寓	雅仕兰庭·伊顿公寓
国华公寓	清水公寓	恒基中心国际公寓	瑞丽公寓
康盛商务公寓	荣邦·嘉华公寓	红森公寓	星源国际公寓
美舍公寓	三华园都市公寓	锦达公寓	酒店公寓
兆南公寓	太阳国际公寓	蓝山国际公寓	光彩国际公寓
鑫海公寓	天安·假日公寓	泰润公寓	陆家嘴中央公寓
杭州	吴山公寓	万厦公寓	阳光国际公寓
e世纪都市知音公寓	香樟公寓	新达公寓	金荣公寓
白马公寓	新桥公寓	鑫都公寓	南天公寓
碧云阁公寓	耀江广厦公寓	友谊公寓	沪华公寓
达盟山庄商务公寓	元华公寓	馨园公寓	绿福公寓
丁香公寓	云龙公寓	泰琛高层公寓	绿梅公寓
光辉岁月公寓	之江公寓	万欣公寓	华丽公寓
广宇·河滨公寓	钱江公寓	中泰国际公寓	海光公寓
广宇·湖滨公寓	望江公寓	连岛金海岸山顶假日公寓	中新公寓
国都·崇文公寓	世纪都市知音公寓		中星巨野公寓
好望公寓	金帝公寓	编钟公寓	百乐公寓
河滨公寓	西子·三水公寓	仙霞公寓	华菁南方公寓
嘉业·海华公寓	远东·新月公寓	盘城公寓	汇秀公寓
金成迦南公寓	通和·戈雅公寓	**南宁**	星际公寓
金都·清宸公寓	南都·新白马公寓	方园公寓	新实地公寓
金衙庄公寓	三塘公寓	**宁波**	海悦公寓
凯旋公寓	**济南**	枫丹公寓	集成公寓
利兹城市公寓	济南数码港公寓	**青岛**	顺风公寓
临江风帆公寓	**昆明**	爱琴海公寓	思南公寓
龙门单身公寓	86街公寓	海景公寓	凯阳公寓
梅花三胜公寓	澳霖公寓	金地公寓	阳光四季公寓
明珠公寓	现代生活公寓	科技广场公寓	上影广场公寓
南都·萧山白马公寓	**南京**	青岛山公寓	高安公寓
南都德加公寓	长乐公寓	山东国泰公寓	嘉善公寓
南都银座公寓	成贤公寓	**上海**	中星巨野公寓

佳安公寓	龙柏中康公寓	双泉公寓	丽南公寓
高欣公寓	龙臣公寓	龙腾公寓	金芙世纪公寓
绿地崴廉公寓	荣承公寓	水清木华公寓	迎亭公寓
沪航公寓	银鑫高级公寓	建华公寓	百花公寓
新都城公寓	鲁班公寓	万千公寓	望源公寓
天阁公寓	哈佛公寓	天山公寓	温莎公寓
海欣公寓	海鸿公寓	华飞潍坊公寓	欣安基公寓
海德公寓	淞虹公寓	新平公寓	日高公寓
景沧公寓	荣鑫公寓	益民公寓	幸运坊公寓
嘉德公寓	真情公寓	川沙公寓	丽园公寓
百富达公寓	阳升公寓	丁香公寓	住友公寓
天元公寓	运泰公寓	安顺公寓	培花久远公寓
天枫公寓	双阳公寓	盛兴公寓	阳光公寓
海东公寓	开城公寓	芝巷公寓	银座公寓
宁和公寓	虹桥公寓	海逸公寓	运银公寓
伊顿公寓	平利公寓	长华公寓	新普盛公寓
金顶公寓	申桂公寓	燕兴公寓	惠德公寓
金色港湾公寓	南康公寓	恒达公寓	同济公寓
佳日公寓	东田公寓	宁祥公寓	雅士公寓
南林公寓	中汇公寓	内外联公寓	静安新格公寓
同科公寓	中通公寓	兴林公寓	德昌公寓
百草园百乐公寓	时代欧洲公寓	隆达公寓	芳华公寓
美丽园公寓	中星羽山公寓	洛川公寓	祜欣公寓
福海公寓	锦福公寓	新大公寓	金沙江公寓
盈港公寓	申晨公寓	瑞德公寓	凯悦公寓
静庐懿德公寓	兴联公寓	淡水公寓	嘉泰花园公寓
澳龙公寓	绿苑公寓	静安四季公寓	申地公寓
帆升公寓	豫景公寓	春满园公寓	新逸仙公寓
柳明公寓	佳祥公寓	桐柏公寓	天宝绿洲公寓
福景苑国际公寓	明光公寓	恒通公寓	信联公寓
北京GOLF公寓	浦联公寓	申强公寓	惠龙公寓
陆家嘴中央公寓	博苑公寓	中远龙阳公寓	中星公寓

康德公寓	台益公寓	绿泉公寓	绿康公寓
七浦公寓	益海公寓	平武公寓	永巍公寓
乐业公寓	永泉公寓	兰桥公寓	爱迪公寓
宝通公寓	龙祥公寓	志豪公寓	华翔公寓
天宝公寓	永业公寓	春满园公寓	亚成公寓
绿洲尧舜公寓	虹桥中洋公寓	嘉阳公寓	旺增公寓
三泉公寓	新柳公寓	四季沙龙公寓	实华公寓
宏城公寓	长岛公寓	盛业公寓	宏润公寓
大宁公寓	虹漕公寓	桂竹香公寓	南虹公寓
奎江公寓	帆升公寓	翡翠湾公寓	云都公寓
久阳滨江公寓	杨浦公寓	王子公寓	新亚徐汇公寓
虹瑞公寓	锦安公寓	彭豪公寓	君怡公寓
上地公寓	合虹公寓	复旦书馨公寓	张江国际酒店公寓
汇金公寓	兴星公寓	新安公寓	静城公寓
汇康公寓	双钱公寓	新华嘉利公寓	环龙公寓
汇秀公寓	新汇公寓	珍宝公寓	柳明公寓
惠国公寓	通汇公寓	华业公寓	南吉公寓
惠龙公寓	同济国康公寓	春天花园酒店公寓	兴林公寓
桂园公寓	同泰公寓	南泉公寓	申升公寓
兴业公寓	桐柏公寓	书香公寓	金坤服务公寓
华科公寓	正力公寓	龙柏金铃公寓	长丰公寓
新兴大厦公寓	紫欣公寓	东淮海公寓	方圆公寓
鹏利海景公寓	逸流公寓	协和丽豪酒店式公寓	振宏公寓
祥和公寓	开城公寓	绿地泾南公寓	君怡公寓
同济国康公寓	海悦酒店式公寓	绿缘公寓	泰古公寓
精彩华虹公寓	新汾阳公寓	金鼎公寓	新翔公寓
恒凌公寓	精文公寓	北杰公寓	新逸仙公寓
南馨公寓	豫欣公寓	金棕榈公寓	虹漕公寓
华元公寓	澳龙公寓	天香公寓	福泰公寓
锦丽斯公寓	华阳公寓	南江公寓	森都公寓
共康公寓	仁达公寓	武泰公寓	鑫安公寓
黄兴公寓	和嘉公寓	长发虹桥公寓	洪远公寓

真情公寓	南溪公寓	东方时空公寓	黄兴公寓
屹立公寓	舜龙公寓	东亚公寓	惠达大厦
北美公寓	中兴财富国际公寓	中山公寓	集成公寓
上环公寓	久业公寓	翡翠湾公寓	佳祥公寓
虹光公寓	锦南公寓	高安公寓	台益公寓
国地公寓	虹口现代公寓	共康公寓	华菁南方公寓
金桥酒店公寓	星辰公寓	广盛公寓	华科公寓
金衡公寓	明泉公寓	桂竹香公寓	华丽公寓
龙柏西郊公寓	宏泰公寓	国地公寓	华伦公寓
兆丰虹桥公寓	爱都公寓	海富公寓	嘉善公寓
鸿力公寓	实华公寓	海鸿公寓	建华公寓
润欣公寓	白领公寓	海伦公寓	金芙世纪公寓
丽华公寓	百乐公寓	河畔明珠公寓	金坤服务公寓
樟树缘公寓	宝通公寓	亨纳斯酒店公寓	金桥花园酒店式公寓
宏凯公寓	北杰公寓	恒发公寓	金阳怡景公寓
西环公寓	碧云东方公寓	恒凌公寓	锦安公寓
桃林公寓	博苑公寓	恒益公寓	锦苑公寓
隆达公寓	长发虹桥公寓	红典公寓	经典茂名公寓
华东公寓	长丰公寓	隆达公寓	精彩华虹公寓
华伦公寓	长华公寓	虹北公寓	精文公寓
金鹏公寓	长宁贵都公寓	虹桥中洋公寓	静城公寓
宇泰公寓	长青公寓	永怡公寓	新格公寓
金桥凤凰酒店式公寓	明泉公寓	虹瑞公寓	久阳滨江公寓
中关村公寓	川沙公寓	虹御公寓	开城公寓
泰业公寓	春满园公寓	祜欣公寓	开隆公寓
华都公寓	春天花园酒店公寓	华飞潍坊公寓	丽南公寓
荣胜公寓	大德公寓	华科公寓	凌云公寓
金阳怡景公寓	大名公寓	华山正力公寓	龙柏金悦公寓
中闻公寓	淡水公寓	华翔公寓	龙翔公寓
虹北公寓	德昌公寓	华业公寓	隆安公寓
中山公寓	典雅公寓	环龙公寓	泾南公寓
永怡公寓	东安公寓	佳日公寓	罗绣公寓

名都公寓	新华公寓	国际大厦商粤公寓	纯雅公寓
明城花苑酒店式公寓	新华嘉利公寓	华平公寓	隆鹏公寓
莫奈印象·国际化酒店式公寓	新黄浦酒店公寓	华业公寓	龙新公寓
	新金桥酒店公寓	金鹏公寓	秋实公寓
南吉公寓	新时空国际公寓	金石公寓	谊城公寓
南康公寓	中闻公寓	开元公寓	纪发公寓
宁祥公寓	幸福第二公寓	康华公寓	景福公寓
培花久远公寓	幸运坊公寓	康乐公寓	南楼公寓
同德公寓	亚龙酒店公寓	女人世界国际公寓	华义温泉公寓
平成阁公寓	永嘉公寓	鹏远公寓	冠华公寓
平利公寓	振新大厦	兴邦商住公寓	德林公寓
平武公寓	众源公寓	**苏州**	丰瑞公寓
浦联公寓	宗鑫公寓	百合花公寓	宁发阳光公寓
千路公寓	**深圳**	加城湖滨公寓	英超公寓
天峰公寓	百分百公寓	万杨服务公寓	建新公寓
上海凡尔赛公寓	城投青莲公寓	万杨香樟公寓	棕榈泉丽景公寓
申德公寓	鹏盛年华公寓	白领公寓	美震公寓
圣天地服务式公寓	TT国际公寓	**太原**	诚基中心国际公寓
时代欧洲公寓	深城公寓	华龙公寓	汇名公寓
和嘉公寓	庐江春天公寓	双西高层公寓	金忠公寓
书香公寓	蓝堡公寓	同信公寓	天骄公寓
新实地公寓	利泰公寓	香榭舍公寓	银泰公寓
太古公寓	城市3米6公寓	阳光时尚公寓	金苑公寓
太子公寓	百花公寓	宜佳公寓	胜利公寓
泰业公寓	光彩新天地公寓	银河公寓	金联公寓
汤臣高尔夫国际公寓	新一代公寓	远东公寓	国翔公寓
天赐公寓	**沈阳**	中旅公寓	孚泰公寓
合虹公寓	碧海公寓	**天津**	博彩公寓
祥安公寓	广宜公寓	长城公寓	银杏公寓
协和世界酒店公寓	皇城公寓	晨熙公寓	紫东温泉公寓
欣安基公寓	**石家庄**	海德公寓	华生公寓
新昌里公寓	长城三宏高层公寓	金湾公寓	御河湾公寓

浩达公寓	泰达国际公寓	惠园公寓	同安公寓
银珠公寓	华馨公寓	吉祥国际公寓	万安国际公寓
惠禧温泉公寓	立达公寓	集贤公寓	伟业公寓
金色阳光国际公寓	森森公寓	将军公寓	文华公寓
金田公寓	时代公寓	江北之星循礼门公寓	五环公寓
森特公寓	佳怡公寓	江汉经发公寓	西北湖公寓
航宇公寓	泰兴公寓	江南公寓	祥和公寓
德恩公寓	**乌鲁木齐**	金惠公寓	信泰公寓
欣苑温泉公寓	千僖公寓	金沙城公寓	星田公寓
巨腾公寓	雅安公寓	金泰公寓	秀水公寓
津滨雅都公寓	**无锡**	九天公寓	徐东四期公寓
海源公寓	广瑞公寓	蓝空公寓	雅苑公寓
益博公寓	华夏公寓	利源公寓	阳光公寓
龙海公寓	圆通公寓	莲花湖公寓	逸安公寓
丰盈公寓	**武汉**	民权公寓	银洲公寓
儒园公寓	凤凰山公寓	澎湖高级公寓	盈安公寓
弘轩公寓	富安公寓	澎湖公寓	永安公寓
利海公寓	港台公寓	鹏程·金湖公寓	玉带公寓
中金公寓	港湾公寓	沁园公寓	裕华公寓
昆明公寓	古田公寓	青青国际公寓	兆丰苑公寓
佳闻公寓	桂花公寓	三星公寓	中华路公寓
金狮温泉公寓	海虹公寓	三阳豪华公寓	中华欧式公寓
科园云居公寓	汉华公寓	沙湖公寓	紫晋公寓
建国公寓	汉江公寓	盛兴公寓	柏林公寓
金山公寓	浩海公寓	狮城公寓	百合公寓
文才公寓	虹景国际公寓	狮城南区教师公寓	宝安中海公寓
鑫东国际公寓	华顺公寓	石牌岭公寓	碧波公寓
盈月公寓	华西公寓	时尚公寓	长安公寓
宇阳公寓	滑坡路公寓	泰昌公寓	长福公寓
美震温泉公寓	黄浦公寓	泰格生态公寓	长宏公寓
环渤海国际公寓	辉煌公寓	天永公寓	楚雄公寓
宜昌公寓	惠誉公寓	添地公寓	春天公寓

大成公寓	尊园公寓	建川梦追湾公馆	紫藤新园·含香馆
大东门公寓	华阳公寓	名士公馆	淮海新公馆
东星公寓	**郑州**	幸福枫景美树馆	领世馆
发展公寓	舒馨公寓	梦追湾公馆	东湖宾馆
柏林公寓	滨河公寓	格致生活馆	老虎灶茶馆
丁字桥公寓	恒达公寓	上城生活馆	**台湾**
西安	集浩公寓	**广州**	美墅馆
皇冠公寓	经津公寓	东山公馆	生活馆
永丰公寓	瑞奇公寓	桐林美墅馆	水筑馆
荣城公寓	太极公寓	**南京**	**天津**
东升商务公寓	五州公寓	清水湾公馆	上海滩大华国际公馆
中天国际公寓	阳光公寓	天宫·艺墅馆	非常公馆
东圣公寓	伊河公寓	金陵大公馆	迷你购流行馆
怡和国际商务公寓	豫新公寓	**上海**	财富公馆
月亮公寓	正大公寓	华商会馆	**深圳**
柠檬公寓	致美公寓	西郊美林馆	中旅国际公馆
融鑫科技公寓	总周路商务公寓	西郊大公馆	皇家海湾公馆
香港	晖达商都公寓	西山美墅馆	佳兆业水岸公馆
		财智公馆	**台湾**
	◀ **馆** ▶	徐汇高公馆	皇翔四季会馆
		虹桥大仕馆	**武汉**
北京	青春汇馆	古北红人馆	汉口·滨江公馆
财富公馆	源公馆	写意生活馆	青山·健吾公馆
国际使馆	世馆	美丽公馆	曲江公馆
天道温泉商务公馆	海晟名苑·使馆	上海大公馆	左岸生活馆
财智公馆	涧桥·泊屋馆	建国路一号公馆	小寨皇家公馆
远中悦麒会馆	美妙时光温泉度假公馆	新家坡·美树馆	银河怡园公馆
北京公馆	太阳国际公馆	上安公馆	新科现代生活馆
七星小筑温泉度假公馆	紫荆豪庭源公馆	阳光万源公馆	景天知本公馆
西山美墅馆	**成都**	华阳森活馆	
天坛公馆	凤尚购物馆		
卡尔生活馆	华都星公馆		

◀ 广场 ▶

北京
联合广场
绿韵广场
海天广场
东方广场
王府井富阳广场
阳明广场
凯晨广场
天都广场
泰瑞广场
麒麟广场
西环广场
国门第一广场
泰瑞广场
首都时代广场
富卓花园广场
佳程广场
北京万达广场
金泉广场
丰联广场
京皇广场
富国广场
碧溪家居广场
富卓广场
清华同方科技广场
万通新世界广场
韦伯时代广场

长春
华侨休闲广场
吉发广场

长沙
e时代电讯广场
长沙文化广场
明天世纪广场
天心城市广场
新大新时代广场
中央广场
金碧广场

成都
边城假日广场
灿坤商业广场
丰德国际广场
冠城广场
桂湖时化购物广场
国栋广场
好莱坞广场
好望角商业文化广场
华尔兹广场
假日广场
金罗马假日广场
金色校园广场
科华广场
罗马假日广场
开行国际广场
大地新光华广场
南加州娱乐广场
乔富休闲广场
圣马可广场

时代广场
天一广场
文庙商业广场
香槟广场
新城市广场
盐市口广场
新世纪广场
阳光海韵广场
银河商业广场
银杏生活广场
郁金香花园广场
中华商业广场
科华广场
汇龙湾广场

重庆
e动力广场
地王广场
华新广场
华宇广场
华竹花园广场
基良广场
嘉多利广场
建设广场
天龙广场
通远广场
万吉广场
欣阳广场
中华广场
泰古广场
现代广场
渝高广场
邹容广场

金地广场
港渝广场
新瑞奇五金灯饰广场
合智商业广场
阳光100城市广场
帝都广场
五里店广场
金字塔金都会广场
泛洋广场
石桥广场
泰兴科技广场
建设广场
合景聚融广场
协信百年广场
沙龙广场
新重庆广场
嘉瑞广场
基良港澳广场
金观音广场

大连
鹏辉广场
科技广场
天和广场
修竹广场

东莞
大金鼓广场
都会广场
豪苑广场
华润广场
华艺广场
莲花广场
曼克顿广场

时代广场	富力盈隆广场	中华广场	中信广场
盈锋广场	名盛广场	世纪广场	国际玩具文具精品广场
置富广场	广信江湾时代广场	时代广场	天河城广场
怡丰都市广场	华普广场	中诚广场	嘉洲广场
曦龙广场	富信广场	赞敏广场	弈方多媒体文化广场
广州	新达城广场	建发广场	**贵阳**
文德广场	富力现代广场	嘉星广场	修竹广场
伟诚广场	天河都市广场	粤信广场	榕筑鲜花广场
东方都会广场	金碧都市广场	嘉富广场	**桂林**
鸿发广场	富力广场	嘉福广场	鑫隆置业广场
宏宇广场	龙湾广场	花地城广场	**哈尔滨**
弘基广场	城启十三行广场	正佳广场	鑫隆置业广场
中泰国际广场	福星广场	得意购物广场	世纪广场
保税广场	荔湾广场	黄金广场	天通广场
捷泰广场	生活广场	财富广场	**海口**
中澳广场	丰兴广场	富基广场	琼苑广场
新动力数码广场	宜安广场	环球广场	昌茂文化广场
新光城市广场	丽影商业广场	维多利广场	环岛广场
保利珠江广场	阳光都会广场	亿安广场	明珠广场
保利国际广场	光明广场	华天国际广场	名门广场
万国广场	天龙广场	世纪广场	**杭州**
南珠广场	东圃广场	燕塘广场	汇锦名店广场
万盛广场	西门口广场	大都会广场	绿城·深蓝广场
天河广场	天河娱乐广场	百汇广场	绿都·百瑞广场
南山广场	合润广场	白云广场	绿都·世贸广场
南天广场	东圃广场	富丽广场	通策广场
南北广场	东峻广场	第一城商业广场	新城市广场
好世界广场	天诚广场	海印广场	新青年广场
天字广场	华标广场	好信广场	新世界·太古广场
五月花商业广场	东方广场	新时代广场	中大广场
颐高数码广场	泰康城广场	东银广场	汇锦名店广场
名粤广场	白云明珠广场	珠江广场	运河广场

众安恒隆广场	盘谷·亚泰广场	金海生态广场	龙珠广场
金帝文源广场	圆通广场	科技广场	**深圳**
嘉德广场	中泰国际广场	**上海**	国际交易广场
美都广场	鑫泰·国际广场	汇金广场	荣超广场
福雷德广场	新世纪广场	环线广场	泰富中心广场
中冠·现代印象广场	新大都广场	均瑶国际广场	东方时代广场
龙禧硅谷酒店广场	黄金海岸广场	帝苑名品广场	帝龙广场
南都·逸天广场	朗诗城市广场	古北国际广场	志健时代广场
中豪·凤起广场	新城市广场	哈佛公寓·远洋广场	群星广场
海华广场	建伟商务广场	恒森广场	新2000广场
华瑞信息广场	绿地广场	新塘桥生活广场	鸥洲广场
中都广场	银河国际广场	维多利广场	新世界广场
永通·信息广场	财富广场	阳明花园广场	东门国际广场
凤凰城广场	龙吟广场	协和世界广场	假日广场
西湖时代广场	侨宁地铁广场	华鼎广场	新时代广场
西城广场	南京国际广场	康隆广场	鸿昌广场
绿都·泰富广场	温州商业街·日光广场	耀江国际广场	明华广场
济南	虹桥·新城市广场	明申商务广场	阳光广场
银座数码广场	南京置地广场	飞洲国际广场	宝安海滨广场
昆明	城市假日广场	中山广场	春天广场
柏联广场	紫鑫中华广场	东方广场	柏龙奥特莱斯商业广场
东方广场	汇杰广场	江南造船广场	皇都广场
集成广场	**南宁**	黄兴广场	香缤广场
昆明世纪广场	华星时代广场	21世纪海岸广场	常兴时代广场
南京	汇春广场	泰兴广场	布吉中心广场
辰龙广场	金之岛城市广场	长寿商业广场	城市天地广场
城市假日广场	南湖国际广场	方舟休闲广场	财富广场
创新滨江广场	太平洋世纪广场	环球广场	旭飞城市广场
江畔明珠广场	太阳广场	上海济川国际广场	美加广场
金轮国际广场	阳光100城市广场	大上海时代广场	地王信兴广场
金浦广场	**青岛**	国际广场	南方国际广场
朗玛国际广场	泛海名人广场	嘉汇广场	中民时代广场

赛格广场	时代广场	华城广场	枫叶广场
华佳广场	华厦富裕广场	嘉鑫·假日广场	招商局广场
和平广场	富顿广场	佳和广场	立丰国际购物广场
创新科技广场	万和商业广场	江城商业广场	巴黎春天商业广场
东方广场	宏达花园广场	绿洲广场	奥林匹克中心广场
大益广场	凤凰城慈航商业广场	青年广场	自在广场
国际交易广场	天一摩尔广场	瑞通广场	旅游广场
海滨广场	阳光嘉年华商业广场	三阳广场	海星城市广场
汇宾广场	三联广场	同成广场	长安国际广场
加福广场	金河购物广场	万商广场	**厦门**
龙兴商业广场	凯华商业广场	万松广场	大洲新世纪广场
时代广场	万达商业广场	亚洲贸易广场	古楼广场
天利中央商务广场	麦迪逊广场	长江广场	国贸广场
保利文化广场	富裕广场	长青广场	海福广场
石家庄	泰达时尚广场	诚成文化广场	聚祥广场
康泰广场	赛德广场	**西安**	兴旺广场
易城·时代广场	铜锣湾广场	安定广场	亚太财富广场
筑业花园广场	新澳购物广场	高科广场	**香港**
苏州	麦购休闲广场	国际奥林匹克中心广场	新时代广场
粤海广场	信达广场	西安招商局广场	将军澳广场
三香广场	峰汇广场	百隆广场	新城市广场
协和·金盛广场	奥城商业广场	白金广场	新达广场
台湾	休闲广场	金桥国际广场	新都会广场
世纪广场	金厦中恺国际广场	华晶商务广场	嘉城广场
世纪花园广场	荣华时代广场	亚美伟博广场	德胜广场
国际金融广场	怡安购物广场	白马世纪广场	愉景广场
和风科技广场	**乌鲁木齐**	杰座广场	中悦爱仁广场
太原	中泉广场	新时代广场	**郑州**
兴华街商务广场	**无锡**	钻石广场	建业广场
天津	金鼎广场	西部国际广场	
海泰信息广场	明珠广场		
青年创业广场	**武汉**		

◀ 国际 ▶

北京
金海国际
东区国际
金隅国际
庚坊国际
嘉美国际
鼎晟国际
live·澳立国际
银领国际
宝星国际
东晶国际
乐成国际
兰华国际
中鑫国际
晶都国际
顺驰蓝调国际
新城国际
都会国际
通程国际
蓝山国际
空港国际
星城国际
东区国际
润枫德尚国际
银帆国际
金港国际
华悦国际
北奥国际
恋日国际

星光国际
国兴观湖国际
瑞都国际
恒华国际
时间国际
森根国际
文津国际
长春
鸿城国际
成都
风尚国际
棕北国际
麓山国际
东恒国际
重庆
渝能国际
圣名国际
穗东莲花国际
朵力尚美国际
金沙国际
鼎泰国际
一城精英国际
大川国际
申基会展国际
三峡万高国际
大西洋国际
同创国际
广州
锦州国际

理想蓝堡国际
星汇国际
君铂国际
丽都国际
临江国际
杭州
华都·兰庭国际
龙禧国际
南京
丽晶·国际
银城·西堤国际
御湖国际
君临国际
南宁
青年·国际
新城国际
现代国际
丽晶·国际
上海
加城·国际
领行国际
东区国际
滨江国际
山水国际
恒大翰城国际
东晶国际
黄浦国际
中环国际
金樽国际
风度国际
碧云国际
御风国际

华敏翰尊国际
滨江·国际
飞洲国际
中旅河滨国际
骏豪国际
深圳
百合银都国际
银座国际
龙兴国际
海尚国际
丽晶国际
星河国际
太原
华宇·国际
天津
濠景国际
万通上游国际
中山国际
万通新城国际
金港国际
汐岸国际
金厦锋泛国际
武汉
青鹏国际
鹏程国际
万豪国际
西安
皇城国际
赛高国际
新城国际
华尔国际
裕朗国际

协通国际	紫洲国际	富景花园	首科花园
海锦国际	阳明国际	福景花园	双裕德邻双裕花园
煜源国际	长鑫领先国际	富莱茵花园	芳洲花园
		国际使馆村和安花园	双裕花园

◀ 花园 ▶

		名流花园	世恒花园
		华凯花园	世豪花园
北京	紫竹花园	恒丰花园	天成花园
北京奥林匹克花园	光大花园	昊腾花园	天行建商务花园
今典花园	大雄城市花园	华普花园	郁花园
中海高尔夫花园	振兴花园	海特花园	运通花园
园景花园	金岛花园	鸿运花园	颐柳国际商务花园
梅苑花园	朝阳花园	津狮花园	运河花园
裕祥花园	京宝花园	京润水上花园	怡海花园
圣得花园	恒昌花园	君都花园	永泰花园
前进花园	亚运花园	聚龙花园	中海高尔夫花园
绿城星洲花园	聚龙花园	金岛花园	珠江温泉花园
北亚花园	洋桥花园	加洲阳光花园	庄维花园
海润花园	康堡花园	空港米兰花园	联宝花园
百环花园	安达花园	流星花园	蓝天花园
滨河花园	安宁花园	丽京花园	明珠花园
金桥花园	安立花园	兰竹花园	青水文化花园
丰益城市花园	欧亚花园	罗马花园	龙湖花园
嘉润花园	晨谷花园	丽斯花园	温泉花园
九龙花园	翠堤花园	绿城·星洲花园	富泉花园
伯宁花园	晨浩花园	潞邑花园	名佳花园
曙光花园	晨曦花园	莫奈花园	龙脉花园
万科城市花园	大屋金海湾花园	美丽亚洲花园	潞邑花园
恒丰花园	东旭花园	名佳花园	豪峰花园
富东花园	大雄城市花园	马坡花园	沁心假日花园
久润花园	芙蓉花园	泉发花园	世豪花园
金达利花园	富成花园	瑞景城市花园	汇通花园
现代花园	丰益城市花园	石韵·浩庭花园	丰体时代花园

丽斯花园	富民花园	新竹花园	银晟花园
龙城花园	富苑花园	星宇花园	**成都**
蓝郡国际花园	和平花园	永吉花园	瑞康花园
麓鸣花园	虹桥花园	永信花园	龙府花园
怡景城花园	华厦花园	友谊花园	爱舍尔花园
万柳新纪元花园	华宇花园	郁金花园	北斗星花园
福星花园	卉香花园	园丁花园	博瑞都市花园
万泉商务花园	吉达花园	中山花园	彩虹花园
泰中花园	吉业花园	中新花园	长富花园
首科花园	锦江花园	鑫鹏花园	超洋花园
未来假日花园	净月花园	**长沙**	潮蓉花园
北京国际花园	凯旋花园	白沙花园	成都花园
武夷花园	宽平花园	富雅花园	第Ⅴ大道福泽美庐花园
天行建国际商务花园	蓝天花园	荷花园	
恒富花园	丽江花园	恒达时代花园	东方花园
海德堡花园	林苑花园	汇城花园	东方明珠花园
金宝花园	洛阳花园	金昌花园	都江花园
梨花园	民航花园	金苑花园	都江堰花园
力鸿花园	欧风花园	京电花园	都鹏花园
美林花园	轻铁湖西花园	骏豪花园	府河音乐花园
密西花园	爽馨花园	明天世纪花园	冠城花园
御京花园	松宇花园	名都花园	国际花园
珠江骏景花园	同欣花园	天龙花园	禾嘉花园
长春	同心花园	天润花园	河景花园
奥林花园	万达花园	天泰花园	恒信花园
百利花园	万龙花园	万顺花园	洪西花园
万科城市花园	万胜花园	王府花园	鸿生花园
长电时代花园	万通花园	雄海花园	华阳滨河花园
晨光花园	万鑫花园	杨铭花园	汇厦花园
大通花园	威尼斯花园	阳光花园	吉祥花园
富奥花园	西安花园	银府花园	会所花园
富豪花园	新月花园	雄海花园	嘉逸花园

江都花园	蜀风花园	上海花园	南方花园
建信奥林匹克花园	泰庄花园	福泽美庐花园	南庭花园
今日花园	园丁花园	上尚春天花园	清目花园
金地花园	天邑花园	成都后花园	琼海花园
金都花园	万科城市花园	温哥华花园	三木花园
金府花园	王府花园	五福花园	世纪花园
金冠花园	梧桐花园	新和方正花园	顺通花园
金港湾花园	西城花园	**重庆**	穗东花园
金色花园	西区花园	碧云花园	泰正花园
金山花园	西体奥林花园	春晖花园	天鑫花园
锦城花园	现代花园	都市花园	万丰花园
锦海国际花园	香木林花园	凤天花园	万寿花园
锦汇花园	祥和花园	海怡花园	新东福花园
锦江时代花园	新城花园	恒鑫花园	新民花园
锦西花园	新和方正花园	华新都市花园	星宇花园
锦绣花园	新加坡花园	华新水天花园	兴宇花园
精城花园	新空间花园	冠东和花园	映江花园
空中花园	馨康花园	加州花园	渝中花园
丽晶花园	阳光金山花园	江山多娇·滨江花园	珠江花园
流星花园	怡景花园	金鞍花园	紫荆花园
美洲花园	银都花园	金地花园	怡丰花园
银海花园	钰诚花园	金科花园	榕湖国际花园
岷山·水都城市花园	郁金香花园	金日阳光花园	加新花园
南河美景花园	御都花园	竞地城市花园	港城花园
欧城花园	芝芝城市花园	聚丰花园	生辉龙庭花园
齐力花园	置信丽都花园	康乐花园	白马花园
启明花园	置信逸都花园	联芳花园	华立北泉花园
全兴花园	棕榈花园	流星花园	白马康居花园
瑞康花园	总府花园	龙湖花园	金涛花园
三和花园	成都·东方明珠花园	龙景花园	假日滨江花园
森宇音乐花园	春天花园	玛瑙花园	龙洞湾花园
蜀都花园	金沙国际花园	木鱼石花园	沙龙花园

巨宇融鑫花园	天鹅花园	金滨花园	金美花园
保利国际高尔夫花园	达美城市花园	金海花园	金月湾花园
重庆奥林匹克花园	春天花园	绿波花园	金泽花园
金城花园	四海花园	胜利花园	景湖花园
新桂花园	卫星半岛花园	同泰花园	骏景高尔夫花园
浩立城市花园	扬子江花园	新科花园	骏马花园
加新花园	大帝花园	怡景花园	丽景花园
富贵花园	逸静花园	悦泰·御景花园	利澳花园
流金花园	**大连**	中长花园	玫瑰花园
恒鑫花园	春和花园	中南樱花园	美景花园
棕榈泉国际花园	富鸿国际花园	**东莞**	庆丰花园
兴宇花园	海韵花园	安娜花园	瑞康花园
金玉满堂城市花园	海之恋花园	碧湖花园	石竹新花园
阳光花园	科宏花园	碧月湾花园	时富花园
万福花园	昆明花园	城市花园	水云天碧河花园
龙凤花园	良运花园	大朗中心花园	太平广场花园
洋河南滨花园	绿波花园	帝豪花园	万佳花园
望海花园	民兴花园	东城商贸花园	文华花园
大川花园	四通花园	东湖花园	祥富花园
昌龙城市花园	天安海景花园	东糖花园	新世纪花园
聂成花园	通海花园	富雅花园	新世界花园
学林花园	万益花园	富怡花园	新天美地花园
海德花园	温馨花园	豪苑花园	雅翠花园
龙泉花园	武昌花园	光大花园	雁翠花园
洋河花园	新希望花园	河畔花园	银峰花园
怡馨花园	迎宾花园	鸿怡花园	雍景花园
新东福花园	月恒花园	宏园金丰花园	愉景花园
云湖花园	碧海花园	华艺花园	御景花园
榕湖花园	长恒花园	江滨花园	粤港花园
重大花园	城建花园	金澳花园	中心花园
皇冠东和花园	温泉花园	金碧花园	中信东泰花园
龙珠花园	华乐·环海花园	金豪花园	紫荆花园

广州

云珠花园	东华花园	广信春兰花园	福金莲花园
千叶花园	东方白云花园	绿景花园	芙蓉花园
金沙花园	暨南花园	美林海岸花园	蓝粤花园
雅居乐花园	海景花园	广信白兰花园	新康花园
万华花园	惠城花园	海怡半岛花园	锦城花园
金满花园	体育花园	广海花园	凤安花园
鸿基花园	荷景花园	怡新花园	万华花园
雅郡花园	和润花园	广地花园	自在城市花园
鸿成花园	和辉花园	南国奥林匹克花园	万丰花园
光大花园	乐得花园	隆康花园	同乐花园
岭南花园	好景花园	四季花园	南兴花园
海富花园	南华花园	隆康花园	天誉花园
金海花园	保利香槟花园	新塘新世界花园	新燕花园
汇成花园	绿佳花园	共和花园	番禺怡景花园
恒骏花园	同德上步花园	翠城花园	怡翠花园
东逸花园	同德花园	龙津花园	天翔花园
金谷花园	柏蕙花园	富门花园	白云半山花园
金丰花园	洛溪新城彩虹花园	荔雅花园	东海花园
万博翠湖花园	田心花园	富力半岛花园	敦和花园
中兴花园	建丽花园	富景花园	金碧世纪花园
恒骏花园	广州后花园	荔海鸣蝉花园	东兴苑兴业花园
金迪城市花园	富力千禧花园	黄埔花园	保利花园
英豪花园	海珠半岛花园	金宇花园	华景新城信华花园
金碧花园	南方花园	富和花园	东鹏花园
江燕花园	广州奥林匹克花园	大鹏花园	新城海滨花园
金海岸花园	坚真花园	荔丰花园	南国花园
骏景花园	鄱龙明珠花园	利安花园	东辉花园
长江数码花园	广信金兰花园	金道花园	新燕花园
春江花园	云峰花园	白云高尔夫花园	光大花园
黄石花园	时代花园	南航碧花园	东方之珠花园
跑马地花园	广信嘉乐花园	福莱花园	紫荆花园
	万科城市花园	乐得花园	穗龙花园

中南花园	德心花园	悦安花园	金燕花园
中唱流星花园	黄石花园	阳光花园	金亚花园
江南花园	德宝花园	华保花园	新鸿花园
东璟花园	五仙花园	东翠花园	金星花园
泽德花园	银威花园	羊城花园	豪景花园
第三金碧花园	环宇花园	雅致花园	金兴花园
润南花园	银海花园	鸿运花园	海富花园
翠城花园	春庭花园	白云高尔夫花园	海德花园
云影花园	益丰花园	雅怡花园	南浦海滨花园
瑞丽花园	春晖花园	白云花园	珠岛花园
云景花园	南湖半岛花园	粤和花园	晓南花园
嘉洲花园	城西花园	白天鹅花园	华港花园
瑞宝花园	华怡花园	番禺奥林匹克花园	龙口花园
云东花园	珠江半岛花园	雅骏花园	中鑫花园
嘉仕花园	怡乐花园	康怡花园	中怡城市花园
榕溪花园	滨江花园	雅景花园	名雅花园
华颖花园	怡景花园	康泰花园	祥庆花园
广州白天鹅花园	贝丽花园	广和花园	名圃花园
嘉鸿花园	安富花园	海印明珠花园	祥龙花园
粤电花园	南源花园	天骏花园	祥景花园
鸣翠花园	北秀花园	海印花园	保利丰花园
汇成花园	怡港花园	锦诚花园	畔江花园
源林花园	华骏花园	海逸花园	大家庭花园
御景花园	保利红棉花园	金宇花园	五山花园
加拿大花园	信华经理人花园	海怡花园	阳光假日花园
侨基花园	怡安花园	金影花园	南航花园
侨惠花园	华江花园	海外花园	东湖洲花园
侨宏花园	保利丰花园	新市花园	豪利花园
侨德花园	一德花园	新世界花园	泓景花园
侨诚花园	华辉花园	金羊花园	江南美景花园
影城花园	瑶台花园	广发花园	中唱流星花园
迎海花园	百事佳花园	新世界东逸花园	**贵阳**

奥运花园	中北花园	紫荆花园	钱江湾花园
常青藤花园	鑫灿花园	**杭州**	浅水湾城市花园
创力花园	**哈尔滨**	e世纪·城市花园	沁雅花园
东宝花园	东莱祥泰花园	东海·东海花园	容大·五环城市花园
贵山城市花园	恒运花园	方大绿洲花园	润和皇庭花园
鸿基都市花园	锦绣花园	凤雅钱塘花园	三江花园
华联宅吉花园	临江花园	凤起·都市花园	商宇·香榭里花园
华宇世纪花园	龙电城市花园	福田·城市花园	宋都·桐江花园
九龙花园	龙坤花园	富春江花园	五洋·千岛碧水花园
开磷宅吉花园	外侨花园	广利普金花园	西房经·金星花园
蓝波湾花园	阳光绿色花园	广厦·绿洲花园	新金都城市花园
漓江花园	**海口**	广宇·河滨花园	新月花园
天利花园	黄金海岸花园	国信翰林花园	星海·云庭花园
天水花园	奥林匹克花园	海月花园	星州花园
万东花园	宝阳花园	翰林花园	窑山花园
温泉花园	昌炜城市花园	红石·中央花园	耀江喜得宝花园
香江花园	长信海景花园	红树林花园	云江花园
新都花园	港湾花园	湖畔花园	之江花园
兴隆城市花园	海景花园	华城·格之林花园	中北花园
苑林花园	嘉华城市花园	华达·城市花园	中大·凤栖花园
中海城市花园	金都花园	华达·汇观山花园	紫桂花园
中天花园	金龙花园	华立·星洲花园	东海·东海花园
茗桂花园	金椰都滨海花园	金泰·蓝色霞湾花园	嘉利花园
桂林	丽都花园	金棕榈花园	临江花园
澳洲花园	三永花园	锦天城市花园	龙生·凯旋花园
东方花园	水秀花园	锦天花园	胡姬花园
恒祥花园	万恒城市花园	景城花园	蓝天城市花园
静安花园	万利隆花园	玲珑花园	中尚·橄榄树花园
漓江花园	现代花园	绿城·中山花园	景江城市花园
世纪花园	新世界花园	明华·明辉花园	**济南**
新洲花园	玉和花园	名城左岸花园	恒泰花园
兴荣花园	置地花园	南都·江滨花园	洪西花园

华信花园	竞达花园	蓝岸·亲水湾花园	泰翔花园
槐苑花园	隆居花园	龙凤花园	泰秀花园
汇统花园	绿洲花园	玫瑰花园	泰惠花园
建鑫花园	南疆花园	明月花园	21世纪假日花园
金阁花园	万兴花园	欧陆经典花园	百家湖花园
金泰花园	西房高新花园	盘锦花园	枫丹白露城市花园
玖A花园	新迎金马源温泉花园	浦东花园	凤凰花园
历东花园	兴隆花园	祈福花园	海月花园
林东花园	阳光花园	钱塘·望景花园	宏景花园
普利南辛花园	**南京**	润花园	宏鹰花园
泉景卧龙花园	爱达花园	天晴花园	湖滨世纪花园
荣泰花园	百家湖花园	武夷花园	湖景花园
世纪泉城舜景花园	西花园	香榭里花园	金陵世纪花园
舜风世纪花园	碧瑶花园	兴都花园	康盛花园
太平洋花园	长江花园	兴城国际花园	龙江花园
天建·影山花园	长阳花园	亚东花园	南方花园
文东花园	大明花园	银龙花园	通宇花园
新世界阳光花园	帝豪花园	御水湾花园	万欣公寓花园
逸东花园	凤悦天晴花园	阅城国际花园	王府花园
中联花园	福基国际花园	月安花园	五台花园
宸宇花园	高尔夫国际花园	芝嘉花园	风和日丽花园
昆明	广兴花园	钟麓花园	金汇花园
白塔花园	宏图·上花园	钟山花园	润富花园
宝海花园	虎啸花园	红十月花园	新百花园
北市区云锡花园	滨世纪花园	日月星光花园	宁南·泰山花园
春晓花园	湖景花园	泰裕花园	香格里拉花园
福景花园	金虹花园	泰琮花园	天印花园
光华花园	金陵世纪花园	京都花园	**南宁**
恒信花园	金信花园	胜利花园	安宇花园
汇和花园	金鹰国际花园	泰翠花园	湖景花园
锦苑花园	锦绣花园	泰祺花园	康美花园
景江花园	康盛花园	泰僖花园	安宇花园

宝城花园	清水湾花园	金地国际花园	南郊花园
城市花园	瑞纳花园	天秀花园	怡东花园
大自然花园	泰成石老人花园	绿波花园	新天地河滨花园
东方明珠花园	旺海花园	香梅花园	达安圣芭芭花园
华建花园	香港花园	白玉兰花园	爱法花园
金桂花园	新岭花园	海上国际花园	东郊花园
康美花园	远洋滨海花园	好莱坞花园	徐家汇独栋花园
龙胤花园	芙蓉花园	冠龙家园	昌鑫花园
梦之岛花园	鑫龙源花园	静安桂花园	澳马花园
南国花园	**上海**	景明花园	文怡花园
青秀花园	宏润花园	慧芝湖花园	紫叶花园
香港花园	耀江花园	卢湾都市花园	虹桥光大花园
香格里拉花园	阳都市花园	棕榈湾花园	君临天下花园
正成花园	恒力锦沧花园	瑞金花园	黄兴绿地·佳泰花园
中天世纪花园	瑶成湾花园	联洋花园	锦三角花园
宁波	纪之城·半岛花园	共富鑫鑫花园	乔顿花园
东海花园	半岛水花园	瑞生花园	静安桂花园
海怡花园	安河滨花园	白玉兰花园	联洋花园
泰和家园	达安花园	环球中央花园	万吉花园
永久花园	成亿花园	金外滩花园	和泰花园
樱花园	万科城市花园	瑶成湾花园	中虹花园
青岛	东兰新城·欧枫花园	青之杰花园	凤城花园
百通花园	湘府花园	东方伦敦花园	古北瑞仕花园
滨海花园	君怡花园	蔚蓝城市花园	御墅花园
昌盛花园	紫丁香花园	大唐盛世花园	徐家汇花园
东方花园	威尼斯花园	慧芝湖花园	金桥花园
贵合花园	宏城花园	虹桥万博花园	元丰天山花园
海风花园	虹桥河滨花园	大上海国际花园	博佳花园
浮山湾花园	世贸湖滨花园	松风花园	峰会·陆家嘴花园
海峡花园	世博花园	吉富绅花园	好莱坞花园
鸿荣家园	经典海上花园	绿地春申花园	静安河滨花园
虎山花园	皇都花园	浅水湾花园	春天花园

银杏家园	君临颐和花园	英伦花园	碧云花园
雅阁花园	爱家亚洲花园	虹桥城市花园	康桥花园
上海家天下花园	成亿花园	强生古北花园	静安河滨花园
龙柏四季花园	淡水湾花园	文化花园	北欧丽景·东川花园
江南宴花园	浪琴水岸花园	奥塞花园	明申花园
迎宾花园	夏阳湖国际花园	金港花园	富都花园
世纪之门·半岛花园	静安国际花园	香榭丽花园	爱法花园
武夷花园	九洲大唐花园	华能城市花园	爱家·亚洲花园
宝地东花园	景明花园	樱缘花园	安宁欧洲花园
嘉泰花园	金龙花苑·梅花园	上海之春复华城市花园	安桥花园
长发花园	香港新世界花园	卢湾都市花园	奥塞花园
天馨花园	虹康花园	九歌花园	澳马花园
印象派·嘉富丽花园	满庭芳花园	世茂湖滨花园	白领·创世纪花园
昌里花园	长堤花园	古北国际花园	半岛花园
临汾花园	正文花园	飘鹰东方花园	宝地东花园
南都白马花园	皇都花园	东方太古花园	宝启花园
经典花园	佳信都市花园	经典花园	北美精典·夏州花园
久事西郊花园	巴黎花园	安宁欧洲花园	北欧丽景·东川花园
蓼花汀花园	森林都市花园	飘鹰花园	碧云国际花园
圣陶沙花园	景博花园	长城花园	财富海景花园
仁恒河滨花园	齐盛世纪花园	华光花园	彩虹花园
荣丰花园	协和海琴花园	耀江花园	昌达·四季花园
运杰城市花园	凯旋花园	宝启花园	成亿花园
海悦花园	明丰花园	伟达盛宅花园	创世纪河滨花园
中福花园	龙东花园	乾心花园	创世纪花园
大上海城市花园	世外桃源花园	东方金门花园	达安圣芭芭花园
伊莎士花园	漓江山水花园	半岛花园	大华清水湾花园
世博花园	云和花园	龙缘花园	大华阳城花园
龙居花园	达安花园	贵都苑·兴银花园	大上海国际花园
世纪之春花园	黄浦花园	圣得恒业花园	大同花园
浦东虹桥花园	名门河滨花园	广海花园	丹桂花园
京浦花园	永久城市花园	龙阳花园	第九城市·浦东虹桥

花园	华山花园	经典花园	绿洲湖畔花园
东方城市花园	环球中央花园	精文城市花园	绿洲紫荆花园
东方御花园	皇都花园	景博花园	罗马花园
东郊花园	黄浦花园	静安桂花园	洛可可花园
万吉花园	佳泰花园	静安河滨花园	马赛花园
凤城花园	汇丽花园	九歌花园	满庭芳花园
峰会·陆家嘴花园	吉富绅花园	九洲大唐花园	美丽华花园
复华城市花园	佳龙花园	久事西郊花园	明丰花园
富都花园	佳宁花园	君临天下花园	明申花园
富浩河滨花园	嘉宝花园	君临颐和花园	明月花园
富浩花园	嘉泰花园	君悦花园	南花园
古北国际花园	建德花园	凯虹家园	飘鹰花园
贵都苑·兴银花园	江南宴花园	凯旋花园	浦东世纪花园
国际花园	今达花园	城中花园	齐盛世纪花园
海德花园	今天花园	康桥花园	乾心花园
海富花园	金港花园	浪琴水岸花园	浅水湾花园
海华花园	金海岸花园	里昂花园	强生古北花园
海丽花园	金汇花园	丽雅花园	乔顿花园
海上花园	金坤花园	联洋花园	青之杰花园
海天花园	金平花园	临汾花园	仁恒河滨花园
好莱坞花园	金苹果花园	龙柏四季花园	荣丰花园
和泰花园	金桥都市花园	龙东花园	瑞金花园
亨纳斯花园	金桥花园	龙居花园	瑞仕花园
恒力锦沧花园	金桥瑞仕花园	卢湾都市花园	三和花园
宏润花园	金上海花园	陆家嘴花园	三湘花园
虹桥城市花园	金外滩花园	绿地春申花园	森林都市花园
虹桥帝凡尼花园	锦华花园	绿地世纪花园	上海奥林匹克花园
虹桥花园	锦秋花园	绿洲比华利花园	上海大花园
鸿禧花园	锦秋加州花园	绿洲长岛花园	上海富宏花园
华光花园	锦三角花园	绿洲城市花园	上海豪都国际花园
华佳花园	锦绣花园	绿洲千岛花园	上海鸿禧花园
华能城市花园	京浦花园	绿洲仕格维花园	上海花园

上海加州花园	温莎花园	英伦花园	亨纳斯花园
上海年华·瑞生花园	文怡花园	樱缘花园	恒德花园
上海滩花园	西部名都花园	迎宾花园	恒联新天地花园
上海威尼斯花园	西郊一品花园	永久城市花园	虹桥金斯花园
上海徐家汇·汇翠花园	夏都花园	御墅花园	胡姬花园
上南春天花园	夏阳湖国际花园	裕龙花园	华宝花园
圣得恒业花园	夏洲花园	元丰天山花园	江南宴花园
盛大花园	现代映象·昌里花园	原野花园	青之杰花园
时代花园	香缇花园	云和花园	**深圳**
世纪花园	香榭丽花园	正文花园	皇庭香格里花园
世纪之门·半岛花园	祥和星宇花园	景明花园	皓月花园
世茂滨江花园	协合海琴花园	中汇花园	翡翠明珠花园
世外桃源花园	新都花园	中央花园	保利城花园
四方西郊花园	新古北国际花园	中艺花园	麒麟花园
东方花园	新虹桥明珠花园	住友·名人花园	汀兰鹭榭花园
松风花园	新华都商务花园	住友宝莲花园	天欣花园
莘都巴洛克·三琳花园	新锦港花园	棕榈泉花园	大信花园
太阳都市花园	新明星花园	棕榈湾花园	星湖花园
太阳湖大花园	新上海花园	爱家·亚洲花园	龙翔花园
天安花园	新时代花园	澳马花园	玮鹏花园
天歌花园	鑫隆花园	宝启花园	南贸花园
天鼎花园	鑫鑫花园	采虹名邸·花园	倚山花园
天际花园	信和花园	创世纪河滨花园	鹏兴花园
天极盛宅花园	雅典花园	成亿花园	欧意轩花园
天邻英花园	雅阁花园	大唐花园	雅涛花园
天山河畔花园	南郊花园	大唐盛世花园	东方威尼斯花园
天馨花园	阳明花园	东方御花园	南海玫瑰花园
万邦都市花园	伊莎士花园	峰会·陆家嘴花园	香林玫瑰花园
万都花园	怡东花园	复华城市花园	景桦花园
万景花园	怡乐花园	古北中央花园	江南花园
万科华尔兹花园	银泰花园	贵都苑·兴银花园	嘉逸花园
伟达盛宅花园	印象派·嘉富丽花园	海天花园	深业花园

百仕达花园	海怡东方花园	福源花园	景发花园
艺丰花园	绿景花园	福中福花园	景福花园
阳光花园	长怡花园	港田花园	景桦花园
吉祥来花园	汇福花园	港中旅花园	九州家园
民乐花园	荣超花园	国都高尔夫花园	聚福花园
潜龙鑫茂花园	高正豪景花园	海都花园	康达尔花园
集浩花园	盛景国际花园	海月花园	蓝漪花园
益田花园	月亮湾花园	和通花园	浪琴屿花园
新亚洲花园	碧湖花园	鸿瑞花园	丽湖花园
和兴花园	城龙花园	鸿业花园	立新花园
凯丰花园	城市绿洲花园	弘雅花园	龙壁花园
宝珠花园	城市中心花园	后海花园	龙景花园
茵悦之生花园	创世纪滨海花园	华都花园	隆盛花园
南油花园	翠海花园	惠名花园	民乐花园
泽润花园	达海花园	汇福花园	南方明珠花园
和兴花园	大世纪花园	汇龙花园	南海玫瑰花园
深南花园	德福花园	集浩花园	南华花园
宏浩花园	登科花园	嘉宝田花园	南岭花园
榭丽花园	东部阳光花园	嘉多利花园	南贸花园
华都花园	东帝海景花园	嘉福花园	南油花园
中爱花园	东方半岛花园	嘉富花园	欧景花园
鸿昌花园	东方玫瑰花园	家和花园	鹏达花园
恒安花园	东海花园	江南花园	鹏兴花园
润城花园	东海丽景花园	金地花园	鹏益花园
天乐花园	东鹏花园	金枫花园	潜龙花园
庐山花园	东埔海景花园	金海湾花园	汇成花园
大澎花园	东森花园	金玲花园	琼珠花园
潜龙花园	都市花园	金山花园	荣超花园
一辉花园	大信花园	金泽花园	润裕花园
后海花园	丰湖花园	锦隆花园	蛇口花园
德福花园	福泉花园	锦绣花园	深圳湾畔花园
海乐花园	福兴花园	京光海景花园	绅宝花园

盛龙花园	银泉花园	北运河畔花园	幸福花园
世界花园	盈翠家园	城建东逸花园	阳光花园
泰和花园	裕侨花园	东盛花园	绣水花园
泰宁花园	园东花园	富城花园	迎宾花园
天安高尔夫海景花园	园景花园	富馨花园	永乐花园
天健世纪花园	月亮湾花园	鸿凯花园	友谊花园
天泽花园	招商海琴花园	洪湖花园	中辽国际花园
田心庆云花园	招商海月花园	华景花园	漭江花园
桐景花园	招商名仕花园	环际花园	**石家庄**
湾厦花园	置富花园	黄海花园	安康花园
西海岸花园	中城康桥花园	慧莲花园	澳丽水景花园
西海湾花园	中房怡芬花园	吉祥花园	宾南花园
西湖花园	中房怡乐花园	嘉麟花园	东方花园
香荔花园	中环花园	金碧花园	东龙花园
香珠花园	中央花园	金居花园	富丽花园
香榭里花园	中南花园	金穗花园	宏业花园
祥和花园	中山颐景花园	金穗世纪花园	红星花园
新安湖花园	中商花园	锦绣花园	惠烽花园
新港鸿花园	招商桃花园	孔雀花园	锦绣花园
新浩城花园	中信海文花园	黎明罗马花园	康居花园
新鸿进花园	中兆花园	丽景花园	蓝天花园
新龙岗花园	众冠花园	龙汉城市花园	美麟花园
心怡花园	紫荆花园	龙逸花园	南城新欧特花园
信托花园	紫玉花园	木兰河花园	荣国花园
旭飞花园	紫薇花园	鹏程花园	瑞国花园
学府花园	棕榈湾海景花园	沈阳新世界花园	时代花园
雅涛花园	怡乐花园	盛发花园	世纪花园
阳光海景花园	玮鹏花园	天合花园	天山花园
阳光花园	布吉中心花园	王府花园	万信城市花园
倚山花园	创世纪滨海花园	溪林花园	燕都花园
益田花园	城市花园	祥顺科技花园	银都花园
茵悦之生花园	**沈阳**	新华花园	正安花园

卓达花园	雅韵花园	北际花园	美震裕阳花园
苏州	银泰花园	大唐花园	水乡花园
白莲花园	御花园	大唐智能花园	宏达花园
北城花园	馨泓花园	鸿峰花园	神舟花园
采香花园	怡馨花园	汇隆花园	贻景花园
长岛花园	东方花园	世纪花园	福慧花园
长盛花园	格林花园	太原佳地花园	水榭花园
东吴花园	荷花园	望景花园	港城温泉花园
都市花园	绿城花园	西湖花园	禄达花园
冠云花园	名都花园	阳光花园	喜凤花园
贵都花园	韶山花园	翡翠花园	秀河花园
湖畔花园	时代花园	榆次佳地花园	名仕达花园
环秀花园	天伦花园	**天津**	鑫苑花园
嘉宝花园	天翔花园	广云花园	万维花园
嘉多利花园	香港花园	世纪花园	富山东晶花园
金龙花园	新加花园	新安花园	博德花园
金之枫花园	新馨花园	惠森花园	奥林花园
凯旋花园	中央壹景天翔花园	晨阳花园	温泉花园
莱茵花园	**台湾**	香港花园	麦格理花园
美之国花园	歌德花园	上江花园	东海岸翠湾花园
南门世纪花园	生机花园	海福花园	燕宇花园
欧洲花园	世纪花园	米兰世纪花园	万科都市花园
苏都花园	双校花园	龙府花园	金潭花园
天伦花园	文心漂亮花园	金海湾花园	德丰花园
天平花园	仁爱花园	爱琴海花园	腾远胜景花园
万丽花园	瑞士花园	康馨花园	云台花园
新沧花园	新站水花园	裕阳花园	森百花园
世纪花园	西班牙水花园	滨河花园	富邦花园
新港名城花园	温哥华花园	福旺花园	金泰花园
学士花园	**太原**	中嘉花园	鸿泰花园
雅典花园	奥林花园	香江花园	银丰花园
雅阁花园	白龙花园	禧顺花园	德景花园

逸秀花园	万科花园	太阳花园	后湖生态花园
凯祥花园	新时代花园	西太湖花园	华城花园
三和温泉花园	福盛花园	新江南花园	华锦花园
龙悦海上国际花园	**乌鲁木齐**	新世纪花园	华乐花园
水上温泉花园	城市花园	益明花园	华丽花园
柏丽花园	诚盛花园	银仁花园	华氏儒商花园
吉利花园	得福花园	**武汉**	华星花园
明珠花园	恒翠花园	福星城市花园	惠誉花园
五环花园	红十月花园	富豪花园	汇龙花园
万德花园	金马花园	富康花园	吉祥欧式花园
中环花园	鲤鱼山花园	富丽雅花园	集贤花园
奥林匹克花园	丽天阁花园	高尔夫城市花园	佳园花园
宁月花园	鲁班温馨花园	关西阳光花园	尖东智能花园
水云花园	玫瑰花园	冠通花园	建新东区花园
龙都花园	荣盛花园	龟北花园	将军花园
艺都花园	世锦花园	桂子花园	江宏花园
大通时尚花园	苏州花园	海景花园	金荷花园
新世界花园	天府花园	汉华花园	金龙花园
万兴花园	向阳花园	汉口花园	金沙花园
玉峰花园	幸福花园	汉信城市花园	金盛花园
新文化花园	银钻花园	汉正花园	金梭花园
罗马花园	友好花园	航天花园	锦湖花园
红顶花园	裕景花园	浩海丰太花园	京汉花园
金典花园	徕远花园	恒昌花园	京韵花园
欧亚花园	**无锡**	虹琦花园	精品花园
新城市花园	宝城花园	洪山花园	康怡花园
水蓝花园	标准花园	宏祥花园	丽岛花园
中豪世纪花园	德福花园	宏盈花园	丽湖花园
仁爱花园	东河花园	弘西花园	丽水花园
复康花园	太湖花园	弘业俊园	力兴花园
嘉海花园	锦绣花园	弘鑫花园	绿岛花园
金厦新都花园	荣耀花园	红顶花园	绿景花园

绿苑花园	桃花岛城市花园	玉龙岛花园	城开东亭花园
满春花园	天梨花园	郁馨花园	城明花园
鹦鹉花园	添乐花园	育才花园	城市花园
青山碧水花园	同馨花园	兆丰花园	成功花园
梦湖花园	统建阳光花园	正康花园	当代国际花园
明珠花园	团结花园	中奇万松欧式花园	当代花园
名都花园	外滩花园	中奇香港花园	德富花园
南湖·新世纪宝安花园	万松欧式花园	中山花园	迪雅花园
南湖花园	王府花园	中一花园	东方花园
南湖加州花园	吴南花园	竹叶山花园	东方夏威夷国际花园
南湖经典花园	武汉奥林匹克花园	紫荆花园	东方现代花园
半岛花园	武泰闸花园	紫藤花园	东辉花园
南湖中央花园	五琴花园	紫薇花园	东龙世纪花园
鹏程花园	现代花园	怡景花园	东亭花园
平安花园	香江花园	胭脂山花园	都市花园
葡京花园	新安花园	鑫汉城市花园	飞帆花园
七星·绿色花园	新大地花园	鑫鑫花园	安顺花园
七星·四季花园	新大陆城市花园	安顺花园	安厦花园
清江花园	新都市花园	安厦花园	百步亭花园
人信·奥林花园	新世纪宝安花园	百步亭花园	宝安·加州花园
荣昌花园	新世纪都市花园	保利花园	楚天都市花园
三鸿花园	新新花园	宝安花园	东舜花园
三江航天花园	新兴花园	加州花园	二七花园
森林花园	幸福花园	北斗花园	惠东花园
狮城花园	雄楚花园	碧海花园	金银岛花园
世纪·阳光花园	徐东欧洲花园	碧水花园	沙湖花园
穗丰花园	雅丽花园	碧苑花园	**西安**
台北花园	亚安花园	博大精品花园	八佳花园
台南花园	银海花园	博大学府花园	城运花园
泰合百花公园	银龙花园	博文花园	电子花园
泰合花园	迎宾花园	常青花园	高尔夫花园
太阳岛花园	宇济花园	长江城市花园	高科花园

环亚花园	石家花园	云亭花园	长虹花园
金桥花园	绿港花园	中港花园	富田花园
金裕花园	双威温馨花园	**香港**	宏都花园
科荣花园	兴庆花园	威尼斯花园	宏连花园
明德花园	玉泽花园	豫丰花园	宏升花园
明苑花园	万国新花园	黄埔花园	豪帮花园
明珠花园	太空花园	汇景花园	建业城市花园
曲江皇家花园	朱雀花园	德福花园	金港花园
太白花园	西港国际花园	淘大花园	金海花园
万国花园	伟丰花园	丽晶花园	金誉花园
万景花园	吉源花园	晓晖花园	锦江国际花园
雅荷城市花园	天兴都市花园	城市花园	九鼎欧州花园
雅荷花园	湖滨花园	康怡花园	开元银田花园
紫薇城市花园	天豪花园	宝马山花园	陇兴花园
馨泰花园	湖滨花园	置富花园	路路通迁喜花园
东新城市花园	长安新花园	薄扶林花园	绿洲花园
景润花园	吉泰花园	海柏花园	美协花园
精典四季花园	名仕花园	加州花园	明辉城市花园
金桥四季花园	雁塔世纪花园	丽城花园	融丰花园
东方城市花园	**厦门**	新葵芳花园	舒馨花园
杰信花园	艾德花园	龙华花园	同乐花园
大华花园	宝华花园	碧涛花园	万福花园
海洋花园	富山花园	海景花园	未来花园
海荣豪佳花园	海景花园	嘉辉花园	文馨花园
双龙花园	假日花园	富豪花园	五州京广花园
福安花园	金秋花园	丹拿花园	新鑫花园
含光雨露花园	联发紫微花园	圣荷西花园	兴业北之鹤花园
高科新花园	万景花园	国王花园	阳光温泉花园
锦都花园	欣华花园	首都花园	尤跃精品花园
鸿景花园	永升花园	**郑州**	裕鸿花园
绿色花园	裕发花园	宝隆航海花园	原田花园
唐都温泉花园	云景花园	长城花园	兆帮花园

中亨花园　　　　　　鑫原花园　　　　　　都市经典家园　　　　嘉悦精英家园
紫荆花园　　　　　　　　　　　　　　　　华昱家园　　　　　　金第惠新家园
　　　　　　　　　　　　　　　　　　　　汇丰家园　　　　　　金福家园
　　　　　　◀ 家园 ▶　　　　　　　　　望都家园　　　　　　今日家园
　　　　　　　　　　　　　　　　　　　　金色家园　　　　　　幸福家园

北京　　　　　　　慧谷金色家园　　　　百环家园　　　　　　九龙宏盛家园
定福家园　　　　　　广厦家园　　　　　　安和家园　　　　　　罗府家园
将府家园　　　　　　银地家园　　　　　　碧波园温泉家园　　　绿岛家园
北苑家园　　　　　　万润家园　　　　　　百花家园　　　　　　民岳家园
汇鸿家园　　　　　　希望家园　　　　　　宝华家园　　　　　　美欣家园
兴隆家园　　　　　　新景家园　　　　　　博海家园　　　　　　农夫家园
润星家园　　　　　　馨通家园　　　　　　晨光家园　　　　　　清新家园
方南家园　　　　　　白领家园　　　　　　当代名筑家园　　　　千鹤家园
望京利泽家园　　　　太平家园　　　　　　德隆家园　　　　　　润龙家园
秋实家园　　　　　　林枫绿色家园　　　　东恒时代家园　　　　瑞康家园
沁春家园　　　　　　飞腾温泉家园　　　　东丽温泉家园　　　　瑞莲家园
国展家园　　　　　　雍和家园　　　　　　地铁古城家园　　　　日新家园
吉利家园　　　　　　星瑞家园　　　　　　枫润家园　　　　　　宋庄家园
政馨家园　　　　　　时尚家园　　　　　　飞腾温泉家园　　　　舒至家园
华林家园　　　　　　鹏润家园　　　　　　富华家园　　　　　　圣馨大地家园
文慧家园　　　　　　郝庄家园　　　　　　富润家园　　　　　　胜古家园
地铁家园　　　　　　宏鑫家园　　　　　　福景花园　　　　　　盛和家园
兴琦家园　　　　　　东风家园　　　　　　丰卉家园　　　　　　世安望京家园
天鑫家园　　　　　　美欣家园　　　　　　国兴家园　　　　　　腾龙家园
京铁家园　　　　　　韦伯豪家园　　　　　恒隆家园　　　　　　天天家园
甘露家园　　　　　　新悦家园　　　　　　宏泰家园　　　　　　天兆家园
恒隆家园　　　　　　东丽温泉家园　　　　华盛家园　　　　　　印象江南·太扬家园
银枫家园　　　　　　东瑞丽景家园　　　　华阳家园　　　　　　永顺家园
达富雅园　　　　　　裕嘉家园　　　　　　京城仁合家园　　　　亚运新新家园
新荣家园　　　　　　宏大家园　　　　　　珺璟家园　　　　　　怡佳家园
昊天温泉家园　　　　相来家园　　　　　　建兴家园　　　　　　育龙家园
嘉悦精英家园　　　　城市时尚家园　　　　金源泉家园　　　　　阳春光华家园

怡美家园	柳荫家园	金色家园	中盛家园
政泰家园	龙山新新家园	莱茵家园	府佳家园
中华家园	马甸经典家园	西城家园	金色阳光家园
紫南家园	南苑绿色家园	欣盛家园	**广州**
至善家园	万科青青家园	新阳光健康家园	元邦洲际家园
政洋家园	新世界家园	堰锦家园	和平家园
中和家园	新天第家园	中华家园	旭景家园
安和家园	新月家园	**重庆**	淘金家园
天怡家园	御鹿家园	创新绿色家园	南国家园
新康家园	麒麟家园	东方家园	富丽家园
盛通绿色家园	**长春**	鸿程·山水家园	白云骏景家园
新安家园	东兴时代家园	天合家园	罗马家园
新华联家园	金碧家园	香江家园	阳光家园
月亮湾绿色家园	南国家园	阳光家园	翠逸家园
罗府家园	世纪家园	裕景家园	云山锦绣家园
津狮花园永顺家园	我的家园	鑫泰文化家园	元邦航空家园
西马金润家园	五环·高尔夫家园	金色家园	**贵阳**
华阳家园	**长沙**	盛世家园	广信四季家园
宣祥家园	航发锦绣家园	裕景家园	金色家园
龙腾家园	华盛家园	龙脊万兴家园	锦绣家园
民望家园	锦泰家园	温馨家园	**哈尔滨**
通惠家园	仁和家园	人和家园	龙鑫家园
民岳家园	望兴家园	创新绿色家园	**海口**
中兴家园	新华联家园	渝高和泰家园	金楚生态家园
新怡家园	新家园	平安家园	**杭州**
金宏泰家园	新世纪家园	**大连**	滨江·金色家园
怡然家园	智邦家园	金盛家园	东海·名仕家园
九龙家园	瑞丰家园	柳馨家园	国都家园
力度家园	雅泰家园	龙河家园	湖畔·莲花港家园
恬心家园	**成都**	鹏程家园	华府·丽景家园
集达家园	恋日家园	山水家园	金世纪·星都家园
九台 2000 家园	今日家园	天兴新家园	理想家园

名仁家园	中盈福邸家园	兴日家园	中宁家园
亲亲家园	缤纷家园	扬子江家园	金桥新家园
人和家园	洪家园	森陇家园	绿水家园
中庆紫荆家园	利德家园	大众家园	爱建新家园
济南	雨泉家园	双五新家园	欣晟家园
东旺家园	皇册家园	今和家园	樟馨家园
新地家园	华静爱家园	双秀家园	屹立家园
玉景家园	**南宁**	美丽家园	伟莱家园
昆明	岭南家园	水岸家园	学府家园
美丽家园	世纪家园	博爱家园	双喜家园
温馨家园	水韵家园	枫景家园	静安鼎鑫家园
志城家园	新新家园	明珠家园	云润家园
南京	中鼎温馨家园	人和家园	胜利家园
旭日家园	**宁波**	新理想家园	悉尼星光·盛族家园
城开家园	泰和家园	盛族家园	绿地国际家园
春天家园	中山家园	锦澳家园	蓬莱家园
东城家园	中兴新家园	华丽家园	民星家园
国信·利德家园	**青岛**	众众家园	徐汇鑫秀·罗秀家园
今日家园	鸿荣家园	盛世家园	天意洲家园
景明家园	金海生态广场家园	中星雪野家园	新空间家园
明华家园	**上海**	九州家园	康馨家园
明通家园	金色家园	望春都市家园	新南家园
清新家园	耀江花园	和润家园	天台家园
泰龙家园	上海家园	心中家园	九方家园
天晴花园	上青家园	虹韵家园	全家福家园
同曦鸣城·艺术家园	理想家园	泾阳家园	宏安家园
万科·金色家园	大宁家园	锦绣家园	三泉家园
五福家园	精文城市家园	银杏家园	西郊家园
兴桥家园	万兆家园	薇阁尊邸·凤凰家园	阳光水岸家园
贤家园	冠龙家园	昌鑫家园	意和家园
银城·御道家园	证大家园	中环家园	天伦家园
中浦家园	延铁家园	碧云新天地家园	白玉兰家园

新天家园	平阳绿家园	光彩新世纪家园	华泰家园
平阳绿家园	清润家园	金成时代家园	华夏家园
丰华家园	森林湾家园	彩世界家园	荣盛家园
平吉世纪家园	胜利家园	万科温馨家园	瑞特家园
成亿家园	紫罗兰家园	悠然天地家园	润丰盛世家园
城品人家·三泉家园	保集·三泉家园	仙湖枫景家园	温馨家园
真情家园	同润家园	阳光城市家园	卓达院士专家园
鑫国家园	**深圳**	阳光新干线家园	**苏州**
绿宸家园	碧海天家园	东帝海景家园	四季家园
曹杨家园	心语家园	梦想家园	今日家园
春申家园	金色年华家园	城市印象家园	润达城市家园
兴荣家园	水围新家园	精彩24家园	华泰家园
爱建新家园	新世界家园	晨晖家园	明日家园
春申家园	幸福家园	汇金家园	**太原**
东明家园	绿洲丰和家园	九州家园	北大家园
飞旺家园	鸿洲文鼎家园	万托家园	精英家园
丰华家园	和亨家园	心语家园	洋都家园
和达家园	蓝宝石家园	春风家园	迎泽家园
宏安家园	山水情家园	**沈阳**	**天津**
鸿发家园	今日家园	柳条湖幸福家园	鸿正绿色家园
金桥新家园	青青家园	绿景家园	阳光家园
静安鼎鑫家园	雕塑家园	民族家园	祥和家园
凯虹家园	金众经典家园	瑞士家园	秋瑞家园
康馨家园	盈翠家园	世代家园	雅川家园
虹康家园	如意家园	万泉家园	大众家园
林茵香榭·逸兴家园	蓝天绿都家园	双鑫家园	世纪幸福家园
绿宸家园	万科金色家园	现代家园	人民家园
绿家园	金运家园	新世纪家园	丰盈家园
梦家园	景秀年华家园	兴盛家园	凯立家园
宁馨家园	美丽家园	政兴家园	米兰家园
彭浦家园	锦上花家园	中润世纪家园	金尚家园
平吉世纪家园	长城盛世家园	**石家庄**	贻丰家园

美晨家园
泰丰家园
观澜家园
裕田家园
怡康家园
汇和家园
一品家园
滨河家园
青青家园
无锡
住友家园
武汉
光谷·宇峰家园
弘业俊园
红顶家园
美地家园
南湖·虹顶家园
南湖经典家园
三鸿家园
世纪家园
香江家园
祥和家园
新大地家园
新华家园
裕荣家园
圆梦·美丽家园

蓝江家园
恋湖家园
西安
悉尼家园
居业家园
中登家园
禾新家园
名仕家园
建苑家园
天和人家心家园
金裕青青家园
数码家园
雅荷智能家园
灞柳生态家园
翔瑞宜人家园
瑞鑫家园
厦门
联丰心家园
香港
今日家园
郑州
懂景家园
富丽家园
虹景家园
千喜新家园

◀ **街** ▶

北京
糖人街
第八街

道乐蒙恩商务街
怡乐北街
财满街

加华印象街
长春
亚泰大街
长沙
太平街
成都
边城水恋月光街
商业步行街
水上风情商业街
红旗商业街
风尚名街
休闲商业街
金山商业街
蓝色钻石商业步行街
塞纳风情商业街
天下食府商业街
水城金街
校园春天商业街
新染房女人街
运鸿丽景欣城商业街
丽景欣城商业街
CITYWALK风情商业街
重庆
九龙公园街
世纪金街
磁器口明清商业街
欧式一条街
锦天滨江风情街
华夏8街
华彩天街
大江广场南城新街
佳依商业街

东和风情街
巴蜀锦绣银街
美依购物街
大川商业步行街
杭州
你我他服饰街
碧天假日休闲街
南京
温州商业街
钞库街
中国女人街
三山街
商业步行街
新城市广场酒吧街
华阳名街
大东门商业步行街
上海
康桥老街
海上海商业街
仙霞女人街
中华大街
深圳
布吉东大街
苏州
明清一条街
台湾
美学大街
艺术大街
天津
假日风情街
上谷商业街
宁月快富街

东方商业街	学前街	珠江帝景	运鸿丽景
古文化街	石子街	东润枫景	昭艺绿韵全景
滨海金融街	**武汉**	沿湖美景	凯莱帝景
鼓楼商业街	汉正街	新御景	众合西景
天津女人街	棋盘街	东瑞丽景	康河郦景
米兰街	鹦鹉街	沁园春景	都市美丽风景
太原	天下HPP清水源SBI	小街俊景	**重庆**
花园后街	创业街	菊园盛景	北城绿景
兴华街	**西安**	美丽愿景	阳光丽景
迎新街	西部电子商业步行街	翠谷玉景	两路枫景
学前街	唐人街商业步行街	达龙骏景	鑫信巴蜀丽景
无锡		**成都**	船舶鸿瑞新景
		博雅丽景	天赐丽景

◀ 景 ▶

		朝阳逸景	银海峰景
		东湖御景	人和丽景
北京	得易家·银街俊景	东润风景	南国丽景
世纪风景	阳光丽景	红石居春禧前景	银街俊景
清枫华景	慧竹丽景	金巴黎凯旋帝景	雅豪丽景
益丰新景	东环风景	金城丽景	同聚远景
光大水墨风景	都市网景	金房汇景	鹏翔都市丽景
陶然湖景	世纪豪景	九龙胜景	桃源佳景
四季美景	天泰新景	金阳水景	依山丽景
枫桦豪景	龙熙顺景	南河美景	华新逸景
西山峻景	河畔丽景	青城风景	春晖逸景
世纪东方城远景	兴隆湖景	人和逸景	千荷怡景
德林逸景	远洋风景	圣沅汇景	**大连**
花都盛景	珠江骏景	泰逸美景	都市海景
世纪新景	清凉盛景	西岸蒂景	天安海景
华冠丽景	顺天立景	幸福风景	金马海景
珠江峰景	东方御景	幸福枫景	**广州**
群芳丽景	东方瑞景	雅图丽景	麓湖盛景
西豪逸景	国英绿景	远大都市风景	江南美景

番禺怡景
番禺华景
白云骏景
东圃顺景
云山熹景

海口
长信海景

杭州
大北·四季风景
华府·丽景
华鸿·怡景
青城·良辰美景
通成·南湖丽景
西鉴枫景
水岸帝景
新城·都市丽景
耀江·汇景
南肖埠·文景

济南
世纪泉城舜景
太阳城·阳光新景

昆明
加洲枫景

南京
东城风景
继源·城南枫景
良城美景
江南湖景
上城风景

南宁
东城美景

上海
静安枫景
文博水景
盛世豪景
假日风景
湿地坡景
达龙俊景
万科假日风景
徐汇枫景
静安豪景
阳光新景
城市丽景
莘都丽景
东苑利景
天宸美景
阳光前景
人间怡景
河风丽景
金桥一景
南洋丽景
汤臣海景
海棠园景
东方丽景
鹏利海景
星城美景
盈翠豪景
晟虹新景
中央富景
左岸丽景
莱茵枫景
虹桥嘉景
多摩远景
新城枫景

北欧丽景
传奇海景
多伦多枫景
多摩园景
和风丽景
金桥丽景

深圳
阳光荔景
阳光海景
仙桐御景
东埔海景
大梅沙海景
瑞士峰景
东帝海景
高正豪景
京光海景
中山颐景
东海丽景
高正豪景

石家庄
澳丽水景

◀ **境** ▶

北京
开阳佳境
纯境
自然佳境
翠林清境

成都
蓝天丽境

重庆

台湾
极景
好光景

天津
城市东景
北湾风景
盛达园景
假日风景
棕榈泉丽景
百度风景
国信风景
都市风景
日出东方君临傲景
米兰翠景
恋日风景

武汉
美好愿景
康桥风景
四季风景

香港
蓝天海岸实景

生活新境
清境
十方意境
世泓大宁境
天境

广州
喜盈雅境

苏州

城市心境	山林雅境	瀛海名居	大华晴朗居
花神美境	**上海**	双柳新居	府河名居
华阳·城市心境	绿色新境	山水居	和朝新居
南城·美境	春天佳境	祥云新居	红石居
新城逸境	绿邑新境	丽湖馨居	浣花居
台湾	莱茵清境	和枫雅居	岷山雅居
润泰台北富境	家骏花苑·E境	静源居	祺瑞名居
		苏荷雅居	千和茗居
		潇雅居	亲河名居
		福雅居	少城雅居

◀ 居 ▶

北京	泰然居	松云居	天舒居
未来沁居	亮马名居	潇雅居	望亭居
康缘居	迈豪时代居	亮马名居	望园居
格瑞雅居	开阳欣居	**长春**	香木林竹源居
鲁谷新居	方圆逸居	慈光世纪居	馨宁居
芍药居	东环十八古柏家居	海口路新居	星河名居
名苑雅居	京城雅居	湖畔小居	雅然居
蓟宁居	广馨居	绿苑新居	永泰雅居
润民柳芳居	陶然居	民兴佳居	云朗居
湖畔雅居	安德馨居	四和名居	和朝新居
顺心居	点击未来沁居	太阳世纪居	天府名居
颐源居	旺角新居	太阳现代居	颐和雅居
圆梦居	三秀涵雅居	听涛雅居	大城小居
通典铭居	榆园新居	远达新居	富临清江雅居
靓景明居	丽景馨居	**长沙**	东润理想居
富宏馨居	柳清居	竹韵商居	肖家新居
裕圆居	洋桥温泉居	怡景民居	**重庆**
雅丽世居	幸福艺居	**成都**	丹阳名居
光华欣居	凌云居	秦堰名居	富悦华康新居
望京新居	慧龙居	青城雅居	竞地·溯源居
团圆居	颐海居	蜀韵雅居	秀苑·碧华庭居
康宁居	典雅居	宝泰海棠名居	中瑞方园·天然居

大连

东特新居

向阳新居

东莞

天龙居

新世纪豪园第一居

倚湖名居

月湖居

广州

云山居

光大花园·榕上居

鹂鸣居

洪德居

丽庭居

金桂园凌云居

恒雅居

江南雅居

景云居

荔锦雅居

保利林语山居

经典居

保利碧云居

豪庭居

南国天然居

丰汇居

一方雅居

和风雅居

琴海居

麓雅居

洛涛居

祈福新村海晴居

金逸雅居

浪琴居

富林居

富力天朗明居

富力新居

枫丹雅居

富景居

荔泰居

新城雅居

荔富居

龙泉居

嘉颐居

福怡居

福雅居

柏丽雅居

福泉雅居

乐意居

南园居

乐怡居

盈富居

逸景居

凤安新居

万华花园一得居

桃园居

聚景雅居

嘉柏居

番禺城市花园骏景居

第三金碧森林居

东悦居

天利居

园田居

荔情居

乐韵居

天力居

富力宜居

漾晴居

东辉花园旭日居

东晖花园朝阳居

泰然居

泰安居

东成花苑紫林居

蝶翠新居

德怡居

江南嘉居

建雅居

芸映居

丰盈居

云锦居

御侨居

加怡雅居

盈彩美居

郁翠居

汇怡居

又一居

永安居

平安居

汇龙居

翠福居

大南居

逸翠居

翠岛居

城西花园翠林居

澳洲山庄·观日居

怡雅居

朗晴居

康丽居

逸雅居

华翠居

东明居

雅怡花园茵怡居

雅怡花园绿怡居

雅怡花园翠怡居

鸿燕居

雅图居

雅林居

星海怡居

海印居

京华雅居

海棠居

新河浦雅居

海傍居

仙湖名居

绿怡居

濂泉居

美好居

新世纪豪园第一居

柏丽雅居

保利碧云居

蝶翠新居

光大花园·榕上居

海富花园·汇海居

豪庭居

富力尚溢居

富力阳光美居

和馨雅居

文昌雅居

喜洋居

时代美居	靖雅居	怡祥居	梧桐山新居
荔富居	名湖雅居	巷丽园居	信和爱琴居
鸿燕居	青田雅居	逸居	光彩山居
贵阳	儒林雅居	易居	豪方悠然居
明彩居	苏建艳阳居	宜居	翠堤雅居
时代新居	天琪雅居	快易居	桦润馨居
云鼎居	田园美居	龙柏易居	海涛居
桂林	望燕名居	长宁盛居	新天地名居
南溪小居	仙林雅居	宝地新品居	山水居
海口	阳光雅居	华亭雅居	世界花园海华居
戎居	尧林仙居	传人雅居	河畔明居
天龙雅居	银达雅居	名人雅居	景亿山庄翠鸣居
杭州	裕华名居	**深圳**	天一名居
春江·大奇山居	云岭居	富通蟠龙居	翠谷居
金都·富春山居	典雅居	雅然居	碧华庭居
平安居	佳盛花园山水居	绿映居	得意居
浒畔居	经典雅居	绿怡居	新洲阳光雅居
济南	圣源新居	典雅居	海怡居
天成居	时代雅居	翠馨居	钻石居
富华居	水缘居	新世界山月居	星河雅居
阳光舜城·怡然居	赞成·湖畔居	盛铭居	富怡雅居
昆明	**上海**	恒盛居	阳光明居
佳园上居	天然居	好来居	理想居
天城园林居	阳光新居	雅仕居	翠雅居
田园雅居	京城雅居	海逸雅居	华府馨居
南京	南洋博仕欣居	金海丽名居	东方欣悦居
翠岭居	时代逸居	桃源居	怡然天地居
鸿仁名居	生活艺术居	叠翠居	豪园居
弘燕名居	福源汇居	竹雅名居	天明居
红山韵致居	紫藤居	东方海雅居	雍祥居
汇贤居	桃源清水居	汇园雅居	雅颂居
金陵名人居	汇贤居	后海名苑居	海伴雅居

时尚新居	龙福居	香榭丽居	玉龙居
丽乐美居	星河华居	**武汉**	泽皓雅居
陶然居	翠馨居	丽湖居	中力名居
皇庭居	东方海雅居	宝湖居	紫东馨居
源兴居	东方欣悦居	古田安居	常阳·秦园居
宝翠居	豪城·馨庭居	关东康居	朝阳新居
名豪居	乐怡居	佳和馨居	城南新居
彩云居	金色阳光雅居	翠林居	东湖名居
晶品居	新港鸿花园钻石居	兰亭雅居	**西安**
天然居	怡然天地居	丽江新居	红华雅居
御龙居	**沈阳**	绿茵仁居	**香港**
留仙居	安化新居	梅南山居	翠涛居
骏皇名居	青铜雅居	名雅居	名逸居
裕康时尚名居	水岸雅居	秦园居	聚贤居
海典居	**石家庄**	山泉居	升悦居
蕙兰雅居	钓鱼台名居	赏荷居	星河明居
祥福雅居	康居	狮城名居	又一居
彩田居	诗语·雅居	水云居	皇御居
意馨居	颐和居	台中新居	漾日居
依山居	颐源居	泰园居	乐悠居
翡翠园山湖居	**苏州**	西湖庭居	卓尔居
鸿园居	锦月新居	名城雅居	巴域居
漾福居	翠坊易居	向阳雅居	绿怡居
星河明居	观景逸居	新明小居	晋皇居
物业时代新居	**台湾**	新五里雅居	**郑州**
荔雅居	得意居	新五星雅居	福馨居
翠景居	怀石居	雅典居	
麒麟名居	礼居		
聚龙居	水云居	◀ **郡** ▶	
湖景居	**太原**		
玉雅居	大王居	**北京**	英郡
太白居	**乌鲁木齐**	易郡	康郡

蓝郡
水之郡
香林郡
康斯丹郡
康桥水郡
橘郡
京南嘉园·绿郡
西上园香林郡
成都
雅郡
康郡
杭州
白鹭郡
诺丁山郡
南京
莱茵东郡
东方天郡
上海
丽水香郡
随园·康诗丹郡
西郊紫郡
仙霞大郡
康诗丹郡

深圳
锦绣花园翡翠郡
中航香水郡
百仕达花园四期东郡
中航格澜郡
苏州
东湖大郡
天津
英郡
顺驰名仕博郡
名仕郡
康达尚郡
德景蓝郡
万源星城龙郡
红磡领世郡
武汉
梦湖香郡
水蓝郡
吉源美郡
渝中名郡
鸳鸯北湖郡
龙湖蓝湖郡
枫桥水郡

◀ **空间** ▶

北京
非常空间
易构空间
阳光空间
温镀空间
私摩空间

摩卡空间
本色空间
三空间
首创空间
成都
快乐空间

蓝色空间
清雅空间
现代空间
新空间
自由空间
上品优空间
重庆
康德27度生活空间
盛世空间
南方格林空间
南京
壹·空间

◀ **里** ▶

北京
西花市南里
裕中西里
农光里
知春里
新安中里
红莲西里
观音寺北里
美然香榭里
翠屏北里
慧忠北里
梨园东里
建功西里
建功东里
青塔西里
芳源里
翠屏南里

几米空间
时尚空间
南宁
嘉和·自由空间
上海
陆家嘴自由空间
汤臣豪庭·美丽空间
台湾
三度空间
天津
天江格调空间
盈海商务空间

高梁桥北里
双桥温泉北里
南苑北里
和义南里
宝盛里
玉桥南里
安宁里
安慧东里
安慧北里
八里庄北里
大成里
复兴南里
果岭里
和义西里
花家地西里
开阳里
莱镇·香格里

Nolite 那里
农光东里
双河北里
芍药居北里
天伦北里
望园东里
星城北里
菊源南里
郁花园二里
云景里
忠恕里
左安西里
绿里
安宁西里

长沙
香格里

成都
花香九里
香榭里

重庆
嘉新·桃花里
南方新城·香榭里

杭州
平凡里
商宇·香榭里
绿城·七里
风光里
左邻右里

宁波
广安里

上海
安慧北里

阳光里
新上海弄里
新福康里
新昌里

深圳
皇庭香格里
花半里
科苑学里
万科 17 英里
香榭里
春树里
后海花半里
知春里

台湾
江山万里

天津
佳平里
新义信里
明华里
环盛里
引河北里
风貌里
格调故里
远翠中里
华苑碧华里
青春南里
春风里
新福方里
铁工东里
华阳里
连心里
华苑绮华里

普天里
福苑里
跃进里
翠园里
书苑里
日华里
纯真里
华苑久华里
佳园新里
普康里
福华里

◀ **邻** ▶

北京
双裕德邻
绿荫芳邻

成都
锦绣森邻
双楠美邻

东莞
美地芳邻

广州
泊岸森邻

上海
新芳邻
美地芳邻

程林北里
金冠里
兴云里

无锡
惠畅里

武汉
江南·春树里
幸福里

西安
都市邻里

蔷薇绅邻
佘山天邻
徐汇芳邻

深圳
红树家邻
芳邻

台湾
首席芳邻

天津
丽苑居住区翠景芳邻

武汉
学雅芳邻
彩色奥邻

◀ **楼** ▶

北京
联合写字楼

雪花楼
翠微写字楼

万森芳草地商住楼	太平街商住楼	洪德楼	**贵阳**
永安综合商住楼	天龙商住楼	江畔楼	甘荫塘农贸批发市场商住楼
花家地商住楼	信丰商住楼	惠怡楼	
王府井停车楼	兴汉大厦·蝶扇楼	华伟商住楼	冠竹楼
华福综合楼	**成都**	罗冲围住宅楼	贵惠路商住楼
丰台科研办公楼	碧水锦楼	同福楼	花阁路商住楼
文达日式花园写字楼	长盛苑商住楼	富华商住楼	将军路商住楼
富海中心·H_2O写字楼	红庙巷综合商住楼	鹤景楼	金厦商住楼
京华商住楼	金牛综贸大楼	万华花园三贤楼	金榕商住楼
五栋大楼	西华苑商住楼	怡景楼	七砂综合楼
紫竹院综合楼	新世界商务楼	发源楼	青山紫金楼
工艺美术服务大楼	燕山路商业综合楼	天河北商住楼	庆丰碧玉楼
昌平鼓楼	颐景商务楼	宏华楼	徐家冲商住楼
中铁外服大楼	元亨商贸楼	棠岗楼	永恒商住楼
庄胜城商住楼	棕榈商住楼	东华楼	**桂林**
德国楼	**重庆**	泰安楼	桂名大厦南楼
汇和综合楼	大石坝副食综合楼	紫金楼	**哈尔滨**
清河住宅楼	华新广场商住楼	寺贝楼	大成街综合楼
双榆树住宅楼	静苑楼	韫祥楼	汉水路商住楼
长春	隆庆楼	嘉华楼	田地大厦群楼
富锦路综合楼	南坪商业大楼	悦晖楼	同发住宅楼
桂林路48号商住楼	银鑫楼	华远楼	文昌街综合楼
锦西路综合楼	中二路商住楼	城总大楼	**杭州**
民生农贸市场综合楼	海韵楼	赤岗商住楼	望江楼
娜奇美商住综合楼	惠友楼	倚江楼	伟星·东河世纪大楼
圣安综合楼	中二路商住楼	海印苑海韵楼	之江铭楼
万达楼宇	静苑楼	远安楼	**昆明**
新贵阳楼	天和苑商住楼	鑫源楼	甲级写字楼
正阳住宅楼	渝港商住楼	锦满楼	**南京**
长沙	**广州**	新悦楼	钞库街综合楼
汇源大厦观景楼	鸿福楼	海景中心商住楼	环宇商务楼
曙光商住楼	洪桥街商住楼	碧翠楼	力盛佳苑商住楼

望江矶路办公楼	宜嘉商务楼	**无锡**	五里墩商住楼
城堡商住楼	科普楼	学前街商住楼	新月楼
国宝商城综合楼	华申大厦·蒙自大楼	**武汉**	徐家棚综合楼
应天路综合楼	福鑫大楼	复兴村司法局综合楼	永开商住楼
中山商务楼	永厦大楼	高逸写字楼	月湖商住楼
宁波	文宇大楼	海山·观江楼	宝丰路综合楼
联丰红楼	东安大楼	汉阳区工商联综合楼	东鑫商住楼
上海	铭晖大楼	华微商住楼	**西安**
国门印象写字楼	**深圳**	吉祥商住楼	百合苑住宅楼
别墅式办公楼	豪景大楼	金饰商住楼	玫瑰大楼
绿地大楼	尚景大楼	津水闸商住楼	积木的楼
徐家汇独栋花园办公楼	东物商业大楼	景天楼	**香港**
滨康大楼	虹楼	居逸楼	钻石楼
徐汇百第宜山大楼	凯丰花园综合楼	连城住宅楼	如意楼
建中大楼	**沈阳**	罗家湾综合楼	大荣楼
勤凯大楼	金源商住楼	明珠商住楼	加冕楼
翔鹰大楼	南园康居楼	南达大楼	礼智大楼
华鹤楼	兴利住宅楼	南远大楼	昌盛楼
凤凰大楼	**石家庄**	彭刘杨商住楼	崇光唐楼
大同花园管理楼	冀达住宅楼	琴台商住楼	文英楼
汇都大楼	康华商住楼	三阳住宅楼	晨星楼
中山大楼	**台湾**	首义·景观楼	帝宝楼
中岚大楼	道慈大楼	万福商住楼	裕景洋楼
金甸大楼	**太原**	万松广场商住楼	**郑州**
张江交江大楼	大东关住宅楼	万松还建楼	科花环保节能住宅楼
东新大楼	迎新街住宅楼	王家湾人才楼	玉立碧住宅楼
曲阳住宅楼	**天津**		
新兴大厦公寓楼	龙都商务写字楼	◀ 门 ▶	
红莲大楼	长征楼		
兰港大楼	古文化街海河楼	**北京**	利景名门
康琳大楼	**乌鲁木齐**	海悦名门	百吉名门
梅山大楼	奇台路商住楼	大红门	**成都**

太阳门
大连
大连门
广州
天河名门
金水门
贵阳
华城凯旋门
杭州
华门
南京
山水华门
海南白沙门
书香名门
紫金名门
大东门
上海
半岛豪门
欢喜临门
圣骊澳门
世纪之门
华盛名门
星光名门
新华名门
淮海新名门
法华门
静安左岸名门
挹翠名门

东方金门
莘雅名门
深圳
书香门
富盈门
凯旋门
天津
西便门
武汉
江北之星循礼门
凯旋门
书香门
万松名门
紫菘名门
鸿鼎福门
菁华名门
香港
豪门
凯旋门
名门
郑州
文博名门
百康年世纪门
森林龙门
水户皇门
宏门
云门

◀ **畔** ▶

北京

五亭桥畔
丽水湾畔
莱茵河畔
成都
莱茵河畔
青青河畔
阳光河畔
重庆
友诚九龙湖畔
广州
琴海居·蔚蓝湾畔
长堤湾畔
珊瑚湾畔
美林湖畔
杭州
青山湖畔
深圳
中海深圳湾畔

◀ **人家** ▶

北京
天和人家
亚奥人家
清河人家
立业人家
北京人家
善缘人家
嘉和人家
沙滩人家
蒲柳人家
长春

瑞丽江畔

蓝月湾畔
峰之畔
漾日湾畔
映月湾畔
台湾
皇普河畔
亲水和畔
天津
凯立天香水畔
芳水河畔
武汉
玫瑰湖畔
香港
蔚蓝湾畔
海澄湖畔
维景湾畔
海堤湾畔

虹桥人家
长沙
幸福人家
成都
大院人家
富力山水人家
和睦人家
如意人家
信禾人家
重庆
韵动人家

光华南桥人家	锦绣人家	天和人家	城西人家
平常人家	新上海弄里人家	金顶人家	平常人家
大连	上海人家	蔚蓝人家	
星海人家	富贵人家		
广州	济阳人家	◀ **山庄** ▶	
云山诗意人家	曲阳人家		
小康人家	虹梅人家	**北京**	岳麓山庄
贵阳	金桥好人家	朝凤山庄	芙蓉别墅山庄
万商人家	柳岸人家	合木山庄	**成都**
杭州	智慧人家	灵秀山庄	青城山高尔夫山庄
东海·水漾人家	枫逸人家	印象江南·茉莉山庄	元首山庄
祥和人家	小富人家	渡水山庄	园首山庄
坤和山水人家	城品人家	人济山庄	流水山庄
宋都·采荷人家	文化人家	大宁山庄	青城两河山庄
宋都·梅苑人家	黎安人家	定都山庄	**重庆**
温馨人家	**深圳**	大湖山庄	鹅岭山庄
远东·紫竹人家	万福人家	梧桐山庄	华宇福源山庄
运河人家	点彩人家	九龙山庄	金阳·骑龙山庄
白荡海人家	荔树人家	中海枫涟山庄	锦绣山庄
中谷·湘湖人家	山海人家	紫玉山庄	坡月山庄
南京	**沈阳**	雁鸣山庄	竹韵山庄
江城人家	叠彩人家	龙聚山庄	圣园山庄
金康·天和人家	**天津**	怡水山庄	日月山庄
美丽人家	伴山人家	颐和山庄	枇杷山庄
上海	幸福人家	**长春**	名门山庄
凌兆人家	一品人家	好景山庄	**大连**
品味人家	**武汉**	新月山庄	富华山庄
济阳人家	锦绣人家	**长沙**	环馨山庄
周庄江南人家	礼尚人家	富绿山庄	名贵山庄
罗山新人家	如寿里人家	静园山庄	天源山庄
叠彩人家	幸福人家	同升湖山庄	卧龙山庄
天山平塘人家	**西安**	阳明山庄	**东莞**

宝湖山庄	清华山庄	听泉山庄	都市山庄
丰泰华园山庄	**桂林**	咏梅山庄	**深圳**
嘉湖山庄	桃花山庄	养龙山庄	翠景山庄
康湖山庄	**海口**	麒麟山庄	龙园山庄
荔景山庄	金利山庄	碧水华庭温泉山庄	观海山庄
丽湖山庄	**杭州**	阳光聚宝山庄	世纪山庄
能源华庄	达盟山庄	银贡山庄	景亿山庄
年丰山庄	华清山庄	仙鹤山庄	仙湖山庄
阳光山庄	镜湖山庄	**南宁**	仙泉山庄
隐贤山庄	润和山庄	碧丽山庄	余岭山庄
广州	万安秀水山庄	绿都温泉度假山庄	宝安山庄
逸泉山庄	吴越山庄	青秀山庄	中海怡美山庄
帝景山庄	西溪山庄	**青岛**	成龙山庄
南湖山庄	颐景山庄	洪福山庄	西丽山庄
金鹿山庄	隐龙山庄	汇海山庄	林海山庄
流溪河山庄	**济南**	金帝山庄	百合山庄
富豪山庄	凤凰山庄	金都碧海山庄	华侨海景山庄
凤凰山庄	开元圣华山庄	亚星·拥翠山庄	太子山庄
保利白云山庄	中创开元山庄	阳光山庄	宝龙山庄
竹韵山庄	**昆明**	阳明山庄	润唐山庄
侨源山庄	金缘山庄	**上海**	龙岭山庄
金碧御水山庄	西亚山庄	金碧玉水山庄	月亮湾山庄
翠湖山庄	**南京**	金湖山庄	比华利山庄
倚绿山庄	白马湖山庄	天泓山庄	景亿山庄
泰湖山庄	白鹭湖山庄	龙居山庄	曦龙山庄
澳洲山庄	碧云山庄	茉莉山庄	青青山庄
颐和山庄	华商山庄	大湖山庄	御海湾山庄
花果山庄	梅花山庄	佘山月湖山庄	滢水山庄
增城百山庄	明湖山庄	龙柏山庄	丰泽湖山庄
穆天子山庄	墨香山庄	太湖翠峰山庄	绿景山庄
雍景山庄	仁恒玉兰山庄	太湖美山庄	宝翠山庄
贵阳	天泓山庄	华商山庄	**沈阳**

花溪山庄	祥云海尔山庄	中旅商业城	**上海**
石家庄	祥云山庄	中港皮具商贸城	虹口商城
名人山庄	银海山庄	康王商业城	**深圳**
台湾	胭脂山庄	**广州**	南头商业城
绿叶山庄	澳门山庄	浚泰商业城	名仕商城
拾翠山庄	碧波山庄	中港皮具商贸城	福中福商业城
舞鹤山庄	创业农庄	中旅商业城	都市魅力商城
新坡山庄	东湖山庄	康王商业城	医药商业城
香草山庄	**西安**	**桂林**	**石家庄**
水莲山庄	雅荷度假山庄	家乐商贸城	金茂商城
天津	紫薇山庄	**哈尔滨**	河北建国儿童用品商城
湖地山庄	鸿喜山庄	昆仑商城	**武汉**
武汉	**厦门**	**海口**	汉正街多福商城
伏虎山庄	博士山庄	龙华商城	汉正街中心商城
华乐山庄	铭爵山庄	**南京**	金昌商业城
磨子山庄	**香港**	夫子庙商贸城	融兴商城
南湖山庄	聚康山庄	武夷商城	**西安**
汤逊湖山庄	嘉湖山庄	南京沪江商贸城	深业商城
天鹅湖假日山庄		温州商贸城	

◀ 商（业/贸）城 ▶   ◀ 舍 ▶

北京	新富商城	**北京**	东阁雅舍
中国第一商城	新世界商贸城	纯粹建舍	南珠苑花香丽舍
燕莎友谊商城	**成都**	香榭舍	荷塘月舍
万事吉商城	蜀西商城	天元丽舍	青春雅舍
当代商城	波尔多商城	恋舍	黄金宿舍
国谊商城	岷山商城	枫丹丽舍	**成都**
复兴商业城	亚热带商城	大雄郁金香舍	爱丽舍
长沙	强生商业城	非常宿舍	柏仕晶舍
湖南家电商城	成都熊猫万国商城	湖光山舍	东景丽舍
明月商贸城	浚泰商业城	美丽舍	水岸丽舍

新世界丽舍　　新阳丽舍

左岸尚舍　　湖光山舍　　　　◀ **社** ▶

大连　　**苏州**

清枫丽舍　　寒舍　　　　**北京**　　　　金科天籁城美社

广州　　狮山丽舍　　左岸工社　　**南京**

历德雅舍　　香榭舍　　绿社　　都市公社

今日丽舍　　**台湾**　　长城下的公社　　圣展·独立公社

南京　　丽舍　　**成都**　　**上海**

香缇丽舍　　青弦雅舍　　BLOG公社　　左岸公社

中海·塞纳丽舍　　雅舍　　**重庆**

枫丹丽舍　　**天津**

上海　　湘秀丽舍　　　　◀ **社区** ▶

秋月枫舍　　家和丽舍

新华舍　　**武汉**　　**北京**　　购房者社区

雅舍　　香榭丽舍　　苹果社区　　东部绿色大社区

柏仕晶舍　　龙泉·逸舍　　太阳花社区　　**上海**

樱源晶舍　　银池花香丽舍　　王府大社区　　大华社区

皇骐爱丽舍　　亚冠建舍　　蜂鸟社区　　上大社区

碧绿春舍　　丽锦雅舍　　兴涛社区　　IF社区

原舍　　樱花俪舍　　丽园社区　　松云水苑国际社区

上游会舍　　巴黎公舍　　温泉社区　　联洋社区

龙庭秀舍　　好利来上岛郦舍　　**成都**　　碧云国际社区

丰舍　　锦绣丽舍　　雅典国际社区　　**天津**

莱茵春舍　　书香美舍　　中海国际社区　　2008先锋社区

香树丽舍　　郡都彩舍　　鹭岛国际社区　　**郑州**

伴水丽舍　　天和美舍　　**贵阳**　　21世纪居住社区

静安丽舍　　左林右舍

荷韵雅舍　　华宇林泉雅舍　　　　◀ **世家** ▶

深圳　　南岭雅舍

都市丽舍　　风林丽舍　　**北京**　　丰润世家

俊峰丽舍　　鸿恩丽舍　　瑞都公园世家　　瑞康世家

　　　　华鼎世家　　亮马新世家

文津世家
蓝爵世家
万和世家
鼎源世家
长春
学府世家
长沙
元盛世家
成都
城南世家
罗浮世家
梧桐世家
锦泰世家
重庆
巴黎世家
大唐世家
百年世家
聚维书香世家
巴渝世家
大连
学府世家
广州
锦桦世家
江南世家
贵阳
宏泰世家
杭州
华门世家
南京
金陵世家
青岛
东海世家

上海
公园世家
江南世家
名人世家
金沙雅苑·滨湖世家
大华公园世家
金日世家
阳光世家
显跃世家
申江世家
莘华世家
晟业佳苑·东宫世家
恒联名人世家
金榜世家
良辰世家
瀚林世家
绿地世家
金粉世家
深圳
泰华海逸世家
名门世家
天骄世家
金碧世家
共和世家
上城世家
云海天城世家
冠城世家
沈阳
豪隆世家
台湾
丽宝台北世家
天津

城南新世家
海河名人世家
无锡
太湖世家
武汉
和盛世家
黄鹤世家

北京
东山墅
百合园别墅
天籁别墅
祥馨别墅
和安花园别墅
碧水花园别墅
山水墅
龙湾别墅
靠山居艺墅
望京别墅
原生墅
裕京花园别墅
兴隆湖景别墅
龙苑别墅
汤泉逸墅
温泉宫花园别墅
天地美墅
东方比华利花园别墅
丛林庄别墅
天润别墅
翠湖别墅

金色世家
仁和世家
西安
紫薇苑·欧洲世家
大唐世家
翰林世家
翠园锦荣世家

◀ 墅 ▶

京润水上花园别墅
嘉林花园别墅
阳光假日别墅
绿茵别墅
圆明园花园别墅
紫光别墅
颐安别墅
檀香山别墅
香山别墅
兴涛别墅
长新花园别墅
绿荫别墅
郝庄家园别墅
倚林佳园别墅
银湖别墅
绿海甜园别墅
香山艺墅
扬州别墅
怡龙别墅
春泽苑别墅
金宝纯别墅
白河涧别墅

枫桥别墅
北京乡村高尔夫别墅
水岸别墅
莱蒙湖别墅
嘉润美梦园铁营花园别墅
博鳌亚洲论坛官邸别墅
八仙别墅
长新花园别墅
翠湖花园别墅
恒丰别墅
聚通嘉园别墅
宝纯别墅
静之湖别墅
麓鸣果墅
玫瑰山谷别墅
温榆河上游别墅
天地美墅
园中园别墅
园枫园别墅
阳光花园别墅
真顺富山别墅
加洲阳光花园别墅

长沙
绿色和平墅
芙蓉别墅

成都
丽山别墅
桃花源别墅
天泉聚龙国际生态别墅
维也纳森林别墅
阳光假日别墅

御都花园别墅

重庆
宝圣湖别墅
北欧花园别墅
龙湖·香樟林别墅
佰富高尔夫别墅
归谷城市美墅
全兴别墅
伽蓝艺墅
常青藤人文别墅

大连
山水别墅
文园别墅

东莞
峰景高尔夫别墅

广州
宏城别墅
珠江别墅
甲天下别墅
绿茵岛水岸别墅
雅郡伯朗别墅
金业别墅
新世界花园别墅

杭州
大地上的艺墅
九月森林别墅
南都·西湖高尔夫别墅
南都林语别墅

昆明
西山别墅

南京
碧水湾别墅

边城·长滩假日别墅
复地朗香别墅
林语别墅
水韵别墅
香山美墅
珍珠泉·高尔夫别墅
巴厘·原墅
边城·东篱别墅
丁山桂墅
丽水湾别墅
天池山别墅
新天地别墅
邕江湾别墅

上海
东渡远景别墅
复地太阳城·美墅
文博水景别墅
君临颐和别墅
千代名墅
乐扬·金榜星墅
金宝纯别墅
枫桥别墅
长岛澜桥水岸别墅
天地美墅
上河美墅
长岛别墅
枫丹白露别墅
丽茵别墅
美树·美墅
淞林别墅
西海岸高尔夫温泉别墅
东源丽晶别墅

云顶别墅
佘山银湖别墅
天籁别墅
星俪苑别墅
大都会和风别墅
爱伦坡别墅
汤泉逸墅
原生墅
叠翠别墅
居礼别墅
维也纳森林别墅
西山美墅
汇景新城·亚澜湾别墅
山水别墅
南郊别墅
玉墅
金爵别墅
保利名园别墅
澄品金象华庭别墅
雅墅
中凯佘山别墅
源水新墅
中邦晶座·城市别墅
虹桥高尔夫别墅
现代缘墅
雪野别墅
同济艺墅
千代别墅
美式乡村别墅
风和俪墅
皇府别墅
威尼斯花园别墅

维也纳坡景森墅	东源丽晶别墅	滨江雅墅	长城三宏别墅
东苑大千美墅	西郊新典别墅	天安别墅	**苏州**
风荷云墅	大豪山林别墅	九九别墅	美墅
金水湾别墅	绿波花园别墅	太阳别墅	狮林里别墅
盛绿苑别墅	长岛高尔夫水景别墅	绿苑别墅	**台湾**
当代艺墅	红叶别墅	云间绿大地别墅	常青墅
溢盈河畔别墅	南郊别墅	佘山宝石别墅	法登美墅
西郊明苑别墅	海湾艺墅	东郊长岛别墅	京典别墅
绿洲千岛花园别墅	金铭·文博水景别墅	罗山绿洲别墅	绿墅
银都名墅	虹康花园别墅	保利·名园别墅	日光别墅
新都会别墅	长堤花园别墅	碧瑶别墅	森林别墅
皇朝别墅	提香别墅	长堤花园·湿地坡景别墅	溪城秀墅
锦轩新墅	天赐别墅		御墅
佘山银湖别墅	温莎半岛别墅	城市经典·玉墅	昌益未来墅
家天下花园别墅	弯弯别墅	澄品别墅	**天津**
爱伦坡艺墅	桥语别墅	东湖别墅	恬园别墅
佳邸别墅	太阳岛高尔夫温泉别墅	东郊长岛别墅	泰裕温泉别墅
花语墅	华庭艺墅	风和俪墅	铭仁别墅
枫涧美墅	奥玎·宫廷·别墅	风荷云墅	林顶别墅
爵世美墅	林克司别墅	美丽华度假村联体别墅	城市别墅
圣特丽墅	乔爱别墅	丽水华庭·彩虹美墅	鸿泰花园别墅
丽都别墅	汤臣高尔夫别墅	罗山绿洲别墅	蒙地卡罗瑞丰花园别墅
大和别墅	古北佘山国际别墅	**深圳**	宝坻城市艺墅
碧瑶花园别墅	银涛高尔夫别墅	蓝山美墅	宁河城市艺墅
海源别墅	棕榈滩别墅	银谷别墅	静海城市艺墅
乐扬金榜星墅	皇宫半岛别墅	半山海景别墅	科馨别墅
建德南郊别墅	金宇别墅	新世界倚山花园·翠林别墅	武清城市艺墅
南翔东海别墅	中海·叠翠别墅		**乌鲁木齐**
温莎别墅	领秀丽墅	中信高尔夫别墅	幸福花园别墅
明月清泉别墅	绿地西郊别墅	**石家庄**	**武汉**
复地美墅	天外翠湖·君安乡村别墅	北苑别墅	金秋别墅
景湖别墅		碧水别墅	锦绣豪园别墅

清风别墅
沙湖花园别墅
西安
丰源美佳别墅
留园森林别墅

长安雅苑别墅
香港
比华利山别墅
名苑别墅

◀ **堂** ▶

北京
提香草堂
易墅殿堂
纽约客易墅殿堂
长沙
平和堂
重庆
金玉满堂
广州
金玉堂
兰之堂
上海

九间堂
锦绣满堂
四季草堂
林与堂
台湾
风月草堂
无为·草堂
竹林堂
知森堂
香港
加惠堂

◀ **台** ▶

北京
潇龙台
水榭楼台
雍景台
长沙
百善台
成都
凤凰台
静水楼台
重庆
汇景台
广州
金麟台
簏景台
百顺台
雍景台
丽景台
叠翠台
建雅台
汇美景台
上海

四季全景台
金水楼台
深圳
中海日辉台
观景台
东方凤雅台
御景台
逾峰台
峰景台
子悦台
嘉意台
观海台
石家庄
金瓦台
香港
翠丰台
博士台
泓景台
光明台
高云台

◀ **天下** ▶

北京
未来假日花园·竹天下
万豪君天下
耕天下
正阳天下
竹天下
成都
君临天下
丽阳天下
一品天下
客汇天下
重庆
旭东·家天下
君临天下

骏逸天下
智博天下
立邦盛景天下
远景天下
广州
甲天下
君林天下
南京
家天下
金陵家天下
宁波
创业天下
上海
文定天下

101

吴越天下
滕王天下
园林天下
汇豪天下
西郊华庭天下
君临天下
公园天下
畅游天下
达天下
聚豪天下
深圳
丽阳天下
东门天下

台湾
大观天下
冠天下
皇家天下
武汉
F·天下
西安
紫薇家天下
丽景天下
朝阳天下
香港
鲤湾天下
君临天下

◀ **亭** ▶

北京
中房水木兰亭
深蓝华亭
峻峰华亭
成都
深蓝华亭
广州
都市兰亭

深圳
弘雅花园·雅兰亭
天津
左岸兰亭
武汉
爱晚亭
百步亭
城开东亭

◀ **庭** ▶

北京
兰德华庭
西翠芳庭
书香庭
中景濠庭

亚运豪庭
港湾庭
泰悦豪庭
都会华庭
澳景花庭

玉庭
青庭
奕翠庭
石韵浩庭
泰斗豪庭
城市芳庭
世方豪庭
蝶翠华庭
长春
白菊时代华庭
雍景豪庭
永信金庭
长沙
金色华庭
鑫宇翠庭
成都
翠云庭
东景康庭
凤华庭
富豪逸阳华庭
国嘉华庭
锦城豪庭
晋源彩庭
丽景华庭
岷江华庭
千和沁香华庭
盛锦华庭
众合华庭
阳光华庭
仕闲庭
水都豪庭
锦江华庭

重庆
贝迪龙庭
帝豪·怡庭
龙湖·枫香庭
万寿华庭
绣景翠庭
阳光华庭
大连
隆泉华庭
东莞
湖畔豪庭
凯达华庭
绿丽华庭
绿茵豪庭
雍华庭
新世纪华庭
涌翠庭
中惠华庭
广州
鸿瑞欧派名庭
丽影华庭
锦骏华庭
嘉洲翠庭
春晖闲庭
翡翠明庭
翠山美庭
凯城华庭
淘金华庭
恒宝华庭
海悦豪庭
金碧翡翠华庭
嘉银华庭

绿茵翠庭	国利华庭	**上海**	狮城豪庭
映月翠庭	**贵阳**	丽江锦庭	凯旋华庭
中信君庭	嘉信华庭	天宝华庭	徐汇新湖云庭
逸蓝华庭	新联世纪华庭	富邑华庭	宜川华庭
可逸名庭	**桂林**	水清华庭	古北嘉年华庭
晓润闲庭	佳信华庭	水岸豪庭	华元豪庭
丽晶华庭	怡嘉华庭	银马郡庭	恒海云庭
鸿禧华庭	新豪庭	岭南翠庭	日月华庭
富力御龙庭	**杭州**	逸仙华庭	紫竹华庭
盈翠华庭	都市华庭	滨江兰庭	康宁雅庭
天海庭	大有·清竹蓝庭	中星海上景庭	明安绿苑·翠庭
都市华庭	华都·兰庭	凯旋豪庭	现代华庭
山畔雍庭	汇锦华庭	森海豪庭	都市华庭
江畔华庭	金都华庭	锦绣华庭	美岸栖庭
云天翠庭	润和皇庭	日安清庭	新华豪庭
嘉和苑·御庭	水印康庭	虹桥华庭	京邸翠庭
枫丹白露庭	星河景庭	复泰华庭	中星海上名庭
嘉汇华庭	**济南**	新华御庭	中星云庭
迎翠春庭	大明翠庭	银都名庭	景庭
翠湖山庄·御庭	明月华庭	东城时代华庭	大华水韵华庭
顺华名庭	**昆明**	吾好佳庭	华城秀庭
信和豪庭	北莲华庭	康桥华庭	帝庭
半山翠庭	千禧龙庭	兰庭	金桥盈翠庭
信步闲庭	**南京**	嘉里华庭	虹桥阳光翠庭
新中国豪庭	盛世华庭	曹杨华庭	金羽名庭
耀星华庭	**南宁**	欧洲豪庭	维多利华庭
翠馨华庭	富丽华庭	曹阳华庭	新城名庭
倚翠豪庭	汇春名庭	银星名庭	**深圳**
动感华庭	**宁波**	明辉华庭	现代城华庭
新理想华庭	天海华庭	徐汇龙庭	翡翠华庭
宝华豪庭	**青岛**	丽水华庭	金怡华庭
东润闲庭	悦海豪庭	杰仕豪庭	凯悦华庭

广博星海华庭	翠拥华庭	绿馨芳草庭	**香港**
宝豪华庭	东湖豪庭	山水华庭	岭南庭
天骄华庭	海逸豪庭	胜景华庭	爵悦庭
港逸豪庭	绿茵华庭	时代龙庭	倚岭南庭
名骏豪庭	世纪华庭	世纪华庭	半岛豪庭
金港盛世华庭	四海华庭	新华豪庭	御皇庭
傲翠庭	新玥庭	银海华庭	港湾豪庭
天悦龙庭	富通豪业华庭	拜赞庭	帝后华庭
港城华庭	桂冠华庭	半岛豪庭	荷李活华庭
航天立业华庭	宏轩名庭	鹏飞湖庭	采叶庭
前海华庭	美杜兰华庭		
山海华庭	圣源华庭	◀ **湾** ▶	
时代华庭	泰华俊庭		
朗钜御风庭	淘金山豪庭	**北京**	亲水湾
中海华庭	兴业华庭	百子湾	盛杨空中港湾
中政华庭	新银座华庭	月亮湾	铜锣湾
紫玉华庭	**台湾**	长岛港湾	梦追湾
绿茵华庭	和风御庭	天秀泊心湾	空中港湾
金城华庭	康之庭	长河湾	汇龙湾
金港豪庭	青庭	皇家港湾	浅水湾
嘉麟豪庭	清庭	亚澜湾	**重庆**
瀚海翠庭	宽庭	新港湾	城市港湾
丽日翠庭	**太原**	东湖湾	东海·金港湾
宣嘉华庭	东大盛世华庭	材家湾	东和湾
中信星光名庭	**武汉**	格林湾	回龙湾
建业采曦庭	富仕雅庭	北京星河湾	金龙港湾
擎天华庭	恒昌·欧景华庭	**成都**	云海蓝湾
水木华庭	虹景豪庭	建川梦追湾	龙洞湾
宝利豪庭	后湖华庭	金港湾	自由港湾
香蜜湖豪庭	江城华庭	蓝色港湾	金色港湾
紫玉华庭	金域雅庭	浪琴湾	恒滨金港湾
南山豪庭	聚豪华庭	丽景湾	新蓝湾

东方港湾	华标涛景湾	**南京**	愚园·鸿凯湾
锦域蓝湾	富力碧涛湾	碧水湾	亚澜湾
渝澳港湾	怡景湾	翠屏湾	新江湾
奇峰自由湾	富力东堤湾	金鼎湾	星月蓝湾
恒运青河湾	花地湾	康桥翠湾	远两湾
华宇金沙港湾	海琴湾	蓝岸·亲水湾	卢湾
水月湾	晓燕湾	明月港湾	棕榈湾
东莞	晓港湾	清水湾	东方港湾
碧月湾	丽水湾	御水湾	浅水湾
金月湾	花地湾	瀛洲湾	丰泽湾
聚龙湾	燕湾	萨家湾	金色港湾
广州	帝景湾	西城岚湾	环球翡翠湾
五溪御龙湾	**贵阳**	云河湾	金桥湾
雅景湾	蓝波湾	**南宁**	金水湾
星河湾	**杭州**	柏涛湾	大宁绿湾
碧海湾	都市港湾	金湖湾	中远两湾
江湾	富春·泉水湾	丽水湾	金海湾
溪御龙湾	华门·清水湾	绿城·翠堤湾	森林湾
映月湾	金泰·蓝色霞湾	琼林家之湾	月泉湾
城启天鹅湾	丽景·聚龙湾	仙葫丽水湾	玫瑰湾
中海蓝湾	钱江湾	邕江湾	月亮湾
加勒比湾	浅水湾	棕榈湾	枫桥湾
琴海居蔚蓝湾	天河·富春湾	**青岛**	大宁绿湾
广信江湾	天阳·棕榈湾	浮山湾	淡水湾
亿海湾	星星港湾	清水湾	西郊玫瑰湾
祈福南湾	梦琴湾	**上海**	顺驰蓝湾
丽景湾	天阳美林湾	中远两湾	翡翠湾
荔港南湾	银色港湾	大华清水湾	碧林湾
利雅湾	三江·鸣翠蓝湾	瑶成湾	鸿凯湾
珠江御景湾	**昆明**	蓝色港湾	檀溪湾
长堤湾	金洲湾	绿野香洲·碧林湾	**深圳**
金碧湾	浅水湾	亚澜湾	丽港湾

万科金域蓝湾	东海岸翠湾	浪澄湾	柏景湾
翠堤湾	愉悦港湾	君傲湾	碧瑶湾
西海湾	星河湾	帝柏海湾	帝琴湾
中海深圳湾	蓝月湾	维港湾	蓝澄湾
帝港海湾	半岛蓝湾	浪澄湾	灏景湾
熙湾	雀蓝湾		
金海湾	长瀛御龙湾	◀ **新城** ▶	
鸿景湾	**无锡**		
中信红树湾	水车湾	**北京**	顺义新城
蓝月湾	**武汉**	京棉新城	天地新城
绿景蓝湾	阜华·翠畔湾	百旺新城	**长沙**
天琴湾	恒达·盘龙湾	望京新城	东方新城
碧桐湾	金色港湾	采风新城	华天新城
棕桐湾	金珠港湾	和平新城	佳润新城
皇家海湾	罗家湾	使馆新城	马王堆陶瓷建筑新城
漾日湾	南波湾	京通新城	山水芙蓉国际新城
假日湾	王家湾	丽江新城	**成都**
月亮湾	耀江·丽景湾	清河新城	北港新城
幸福湾	银河湾	大西洋新城	长富新城
格兰海湾	**西安**	南苑新城	富临沙河新城
雷圳碧榕湾	新兴港湾	怀柔新城	海峡新城
沈阳	银河湾	朝阳新城	浣花新城
都市港湾	枫韵蓝湾	长安新城	锦官新城
苏州	**厦门**	大自然新城	蜀光新城
日月湾	旭日海湾	京津新城	水都新城
天津	**香港**	德胜新城	学府新城
俊城浅水湾	珀丽湾	瑞海新城	怡家新城
新业丽湾	南浪海湾	三环新城	丽都新城
梅江湾	浪涛湾	玉泉新城	沙河新城
金海湾	嘉亨湾	燕京新城	博雅新城
御河湾	贝沙湾	朝阳新城	凯悦新城
禾和湾	翔龙湾	光谷新城	怡丰新城

重庆
佳华世纪新城
阳光100国际新城
中华新城
洲际半岛新城
富悦新城
贝迪新城
南方新城
渝洲新城
北碚新城
大连
泉水新城
广州
合和新城
冠华新城
洛溪新城
华南新城
汇景新城
番禺华景新城
华景新城
金碧新城
沙面新城
汇侨新城
雅宝新城
海宁百合新城
世纪新城
贵阳
创世纪新城
杭州
海宁百合新城
金都新城
三里新城

南京
奥体新城
春江新城
东山阳光新城
美丽新城
滨江新城
天地新城
万江共和新城
盛泉新城
明发·滨江新城
世茂滨江新城
上海
平江新城
瑞虹新城
东兰新城
汇景新城
永和新城
古北新城
四方新城
金桥新城
虹桥新城
汇龙新城
海上海新城
名都新城
珠江新城
爱法新城
崇明新城
大家源新城
东上海新城
深圳
理想新城
嘉汇新城

鸿基新城
太阳新城
沈阳
万科花园新城
石家庄
滨河新城
天津
万达新城
禾和湾新城
馨苑新城
龙都馨园时代新城
阳光100国际新城
华苑新城
京津新城
宝利园新城
都旺新城
武汉
复地翠微新城
国信新城
积玉新城
江畔新城

北京
汇通轩
广华轩
星域轩
海云轩
月华轩
惠安轩
裕瑞轩

美加·湖滨新城
藏龙新城
国信新城
积玉新城
西安
西安新城
厦门
国宝新城
明发国际新城
永升新城
西安
凤凰新城
太阳新城
沁水新城
珠江新城
香港
愉景新城
杏花新城
郑州
开元新城
明鸿新城

◀ **轩** ▶

逸升轩
依莲轩
德秀轩
汇福轩
学知轩
兴源轩
长沙
新大新沐林轩

成都	宇立轩	**深圳**	**西安**
听雨轩	麓湖大厦·盈湖轩	雅云轩	虹桥雅轩
重庆	盈丰华轩	龙泰轩	**香港**
珠江华轩	倚龙华轩	海云轩	慧景轩
帝庭轩	颐景轩	欧意轩	海典轩
广州	怡海华轩	泰安轩	帝庭轩
爱都铭轩	怡芳苑·雍怡雅轩	泰宁轩	御庭轩
东雅轩	宝岗新域轩	置地逸轩	海云轩
粤泰·学林华轩	翰景轩	泰康轩	漾澄轩
恒福轩	云鹤轩	东悦名轩	雍雅轩
金铭轩	海然轩	琴海轩	宇晴轩
明轩	海雅轩	风采轩	海名轩
逸华轩	皓瀚华轩	名泰轩	凯帆轩
祈福新村·月明轩	华逸锦轩	宝瑞轩	悦涛轩
观湖雅轩	五羊华轩	雍景轩	富临轩
龙珠苑·灏景轩	东山锦轩	都会轩	茵丽轩
流花雅轩	海韵轩	颐景轩	御庭轩
德丰名轩	**哈尔滨**	鹏瑞仙桐雅轩	帝涛轩
倚翠轩	海天轩	**天津**	**郑州**
万华花园四季轩	海逸轩	旭水蓝轩	紫竹轩
丽晴轩	三庆·汇文轩	星海轩	
金庭轩	**南京**		
逸晴轩	金陵御庭轩	◀ **印象** ▶	
富溢轩	紫金名门明月轩		
福地轩	**上海**	**北京**	时代印象
城启晴轩	名轩	德国印象	**重庆**
德正轩	雅仕轩	城市印象	南滨印象
建宇轩	掬水轩	欧园·北欧印象	加新时代印象
富力广场·锦晴轩	荣轩	北京印象	威尼斯印象
华颖花园·华颖轩	临湖轩	**成都**	帝豪巴南印象
嘉和苑·御庭湖轩	爱丽轩	河滨印象	**广州**
御鹿华轩	静安云轩	京都印象	大学印象

杭州
同城印象
上海
哈佛印象
欧洲印象
国门印象
莫奈印象
深圳
日出印象

台湾
亲水印象
德安印象
武汉
常青花园·新印象
西安
西安印象
蔚蓝印象
花园印象

◀ **域** ▶

北京
馨领域
成都
正成香域
重庆
海棠晓月怡景天域
广州
阳光心域
南宁
两河流域
上海
月光流域
未来域
深圳
金领域
纯白领域
绿景新美域
城市山域
台湾
月光流域
天津
朗钜天域

◀ **园** ▶

北京
翠城馨园
百环家园
百旺茉莉园
玫瑰御园
观澳园
清枫华景园
珠江罗马嘉园
玉桥园
宏嘉丽园
金晖嘉园
怡美家园
清枫华景园
馨港庄园
西果园
本家润园
西潞园
华府景园
安馨园
新起点嘉园
和泰园
青岛嘉园
银泰庄园
方庄芳古园
博雅西园
西马庄园
玉安园
群芳园
定福园
城南嘉园
富贵园
达华庄园
峰景佳园
清上园
畅清园
瑞都景园
好山园
国电中兴嘉园
京南嘉园
樱花园
新科祥园
晴波园
阳光翠园
玉安园
清芷园
舒至嘉园
鑫兆雅园
兴华园
华腾园
新潮嘉园
安贞雅园
冯村嘉园
华芳嘉园
华亭嘉园
时代紫芳馨园
益宸欣园
京华豪园
中海雅园
金世纪嘉园
顶秀欣园
长丰园
政洋家园
庭香园
锦绣园
怡清园
碧水园
胡桃园
盛鑫嘉园
迎曦园
畅茜园
天泽园
和景园
御景园
左安漪园
龙德嘉园
燕景佳园

亮丽园	黄菊园	叠彩园	慧谷星园
智业园	柏阳景园	富春园	海韵园
海丰园	波特兰花园	顶秀欣园	华飞园
碧翠园	本家润园	东升园	皓月园
兆丰园	颐园	都市芳园	宏福园
华馨园	北潞园	都市晴园	海丰园
椿榕园	博世庄园	东风家园	红莲晴园
胜古馨园	白露雅园	恩济庄园	惠中园
莲香园	北小园	风格景园	和景园
美丽西园	碧水园	峰景佳园	华兴园
太月园	运乔嘉园	冯村嘉园	华府景园
学知园	百合园	富河园	海清园
恒松园	博望园	芳星园	华清嘉园
辛佳竹园	博雅园	芳城园	豪威嘉园
中海馥园	宝星园	方庄芳古园	和泰园
嘉和丽园	鑫兆佳园	风格雅园	慧谷根园
园枫园	重聚园	富河园	华腾园
月桂庄园	朝阳嘉园	富锦嘉园	浩鸿园
丽豪园	创时园	富丽华园	天安豪园
百朗园	城南嘉园	芳馨园	倚山嘉园
新华经典丽园	翠福园	观筑庭园	季景沁园
恋日嘉园	春泽园	国典华园	佳运园
佳运园	晨新园	国电中兴嘉园	金鸽园
安瑞嘉园	草桥欣园	冠云庄园	金丰园
艺水芳园	椿秀园	冠城园	嘉丽园
荞馨园	椿树园	九台庄园	华芳园
景泰嘉园	重兴园	广信嘉园	景泰嘉园
叠彩园	创业园	好山园	建予园
景欣园	翠微嘉园	海子角绿色庄园	锦绣嘉园
安瑞嘉园	朝阳园	华彬高尔夫庄园	金榜园
百旺茉莉园	达富雅园	锦绣雅园	京华园
博雅德园	都市馨园	华采嘉园	吉祥园

军民园	明日嘉园	太月园	翌景嘉园
京洲华园	南新园	太阳园	中水金海嘉园
金晖嘉园	浦华园	甜水园	重兴嘉园
交大嘉园	晴翠园	天赐良园	左安漪园
京华豪园	清枫华景园	同辉园	自由自宅青年汇佳园
劲松嘉园	气象局园	同仁园	中上园
金祥嘉园	清水园	泰和园	左安浦园
嘉禾园	乔馨园	怡锦园	紫竹园
吉利家园	青岛嘉园	依翠园	智业园
锦绣馨园	瑞都景园	雅典娜庄园	正邦嘉园
康盛园	瑞景嘉园	瀛景园	竹溪园
康泽园	荣宁园	裕鑫园	中海雅园
荔景园	水岸芳园	悦秀园	中鑫嘉园
亮丽园	胜古馨园	月桂庄园	紫萝园
鲁谷七星园	上地佳园	怡清园	观澳园
绿谷雅园	世纪金色嘉园	运河园	清枫华景园
梨花园	宁馨园	怡静园	永丰嘉园
莲水怡园	世外桃园	玉安园	聚通嘉园
柳岸景园	朝通嘉园	颐丰庄园	倚林佳园
潞潮嘉园	水清木华园	怡升园	皓月园
绿波园	双紫园	怡丽南园	同心嘉园
柳荫家园	万柳怡水园	颐西庄园	绿谷雅园
丽水嘉园	中关嘉园	怡丽园	锦绣雅园
隆盛园	长安星园	燕归园	丽水嘉园
恋日嘉园	盛鑫嘉园	阳光新园	温馨园
莲馨嘉园	上龙嘉园	迎曦园	怡静园
龙德嘉园	世纪庄园	倚林佳园	怡丽南园
丽豪园	舒至嘉园	阳光翠园	怡丽园
明春庄园	时代庄园	怡景园	天安豪园
玫瑰园	世纪嘉园	樱花园	世界名园
明月嘉园	天泽园	颐安嘉园	玉江佳园
美树假日嘉园	香园庭香园	玉阜嘉园	创时园

倚山嘉园	鸿华高尔夫庄园	美树假日嘉园	隆盛园
草桥欣园	时代庄园	北京玫瑰园	马家堡嘉园
椿树园	汇鸿家园	慧谷根园	满庭芳园
正邦嘉园	碧水庄园	芳城园	蒲华园
健翔园	西府景园	骊龙园	清和园
芳星园	明月嘉园	学府园	清欣园
丰汇园	怡景园	宜兰园	清逸园
佳和园	新翠景园	燕清园	西景佳园
御鹿家园	文慧园	玉芳园	西罗园
富华园	丽水芳园	名都园	西上园
泰和园	兴城嘉园	翠微嘉园	新华联锦园
石榴园	兴丰家园	天子庄园	星岛嘉园
平馨园	宝星园	瑞康佳园	星光佳园
龙华园	椿秀园	华腾园	星瑞家园
金荣园	蒲华园	荔景园	兴隆家园
玫瑰御园	玉秀园	玉海园	行宫园
蓝调沙龙雅园	德胜科技园	拂林园	秀安园
康泽园	悦秀园	北潞园	旭日嘉园
望陶园	马家堡嘉园	春泽园	宣颐家园
望兴园	西上园	东升园	学府园
广顺园	隆盛园	嘉多丽园	学知园
海特金梦园	行宫园	金鸽园	永泰园
盛世嘉园	安慧逸园	金华园	中泽园
鑫兆豪园	华芳园	金台园	**长春**
左安浦园	京艺天朗嘉园	金晖嘉园	长春豪园
庆馨园	康盛园	久居名园	涵乐园
水清木华园	嘉丽园	康颐园	康泰乐园
观澳园	双紫园	康泽园	乐园
朝阳嘉园	同辉园	康柏园	名门嘉园
翠福园	裕隆园	朗琴园	秋实·e景佳园
万科星园	丽泽雅园	丽园	世纪兴嘉园
嘉铭园	琳琅庄园	龙鑫园	维多利亚庄园

长沙	鑫天佳园	久鑫华园	比华利豪园
长江雅园	安居乐园	聚贤新园	上丁企业公园
长鑫美树园	滨江丽园	牡丹御园	泰正花园丽甸园
朝阳丽园	广福园	天泉聚龙国际生态	兴馨嘉园
创远景园	湖凯佳园	别墅园	华庭嘉园
德馨园	金盛园	田园	南国佳园
福乐名园	欧园	武侯名园	心巢御园
广福园	顺天嘉园	兴元嘉园	石韵桂园
海华嘉园	湘银嘉园	阳光科技孵化园	金科天籁城紫园
惠泽园	悦峰园	怡景园	怡丰海韵豪园
怡菏园	**成都**	鹰冠庄园	新城绿园
虹嘉园	青城·翠朗园	大华情融园	青麓雅园
鸿福园	澳深天健园	中海名城千色园	顺庆木鱼石景园
华银园	百家园	资本营运科技园	天工琴露园
佳逸豪园	长城园	棕北国际佳园	华庭锦园
今利园	千禧园	锦都园	加州百合园
凯达园	风格雅园	丽阳嘉园	学府佳园
丽江翠园	富河园	明珠园	金碧园
梦泽园	荷花庭园	心中田园	黄桷香园
南湖嘉园	恒宾园	置信金沙园	岭秀锦园
南明苑·静和园	宏景园	**重庆**	翰林景园
润泽园	浣花庭园	黄桷园	嘉州景园
三重才园	佳美景园	嘉州景园	金果园
泰时新雅园	假日青城水园	建设·艾佳沁园	锦天佳园
万事佳·景园	江都名园	岭秀锦园	江都怡园
香格里·嘉园	金色校园	南国佳园	芳草地欧式景观园
湘楚名园	金色怡园	平安·怡和园	龙汇园
湘樟园	金沙西园	学林雅园	骏龙园
燕山豪园	锦丽园	中伦·香山园	晋愉城市彩园
颐美园	锦西民园	中瑞方园	君和锦园
英才园	菁华园	桃花园	半岛利园
雍景园	九里欣园	博士园	盛世嘉园

天骄俊园	泉水新城友好园	城市假日园	康盈雅园
三凌雅园	三寰·芳草园	兰亭颖园	爱家园
凯圣佳园	维多利亚庄园	珠江南景园	映翠桃园
爱华嘉园	学清园	福宁园	富泽园
斌鑫丰泽园	益溢园	榕景园	蓝色康园
华立天地豪园	**东莞**	万方园	东山紫园
都市庭园	东田丽园	华南御景园	新世纪豪园
蓝天锦园	新世纪豪园	锦绣生态园乐满园	翠园
凤天锦园	新世纪丽江豪园	芳草园	**贵阳**
东方雅园	正龙豪园	江南骏园	华仕·名园
银光庭园	**广州**	创业园	新添润丰园
大连	森语星园	天立俊园	星竹园
澳景园	万科园	富力桃园	中天星园
北斗佳园	华建大厦·天府绿园	城启波尔多庄园	**桂林**
大有恬园	鸿景园	淘金华侨乐园	观音阁庄园
电业逸彩园	南国奥林匹克园	星汇园	樱特莱庄园
富泽园	金桂园	冠庭园	彰泰桂青园
锦华南园	粤韵庭园	穗茵园	**哈尔滨**
锦华园	雍翠园	时代玫瑰园	哈尔滨金桂园
锦绣园	番禺锦绣生态园	芳满庭园	恒润嘉园
新河佳园	华荟南景园	嘉景园	通达馨园
亿成花园	海岸俊园	嘉德园	**海口**
彩虹园	雍雅园	宝盛园	昌茂澳洲园
大有恬园	翠园	汇俊园	海怡豪园
电业·逸彩园	蒙丰园	金穗雅园	宏发园
盖特名园	逸景翠园	颐年园	华亭嘉园
弘基·书香园	广州碧桂园	淘金华侨乐园	**杭州**
宏都嘉园	珠江俊园	五元雅园	e世纪·长岛绿园
嘉和园	叠彩园	增城百山庄御景园	北景园
清华园	丽水庭园	百荣园	碧桂园
清熙园	玫瑰园	江南翠菊园	东信莱茵园
泉水新城奥林园	华南碧桂园	富庭华园	广润·西园

国信嘉园	齐鲁世纪园	江山·万欣翠园	芙蓉园
湖墅嘉园	千禧嘉园	碧华园	怡水嘉园
华鼎豪园	三庆·燕庆园	瑞华园	汇嘉园
华立·东方俊园	舜怡佳园	怡华园	汇轩园
华龙·碧水豪园	天旺嘉园	锦华园	汇丰园
江南豪园	万盛园	金陵御沁园	汇芙园
金鹿雅园	雅居园	聚福园	汇珊园
锦都嘉园	**昆明**	君园	广晟园
九溪玫瑰园	翠明园	朗诗熙园	汇展园
绿城·杭州绿园	东方玫瑰园	龙凤佳园	广益园
绿城·舟山丹桂园	都市名园	美丽嘉园	广源园
美之园	桂华新园	明华清园	汇景园
钱塘·沁园	桂华园	名佳嘉园	汇珂园
三塘苑柳园	国际花园时代园	名仕嘉园	汇祥园
山河·倚景园	华春园	南方枫彩园	汇珉园
绅园	华夏园	清江花苑·嘉和园	汇珍园
曙光嘉园	华信园	商茂·新园	汇申园
颐景园	江东丽景园	胜利·新园	师大丽园
御庭园	龙园	世纪星园	汇玺园
中豪·晴园	**南京**	苏宁馨瑰园	丰泽园
圆梦园	21世纪·世纪园	天福园	汇芳园
西溪·紫金庭园	爱涛·漪水园	同创·九龙盛世园	嘉和园
青城嘉园	澳丽嘉园	文化名园	城凤栖园
塘栖嘉园	百合果园	文泽园	名城世纪园
国信嘉园	百仕园	欣芝园	清江花苑绿茵园
房经·金星花西园	丁山桂墅园	新和园	林景瑞园
银河嘉园	东宝·盛世嘉园	新理想佳园	日光佳园
济南	东恒·阳光嘉园	新怡园	城雅瑰园
晨光嘉园	枫情国度·佳园	星河枫园	苏宁馨瑰园
鸿苑·雅士园	枫情国度·尚园	亚都锦园	锦花园
华馨园	皇册家园	燕康园	名嘉佳园
绿景嘉园	家天下·城市桃园	雍雅园	龙凤玫瑰园

享乐田园	永和丽园	丽水香郡·河滨香景园	缘锦园
仁恒翠竹园	锦灏佳园	好世麒麟园	六里嘉园
海都嘉园	保利·名园	嘉定颐景园	金和佳园
赛世香樟园	珍宝公园	明月星河·华丰佳园	缘锦园
尊园	上海领秀·爱建园	虹桥中园	昌鑫世纪园
燕语华庭燕归园	时代金领·爱建园	蝶恋园	景博新园

南宁

	涵合园	中鼎豪园宝·宸怡秀园	黄金豪园
澳洲丽园	颐景园	环龙新纪园	学森龙园
半山丽园	华欧南京舜都生活	乾恩园	东方中华园
城市碧园	理想园	现代律感·乾清园	银都佳园
翡翠园	爱思园	香园	龙馨嘉园
嘉园	安慧北里逸园	绿宝园	富友嘉园
江南馨园	碧水庄园	弘泽阳光园	牡丹园
金州琅园	紫都·上海晶园	美丽园	上大聚丰园
玫瑰园	生茂养园	景宏嘉园	未名园
南湖碧园	名园	陆家嘴新景园	紫都上海晶园
天赐良园	水上公园	卢湾滨江南园	永和丽园
庭香园	中鼎豪园	世纪阳光园	城市名园
西大方园	保利名园别墅·舞榭园	珠江香樟南园	嘉宏紫薇园
新秀佳园	玫瑰园	爱法奥朗新庄园	东方新座滨江茗园
鑫金丽园	上海莘城·都市情园	亚都国际名园	永和新城·物华园
鑫金雅园	百草园	康虹佳园	富成园
星和园	百盛园	亚都国际名园	绿洲江南园
邕江湾别墅园	华高庭园	真情家公园	梦家园
振宁康乐园	东珂臻品·明纶园	鑫华俊园	凯城景庭园
左岸青园	海上明珠园	共富富都园	东方滨港园

青岛

	阳光新景·鑫泰园	互峰衡园	静安恬园
畅海园	林茵香榭·逸兴家园	苹果园	海阳明园
慧园	保利名园	融都金桥园	金都花好悦园

上海

	舞榭园	愚园	绿波花园
阳光翠竹园	都林嘉园	乾阳佳园	春港丽园
龙馨嘉园	静安晶华园	当代清水园	四季晶园

贵龙园	徐家汇景园	傲园	贵龙园
虹桥丽园	九九园	宝宸怡秀园	海德名园
安盛景园	世袭愚园	宝莲湖景园	海普苑·海琪园
春满园	华佳花园	名园别墅·舞榭园	海上明珠园
绿家园	宝莲湖景园	北美田园	好世樱园
万兆家园	御景园	北欧阳光庭园	弘泽阳光园
南都韵园	美晶佳园	贝越佳园	泓园
常德名园	上海豪园	博文园	虹桥中园
博园	河滨豪园	博园	互峰衡园
泰苑·文馨园	城市丽园	昌鑫家园	华亭荣园
海琪园	亦园	昌鑫世纪园	华夏家·川杨璟园
时代金领·金桥爱建园	中海馨园	朝霞新苑·豪园	环龙新纪园
赞成·黄兴绿园	明丰佳园	常德名园	黄金豪园
徐家汇花园	复地雅园	城南世博缘·海洲丽园	汇峰鼎园
泓园	阳光绿园	城市名园	汇京佳丽园
年平花苑·儒园	上海万里城·中环锦园	春港丽园	嘉园
紫藤新园	璟都新园	大华公园	江南清漪园
御翠园	沈默荷兰园	当代清水园	江南文化园
绿景园	景园	第五大道·东方中华园	金和佳园
碧云国际社区晓园	金竹园	蝶恋园	金竹园
达安锦园	海德名园	东方滨港园	锦辉绿园
锦辉绿园	涵乐园	东方名园	景博新园
雍景园	怡峰园	东方新座·滨江茗园	景华世纪园
北美田园	裕盛豪园	东海街园	静安恬园
畅园	中虹翡翠园	东海园	菊园
新泽西庄园	衡园	东珂臻品·明纶园	凯城景庭园
知音艺园	仁恒滨江园	东苑新视界虹桥怡和园	凯欣豪园
虹祥福邸·乾弘佳园	莱金佳园	都林嘉园	康桥南园
南花园	梓树园	复地雅园	丽水香郡·河滨香景园
凯欣豪园	康桥南园	馥园	丽园公寓一巷丽园
雅园	爱法·奥朗新庄园	共富富都园	水茵园
生茂养园	安盛景园	冠生园	龙馨嘉园

卢湾·滨江南园	世纪阳光园	香杉园	中海馨园
绿宝园	世袭愚园	欣宏嘉园	中友嘉园
绿洲江南园	水丰嘉园	新城名园	住友嘉馨名园
美景园	水景豪园	新城逸境园	紫都·上海晶园
华丰佳园	四季园	新华世纪园	紫晶南园
牡丹园	泗泾·颐景园	新青浦佳园	尊园
南都·韵园	淞园	新月翡翠园	百盛园
年平花苑·儒园	随园	新泽西庄园	贝越佳园
苹果园	莘庄沁春园	鑫都佳园	景园
璞真园	泰苑·文馨园	星辰园	博文园
浦江茗园	汤臣豪园	星源佳园	昌鑫世纪园
浦园	汤臣怡园	徐汇俊园	常德名园
青青白洋淀恬园	桃园	徐汇兆嘉园	朝霞新苑·豪园
仁恒滨江园	陶园	徐家汇景园	地方天园
瑞丰园	天合雅园	亚都国际名园	东方名园
瑞仕花园	恬园	阳光绿园	东方新座·滨江茗园
乾泽园	同济绿园	阳光新景·鑫泰园	贵龙园
上海豪园	同盛豪园	怡峰园	海阳明园
润华公园	万景园	逸香园	海琪园
上海领秀爱建园	万科朗润园	逸园	好世樱园
上海之窗·御景园	万科燕南园	银都佳园	虹桥嘉景·天山中华园
上海紫园	文化佳园	雍江星座·香园	虹桥中华园
上南花苑城·金玉良园	文化名园	永和新城·物华园	虹祥福邸·乾弘佳园
上品巨洋豪园	和平公园	永和新城·永和丽园	虹叶茗园
上青佳园	西班牙名园	御翠园	弘扬沁园
申江名园	西部俊园	裕盛豪园	花语墅·盈嘉园
生茂养园	西郊景园	缘锦园	嘉利豪园
盛世香樟园	西郊园中园	赞成·黄兴绿园	江南文化园
金桥爱建园	西郊庄园	张江汤臣豪园	金都花好悦园
时代绿园	现代律感·乾清园	真情家公园	金水湾贵园
时代星园	香港丽园	臻园	今日丽园
世和园	香歌丽园	中鼎豪园	三盛颐景园

深圳

翠盈嘉园	学子荔园	新世界豪园	翡翠园
缔馨园	佳兆业可园	御庭园	裕宏园
泰华豪园	嘉园	新锦安雅园	英达钰龙园
汇锦名园	龙佳园	泰美园	帝景园
豪方现代豪园	桃源居锦绣·清华园	朗景园	华景园
合正名园	福满园	龙威豪园	龙丽园
九州家园	苹果园	集建国际名园	华丽园
合正星园	海天园	碧中园	逸翠园
桂芳园	福雅园	龙都名园	万象新园
英达利科技数码园	万科第五园	碧海红树园	都市名园
雍翠豪园	翠竹新邸·鹿鸣园	嘉洲豪园	好景豪园
碧海园	合正锦园	鸿景园	金桃园
翠枫豪园	骏庭名园	美荔园	金汇名园
东海岸天利明园	港丽豪园	万科彩园	莲馨园
金洲嘉丽园	美园	洪福雅园	石鸿融景园
金园	中海阳光棕榈园	百花园	嘉洲豪园
长海雅园	桃源居锦绣·前程园	金地翠园	福民佳园
鼎太风华二期臻美园	金洲嘉丽园	恒星园	国泰豪园
美庐锦园	东方沁园	育德佳园	万科俊园
心语雅园	圆龙园	星桂园	海语东园
宝湖名园	阳光翠园	碧海名园	明舍御园
梅花新园	湾厦福园	益田名园	碧中园
特发欣园	旭飞华达园	福涛东园	大陆庄园
青春庭园	环岛丽园	新安园	帝港海湾豪园
深华丽园	花好园	荟芳园	帝涛豪园
合正佳园	富瑰园	润丰园	缔馨园
荔庭园	朗庭豪园	豪峰园	鼎太风华一期·璞真园
帝港海湾豪园	名商园	圆梦园	东埔文和园
俊景豪园	华安园	聚豪园	都市名园
皇庭彩园	合正逸园	民宁园	福涛东园
东方科技园	鸿翔御景东园	文德福豪园	富瑰园
	帝涛豪园	海韵庭园	观澜豪园

国泰豪园	万象新园	林园	澜韵园
海天园	熙园	龙溪园	润福园
豪方现代豪园	香逸名园	绿都百合园	吴甸园
好景豪园	新安园	南湖新园	新明园
恒星园	新锦安·雅园	平安馨园	嘉和丽园
洪福雅园	阳光棕榈园	青阳四季园	江枫园
华安园	辉花园	三隆碧桂园	塞纳晴园
华景园	颐园	翔凤华园	新明园
华丽园	逸翠园	新华园	**台湾**
华清园	益田名园	宜春园	柏园
环岛丽园	御庭园	靓馨园	碧瑶名园
汇锦名园	裕宏园	**石家庄**	大竹香颂林园
嘉园	裕康名园	博雅庄园	风中奇园
嘉洲豪园	圆龙园	东方·阳光园	佳园
金地翠园	云景豪园	华诚北园	耕读园
今日家园	中加名园	华诚园	琉园
骏庭名园	馨园	华平嘉园	石涛园
康欣园	荟芳园	金峰庄园	世外桃园
朗庭豪园	翡翠名园	军兴园	双橡园
龙都名园	翡翠园	栗康园	祇园
龙威豪园	缤纷假日豪园	丽景园	涵碧园
龙园	滨福庭园	民心园	哈佛学园
美荔园	春华四季园	欧华园	植心园
民宁园	**沈阳**	欧陆园	**太原**
名商园	保工怡园	桃李园	滨湖豪园
青春家园	城建明居园	旭华园	东港嘉园
润丰园	大西电业园	旭雅园	露泽园
盛涛花园	东大智慧园	雅兴园	旭然园
石鸿·融景园	房兴园	义堂翠园	漪鑫雅园
泰华豪园	红田翠园	义堂小区西翠园	**天津**
泰美园	佳地园	中华绿园	贻丰园
湾厦福园	金华园	嘉园	昱发园

翠溪园	宝利园	贻欣园	秋实园
山海花园	天娇园	华馨园	金龙园
金辰园	万兆桂荷园	第6大道第博雅园	致朗园
泰达清新园	豪伯斯客瑞景商业公园	丹颐园	俪景园
长达清秀园	瑞达·颐中园	仁爱濠景庄园	荷香园
芳林泰达园	贻信园	先春园	顺驰东屏园
映日嘉园	金康园	芳馨园	龙滨园
懿德园	和平园	第6田园	祺林园
森淼清华园	华馨园中园	儒林园	玫瑰庄园
云水园	新厦翠水园	水琳园	富方园
天发科技园	盛世园	丽水园	风荷新园
荣华园	凯信佳园	芳水园	太阳城紫玉园
盛景花园百合园	聚福园	玉水园	南开文园
东盛园	瑜峰园	福中园	方正龙天园
悦盛园	丽泰园	美福园	富祥园
津城园	海韵园	丰盈新园	**乌鲁木齐**
厦新都庄园	富泰园	林枫花园	昌乐园
嘉华园	博美园	巨福新园	汇嘉园
圣德园	宇正园	靖江雅园	汇珊园
杰华园	道俊华园	大安翠微园	汇展园
山水颐园	津名园	宇华兴云新园	汇芙园
玛歌庄园	福嘉园	嘉汇园	**无锡**
瑞丽园	爱民佳园	龙泓园	和园
凌晟奥园	明家庄园	太阳城蓝山园	**武汉**
天赐园	盛华园	万隆千禧园	福园
佳丽园	馨达园	月梦园	富丽·奥林园
翠金园	天华雅园	奥式商务区金达园	关东康居园
康居新园	碧水庄园	金海园	鸿泰佳园
书香园	碧水世纪园	东盈园	精品园
金虹绿茵庄园	聚安园	怡华园	惠园
乾华园	城市之星世富嘉园	秀丽南园	江景园
兴泰园	锦绣园	艳益馨园	江南明珠园

江南庭园	颐翠园	融鑫园	喜居园
金谷·明珠园	永清庭园	唐园	曲江佳园
金色雅园	裕馨园	西安新城科技产业园	麓鸣园
锦绣豪园	怡青园	西桃园	丰景佳园
精品园	博大佳园	湘子嘉园	曲江假日新嘉园
开来·枫景佳园	城开·波光园	万华园	企业壹号公园
康馨嘉园	城开丰竹园	杰座名园	新兴骏景园
丽岛紫园	城开星园	长青园	**厦门**
丽水佳园	城开紫竹园	东城桃园	东方名园
玫瑰嘉园	大江园	悦明园	都市恬园
美城·清芷园	当代曙光嘉园	长庆兴乐园	富山名仕园
南方帝园	东方帝园	百花园	金地翠园
南湖雅园	东方工业园	西安锦园	海韵园
鹏程·帝景园	东方江景园	丰盛园	千禧园
侨亚颐乐园	东方名园	旭景名园	**香港**
琴台颖园	东湖熙园	旭景碧泽园	怡心园
晴川园	都市经典·山水美园	世纪金园	浪翠园
润帝嘉园	芳草园	悦园	映湾园
三星·阳景园	芳卉园	欧锦园	海逸豪园
盛合嘉园	芬香园	博文园	宝翠园
天顺园	丰竹园	华清园	骏景园
田园	嘉禾园	樱花园	加州豪园
统建·大江园	蓝湾俊园	新兴翰园	四季豪园
外滩观景华园	声直大厦·外滩观景	华龙佳园	康乐园
香格里·嘉园	华园	世纪颐园	迈尔豪园
小南湖芬香园	统建千禧园	贝特智能佳园	蔚景园
新都国际嘉园	**西安**	陕西鹏豪园	朗庭园
新嘉园	长江丰泽园	湘子嘉园	**郑州**
学府佳园	名园	长江丰泽园	海通园
沿海丽水佳园	欧风园	翔园	嘉和园
阳城景园	欧锦园	千叶华园	清华园
伊甸园	陕西鹏豪园	金地园	云帆都市嘉园

◀ 苑 ▶

北京

天通苑	嘉莲苑	新都丽苑	佳仕苑
远见名苑	九和苑	观河锦苑	宇丰苑
逸成东苑	紫东苑	时代之光名苑	建业苑
蓬莱苑	万地名苑	中水金海嘉苑	欧陆经典万兴苑
上林苑	达富苑	祥和家苑	金容苑
燕华苑	璟莲馨苑	绮霞苑	宾都苑
世外桃苑	长椿苑	中海紫金苑	新世华苑
鹿铭苑	广通苑	永合馨苑	俊景苑
汇福佳苑	铭科苑	长龙苑	丽景苑
宝润苑	黄金苑	西潞苑	京东丽景苑
金角苑	紫都学苑	欧陆苑	绿岛苑
大河庄苑	望京明苑	海晟名苑	源泉苑
舒雅名苑	甘露晴苑	百旺家苑	承泽苑
御水苑	玺萌鹏苑	看丹苑	德露苑
平安苑	冠雅苑	紫金成苑	新北京故事之精彩庭苑
泰华滨河苑	奥竺苑	富卓苑	一栋苑
增光佳苑	华新苑	泰和嘉苑	北京星苑
冠英园西区盛华苑	汉华苑	西环景苑	瑞福苑
静馨嘉苑	豪景佳苑	潞河名苑	新海苑
中兴苑	慧馨苑	金鼎佳苑	慧华苑
名流丽苑	旭风苑	通尚苑	陶然苑
祥和苑	宝钞苑	文林商苑	鑫宝苑
宝汇苑	芳林苑	宏星苑	鑫雅苑
和平苑	桃花苑	金露枫苑	保利欣苑
儒林苑	京香福苑	清林苑	花园苑
祥瑞苑	方华苑	和祥苑	万博苑
芳草苑	立恒名苑	华辉苑	同泰苑
听涛雅苑	都景苑	东环居苑	万方苑
	精图雅苑	天方苑	一幅画卷·馨冬苑
		东景苑	景泰新苑
		玺萌丽苑	阳光苑
		馥郁苑	世纪名苑

金鑫苑	康馨雅苑	御花苑	东城佳苑
奥兴苑	龙华苑	**长沙**	东方桂苑
澳林春天·闻涛苑	绿岛苑	大有花苑	东景丽苑
安圣苑	丽景苑	丹桂雅苑	风华苑
百旺家苑	立恒名苑	宏轩花苑	芙蓉苑
保利欣苑	绿景苑	佳和苑	福华苑
滨河居住区·绮霞苑	丽锦苑	金府嘉苑	府河苑
宾都苑	明春苑	金竹苑	富豪家苑
宝汇苑	善缘嘉苑	景芳苑	海德花苑
宝润苑	石园东苑	南明苑	河畔华苑
长龙苑	时代之光名苑	融城苑	恒福苑
达富苑	潭墅苑	唐朝花苑	红光苑
都景苑	泰和嘉苑	新世纪安居苑	洪景丽苑
馥郁苑	桃花苑	芙蓉苑	槐树苑
府东苑	未来城·益宸嘉苑	广厦新苑	环东新苑
枫露皇苑	地名苑	鸿景苑	嘉合苑
方宝苑	兴房苑	爱地林苑	嘉怡苑
方安苑	兴都苑	保利苑	金奥苑
方舟苑	潞苑	广济苑	金房馨苑
华海苑	旭风苑	桔洲新苑	金房苑
海晟名苑	祥瑞苑	运通馨苑	金桥苑
宏星苑	晓月苑	中星苑	金沙芙蓉苑
湖景苑	西环景苑	**成都**	金水苑
华冠丽景·慧雅苑	银科名苑	北丽苑	金犀庭苑
花园苑	怡景嘉苑	倍特金杏苑	金杏苑
惠新苑	**长春**	碧茗苑	锦宏翠苑
俊景苑	车城苑	滨河苑	锦宏河滨苑
京香福苑	吉祥苑	昌兴和顺苑	锦宏骏苑
静安苑	清华苑	长盛苑	丽水青城金桂苑
嘉慧苑	天华苑	晨光春花春熙苑	丽水青城玫瑰苑
建东苑	天裕新苑	城南汇锦苑	临江苑
精图雅苑	新宇富贵苑	德意馨苑	柳城丽江苑

柳城谊苑	香榭名苑	春风绿苑	龙珠苑
柳堤苑	祥福苑	达飞苑	响水苑
美丰花苑	向阳茗苑	帝景名苑	怡悦苑
明星花苑	新龙苑	东海福苑	秀苑
馨苑	少城佳苑	枫丹苑	燕城苑
牡丹名苑	星辰苑	贵丰·三和苑	银泰新苑
欧康花苑	学府嘉苑	海景苑	渝珠花苑
欧美苑	学林雅苑	浩景雅苑	龙脊金山佳苑
启明西苑	学堂南苑	宏华苑	金易华苑
千和银杏花苑	学苑	红楼·俊苑	天伦海苑
青年房产静居嘉苑	雅居苑	黄金堡·景馨苑	黄金堡芷苑
清水绿苑	阳光花苑	黄金堡·芷苑	友诚生态名苑
清漪苑	怡晴苑	嘉福西苑	海宇天赐苑
三洲佳润娇子苑	御峰苑	嘉福苑	天奇怡畅苑
森桦苑	云影苑	嘉信·御庭苑	二郎欣茂苑
十里翠苑	振华苑	金科花园·丽苑	万年锦苑
世纪锦苑	紫荆嘉苑	聚龙锦苑	兰天龙湖苑
曙馨苑	紫荆馨苑	丽景雅苑	联芳旭庆苑
双楠嘉瑞苑	紫薇苑	丽景苑	桂花景苑
水木光华水木苑	紫竹苑	丽水菁苑	信成苑
天乐嘉苑	棕南苑	龙湖花园西苑	东方紫竹苑
天盛花苑	钻石景翔苑	龙泉新苑	馨茗苑
天益佳苑	聚贤花苑	龙泉怡苑	西亚怡顺佳苑
天竺丽苑	世纪锦苑	美银苑	渝静苑
望江嘉苑	春熙苑	千竹景苑	佳禾钰茂经典苑
望江苑	静居嘉苑	青青佳苑	大众御湖苑
维达北苑	九里西苑	荣州苑	维丰南桥苑
五丁苑	科华南苑	上海东方花苑	渝南佳苑
武侯南苑	玫瑰苑	升伟·朝凤苑	邦兴花苑
西财骏苑	汇锦苑	时代豪苑	宏泰苑
西华苑	**重庆**	时代绿苑	红楼俊苑
香木林馨苑	晨曦华苑	天伦华苑	龙溪景苑

安居恒富苑	水仙名苑	绿庭雅苑	南翠苑
龙湖花园西苑	天河新苑	东湖御苑	珠江旭景熙苑
海德旭苑	心宁苑	恒龙苑	明珠东苑
海德春洪苑	水苑	金德苑	明晖苑
临江苑	天河新苑	红棉苑	明桂苑
学府苑	天华佳苑	汇友苑	辉洋苑
怡锦苑	亿达学苑	金达苑	旭日雅苑
鑫耀苑	中南苑	福莱苑	广信银兰苑
啤龙泉苑	中山南苑	金满苑	金碧雅苑
金科丽苑	**东莞**	荷柳苑	顺景雅苑
华菲苑	东城名苑	骏逸苑	广信荷花苑
龙湖南苑	金域名苑	江湾花苑	嘉和苑
海景苑	聚福豪苑	骏景花园南苑	云逸苑
汇景苑	年丰豪苑	江南苑	云山翠苑
帝豪雅苑	三正豪苑	珠江帝景苑	帝景华苑
俊东颐合苑	珊洲新苑	恒鑫御苑	隆基怡苑
嘉和苑	**广州**	聚侨苑	半山雍景苑
龙庭蓝天苑	天文苑	南洲名苑	龙珠苑
绿湾嘉景苑	文昌花苑	南洲花苑	金玫瑰苑
龙珠苑	梅苑	南燕苑	龙口花苑
百鹤苑	维雅苑	景泰名苑	宝龙苑
聚福苑	远洋明苑	南雅名苑	益鹏翠苑
满堂红家苑	鸿图苑	华荟明苑	侨燕苑
锦城佳苑	金龙苑	南晓苑	凤浦西苑
大连	金建苑	天平花苑	万寿雅苑
澳南苑	锦尚名苑	朗骏苑	荔湖明苑
博海华苑	金汇花苑	荟雅苑	荔湖名苑
东北名苑	金湖雅苑	海逸豪苑	怡和苑
桂林苑	聚德花苑	南箕花苑	蓬莱花苑
金海楼苑	宏航苑	南晖苑	富城花苑
明泽苑	恒洲小苑	豪贤苑	滨江怡苑
清溪南苑	金富苑	锦城南苑	西华苑

润盛花苑	东湖豪苑	侨诚花园秋月苑	华乐苑
福龙苑	柏涛雅苑	侨诚花园冬日苑	椰诚苑
乐雅苑	东方明珠花苑	汇侨新城汇锦苑	华豪苑
乐居苑	东成花苑	盈泽苑	瑶台苑
金花苑	帝景苑	祈乐苑	华翠苑
嘉城苑	中旅侨苑	汇美苑	山水庭苑
富力环市西苑	中海锦苑	汇美南苑	花城苑
凤阳苑	江景苑	德兴苑	祈乐苑
万和苑	泽辉苑	江南新苑	湖滨苑
万盛苑	嘉怡苑	德盛苑	厚福苑
同逸苑	嘉丽苑	汇富花苑	康裕北苑
枫溪苑	嘉骏苑	翠竹苑	鸿新苑
万翠苑	粤溪苑	翠丽苑	海印苑
翠雅苑	粤华苑	银利花苑	康乃馨苑
芳丽苑	嘉和苑	翠景苑	海印南苑
芳华苑	群星苑	翠湖山庄御庭苑	康隆苑
瑞心苑	桥东雅苍苑	逸涛雅苑	景松苑
松云雅苑	远景新苑	华秀苑	天晟明苑
仙湖名苑	佳通苑	金豪嘉苑	馨怡花苑
天明花苑	裕兴苑	益鹏苑	海意名苑
越兴苑	侨雅苑	侨颖苑	聚雅苑
天隆花苑	天河北侨林苑	福颖苑	金燕花苑
东兴苑	御晖苑	馨怡花苑	碧雅苑
东晓苑	荟萃苑	悦涛雅苑	金雅苑
东晓花苑	御华苑	怡雅苑	海天花苑
天河雅苑	汇怡苑	华秀	新景花苑
天河北苑	愉景雅苑	昌龙苑	海日苑
白云堡豪苑	桥福苑	怡心苑	愉景南苑
天鹅花苑	桥光苑	翔景苑	新港南苑
东浚荔景苑	新怡苑	怡龙苑	中海景苑
泰怡苑	侨诚花园夏晖苑	草芳苑	新安苑
泰兴苑	汉苑	金兰苑	金田花苑

体育西苑	金海苑	广利佳苑	天泉华苑
中意花苑	金竹苑	天风苑	万安南苑
中信乐涛苑	康瑞苑	天河苑	望江·新丰苑
晓翠花苑	千禧苑	天湖苑	温兴风情苑
祥日苑	小康苑	天泉苑	五洋·嘉景苑
西城苑	永乐新苑	天月苑	西房·秋水苑
美景苑	中兴苑	广宇·中房运河东苑	房·星都嘉苑
美景花苑	众拓馨苑	红石板·沈塘苑	西泠花苑
广州福盛花苑	**桂林**	华立·碧水铭苑	下沙·文汇苑
五芳苑	春江苑	华立金顶苑	仙林苑
恒龙苑	环西苑	华元·云水苑	香溢·大学苑
华豪苑	金桂苑	华源·凤城花苑	兴财·名都苑
华景新城·翠安侬苑	台联·枫丹丽苑	嘉禾苑	兴财·雅仕苑
华颖花园侨颖苑	园中苑	江枫苑	兴龙·兴和苑
颐景华苑	**哈尔滨**	金达苑	瑶琳嘉苑
洋明苑	恒佳名苑	金世纪·红枫苑	耀江·汇景苑
东城雅苑	恒运花园·鸿苑	锦绣文苑	耀江·文鼎苑
聚侨苑	人和明苑	良渚·玉都佳苑	耀江·文欣苑
芳丽苑	**海口**	美达·天成嘉苑	耀江·文萃苑
天鹅花苑	世贸雅苑	南肖埠·庆春苑	野风·现代名苑
怡和苑	成信景苑	南肖埠·文景苑	野风·现代雅苑
泰怡苑	成信丽苑	南肖埠·御景苑	永康苑
泰兴苑	方园花苑	南中国·雅仕苑	之江公寓·景江苑
同逸苑	亚洲豪苑	三里新城·兰苑	中大文锦苑
仙湖名苑	一品水苑	三塘苑	中园花苑
越兴苑	银谷苑	水木清华苑	兴龙·兴泰花苑
贵阳	**杭州**	宋都·凯旋苑	五洋·嘉景苑
翠碧苑	安居·嘉绿苑	宋都·梅苑	金世纪·红枫苑
枫竹苑	滨江·庆和苑	泰和苑	广厦天都城·天风苑
贵山苑	滨江·文景苑	天成嘉苑	南肖埠·御景苑
宏福苑	大都·文苑	天河花苑	华立·碧水铭苑
华宫新苑	大家静安花苑	天河西苑	雪峰花苑

森森·径香苑	国际花园榕苑	腾达雅苑	水榭花苑
航宇·美政花苑	金碧苑	腾泰花苑	凯祥花苑
野风·现代领地瑞丰格林苑	南苑	天同苑	百市·西苑
	文华苑	文思苑	湖畔水竹苑
西子铭苑	阳光花园昊苑	梧桐苑	华章新苑
永康苑	**南京**	香格里拉花园·东苑	仁和翠苑
公寓·景江苑	碧水湾西苑	亚东花园城·半山苑	**南宁**
香溢·大学苑	东方名苑	御都花园	白沙苑
瑶琳嘉苑	东郊美树苑	阅江花园	金城苑
学院春晓·泰和苑	东南花苑	正泰·阳光苑	聚宝苑
黄龙雅苑	广都苑	钟山·银城东苑	骏景苑
华立金顶苑	汉府雅苑	紫金山水苑	名都苑
拱宸新苑	宏泰花苑	左岸名苑	高新苑
兴龙·兴和苑	花好月苑	雯锦雅苑	汇金苑
济南	华章新苑	汇苑	江南新兴苑
光明苑	江城·汇景新苑	安品街鼎新苑	金花苑
海辰苑	金龙蟠家苑	碧虹苑	世纪阳光·沁景苑
湖滨苑	金泉·泰来苑	彩虹苑	振宁雅苑
景绿苑	金珠花苑	汉府雅苑	**宁波**
南全福小区福鑫苑	九龙雅苑	湖西苑	安居恒富苑
三箭银苑	力盛佳苑	江南文枢苑	万安花苑
师范南苑	龙翔鸣翠苑	清江花苑	**青岛**
舜承苑	美景雅苑	萨家湾花苑	东南新苑
天业翠苑	明都雅苑	四平苑	广大新苑
阳光舜城·格林苑	南坪苑	天顺苑	千禧龙苑
友谊苑	宁南·秀林苑	御河苑	天福苑
怡心苑	沁水景苑	珍珠花苑	天晟苑
昆明	清江花苑	宁电馨苑	**上海**
安康苑	清江西苑	旭升花苑	锦馨苑
楚祥苑	瑞金花苑	金龙蟠家苑	城南世博苑
滇池·世界花苑	舒心苑	中保绿苑	香阁丽苑
广发苑	桃源府·斑草苑	万汇秀林水苑	民丰世纪苑

平江新城·智荟苑	阳光神州苑	金纬花苑	城城金岛苑
金鼎花苑	泰鸿新苑	茗园南昌苑	芳草苑
金沙雅苑	巨峰家苑	淞宏苑	康惠苑
宝华雅苑	环元苑	强生花苑	复地翠堤苑
晨林花苑	蓝色港湾·博馨苑	汇峰衡苑	宏莲馨苑
飘鹰东方花苑	中梅苑	兴东佳苑	武宁苑
名扬豪苑	新申花城·玉兰苑	新贵都万体景苑	华升新苑
瑞嘉苑	怡泰家苑	莲浦花苑	虹桥怡景苑
越秀苑	青浦佳乐苑	高峰汇·瑞南新苑	虹桥加州花苑
阳光新居·华丰苑	阳光神州苑	泰鸿新苑	雍景苑
莲花新苑	南新苑	团结花苑	华林新苑
中祥龙百苑	水景苑	华济苑	贝越流明新苑
新梅莘苑	建华新苑	西郊佳景苑	罗秀新苑
虹华苑	海波花苑	锦汇苑	茂盛花苑
福景苑	临泷佳苑	金纺苑	翡翠苑
皇朝苑	永新花苑	美之苑	上海莘城·莘秀苑
罗马佳苑	航天新苑	永泰花苑	瀚锦苑
星俪苑	仙霞良品·铭晖西郊苑	名人花苑	盛顺意苑
天马花苑	环龙新苑	永新花苑	宛平南苑
湖畔佳苑	鹏程花苑	汇达苑	澳丽花苑
公馆·上海御泓苑	鑫城苑	富弘苑	新梅花苑
复地·香堤苑	泰宸景苑	南华苑	士博汇弘辉名苑
万科四季花城海桐苑	福泉苑	华玉苑	虹桥豪苑
雍景苑	美地芳邻苑	观景苑	森香水筑·光鸿苑
广兰名苑	丹枫苑	紫虹嘉苑	莲浦新苑
绿地康桥新苑	学林苑	嘉瑞花苑	澳丽花苑
静安凤凰苑	怡君苑	东方文苑	景江苑
苏堤春晓名苑	学苑	徐汇枫情·明晖苑	德福苑
贝越高行馨苑	天科苑	康惠花苑	颐峰苑
崇明新城明珠花苑	云山星座苑	兆丰帝景苑·帝苑	中海馨苑
虹明珠苑	新梅莘苑	松云水苑	明日新苑
志成花苑	中辉新苑	家旺新苑	禄德嘉苑

未来世界·舒城苑	三岛龙州苑	步高苑	香阁丽苑
蓝色港湾·博馨苑	望景苑	锦河苑	中大雅苑
紫苑	罗山花苑	绿地世纪花苑	九亭明珠苑
海信花苑	南江苑	永盛苑	申立苑
三春汇秀苑	华南名苑	徐汇苑	华高新苑
兆丰帝景苑	恒大华城·上河苑	广兰名苑	国富苑
曹杨君悦苑	臻藏·元一新苑	海普苑	玉华苑
都林龙苑	东明苑	虹桥花苑	天宸美景·心仪雅苑
星罗苑	莎海惠晨苑	华辉绿苑	贵龙苑
顺达苑	南国龙苑	写意生活馆·锦良苑	金龙东苑
西南名苑	世华佳苑	颐德名苑	淞虹公寓·紫荆苑
明杨豪苑	明珠东苑	上南绿茵苑	富天苑
金沙丽晶苑	瑞达苑	海湾世纪佳苑	龙珠花苑
宜德苑	原顾路阳光苑	虹桥绿苑	银叶苑
嘉禄新苑	巨峰家苑	盛绿苑	榆汾新苑
金杨馨苑	阳光新居·华丰苑	天秀苑	白玉苑
东方龙苑	新都花苑	锦绣人家银杉苑	东兰世茗雅苑
古浪苑	枫桦景苑	陇福苑	联洋花园·天合苑
龙腾苑	东泰花苑	鸟与花乡·山水苑	明和苑
绿庭百合苑	锦南花苑	聚星苑	明丰世纪苑
金露苑	源城锦苑	正旺苑	中虹花园·新都苑
明光苑	莱茵半岛苑	星上海廊侨·林南花苑	和玉苑
嘉瑞花苑	滨江雅苑	阳光翠竹苑	虹口嘉苑
洪山花苑	中星凉城苑	明日新苑	栖山苑
幸之苑	文化名邸·江南苑	绿川新苑	兆丰苑
瑞金福地·福华花苑	平盛苑	安盛花苑	绿地康桥新苑
春辉苑	张杨花苑	东银曲阳花苑	岚皋馨苑
中祥龙柏苑	繁盛苑	昌里雅苑	紫兰苑
写意春秋·双城苑	光鸿花苑	名师华苑	龙柏花苑
金玉良苑	未来视界·舒城苑	山泉花苑	艺康苑
外滩新视界·宏惠花苑	越秀苑	丽景新苑	和福花苑
莘都丽景·新珠苑	清涧花苑	世纪苑	和亭佳苑

平易近水·珊瑚苑	枫桥苑	朝霞新苑	中华苑
铭晖西郊苑	源梦苑	杨思水景苑	曹杨花苑
中星雅苑	上南春天苑	仕嘉名苑	和合苑
博苑	尚品·联鑫虹桥苑	学苑风范·智荟苑	城市星光·沪中新苑
协和苑	新贵都·曹杨新苑	银欣花苑	东新苑
新华名苑	怒江苑	东兴华苑	罗山怡景苑
金玉苑	景源佳苑	南洋丽景·南洋苑	景谷苑
政通新苑	芝川新苑	梅福花苑	黄山始信苑
中轩丽苑	上房金丰苑	复星新苑	八月桂林·怡德苑
上南花苑	长阳新苑	望隆苑	华苑
天和湾苑	宁泉新苑	华唐苑	虹桥馨苑
阳光前景·海泰苑	志丹苑	汇佳苑	嘉怡苑
锦杨苑	万康城·鑫康苑	紫藤苑	通联苑
飘鹰花苑	馨华苑	天赐苑	富丽花苑
黄山新苑	华浩苑	罗马假日·香山苑	申江花苑
乾鸿苑	蓬莱花苑	绿泉家苑	梅山馨苑
梅福花苑	静安风华苑	天安嘉富丽苑	元一新苑
绿景家苑	运旺嘉云苑	凌兆佳苑	河景苑
世纪名苑	东旺雍景苑	古北新苑	泰荣苑
郁金香花苑	新中苑	星源佳苑	界龙阳光苑
圣骊澳门苑	静安枫景苑	中通雅苑	颐宁苑
虹桥丽景苑	东方苑	由由新村·园中苑	水岸豪苑
中大雅苑	景和茗苑	学府双星·通德苑	滨江龙居苑
绿柳苑	东方丰甸苑	恒阳花苑	莲锦苑
佳慧雅苑	欣欣苑	富华苑	文华苑
九龙花苑	市政馨苑	嘉华苑	公园天下·莘纪苑
罗马假日·梅岭苑	丹芳苑	兴平昌苑	明安馨苑
名典苑	聚龙新苑	万佳苑	万荣阳光苑
沙田新苑	佳洲欣苑	住嘉新苑	浦江之星·馨虹苑
精品·名典苑	济阳人家·华光苑	淞南九村·新苑	宏裕苑
玫瑰苑	长寿苑	悦景苑	天馨花园·华馨苑
昕泰苑	紫竹馨苑	文轩苑	伟业金锦苑

中虹汇之苑	平江新城·智荟苑	建设新苑	嘉玉龙庭·叠加苑
新世纪花苑	德阳花苑	凯兴苑	创欣南苑
绿地剑川新苑	浣纱雅苑	望族新苑	华亭绿景苑
公园桂冠·金燕家苑	西郊一品苑	正峰苑	凯旋花苑
恒大华城·东林苑	华晖绿苑	海联苑	都林龙苑
梦里水乡·光鸿苑	宏祥花苑	泰鸿苑	上海绿城·百合苑
静安凤凰苑	乾龙苑	东银茗苑	科乐苑
晟业佳苑	万峰馨苑	瀚杨苑	金牛苑
中星长岛苑	星源花苑	浩润苑	万豪苑
瑞禾明苑	云都新苑	成发苑	锦江·锦馨苑
星语馨苑	星惠佳苑	联洋新苑	桂林花苑
上泰雅苑	宜居·开城新苑	和平花苑	桂林苑
都林龙苑	文坊·崇文苑	易居紫荆苑	金苑
理想国爱甸苑	外滩滨江名人苑	大居苑	莘梓苑
幽澜苑	海虹苑	千秋嘉苑	金龙花苑
西部秀苑	翠庭苑	绿地南桥新苑	佳达新苑
松江世纪新城·明丰文化苑	御华名苑	云都苑	居易莘庄·团结花苑
	文定天下苑	银华苑	绿雅苑
浩城华苑	东方汇景苑	颐峰苑	金鑫怡苑
南花苑	建明花苑	景泰嘉苑	丹桂花园南苑
河畔雅苑	乾宁苑	紫竹苑	雅典花苑
海高苑	凤六新苑	兴和苑	恒丰古北家苑
茉莉苑	金舟苑	新月佳苑	悦达花苑
亿润苑	虹祺花苑	亭汇花苑	鑫龙苑
恒城花苑	逸虹景苑	文曲苑	华祺苑
馨康苑	佳达新苑	静安大闻·丽都苑	天山新苑
御桥馨华苑	新华绘·东湖名苑	老西门新苑	德华苑
盛源新苑	市光新苑	名门滨江苑	岭南雅苑
新文苑	菊芝苑	上海映象·阳城苑	中虹丽都苑
莲泰苑	景福苑	中科新苑	住友昌盛新苑
都市花苑	同济佳苑	明华苑	世纪景典·花木苑
瑞嘉苑	芳沁苑	华东花苑	百年徐汇·紫汇苑

雅庐苑	晨林花苑	虹凉馨苑	锦华花园水景苑
天翔苑	丰盛雅苑	民主新苑	芝梅苑
天诚花苑	东浩枫景苑	景河苑	恒大华城·天地苑
四季茗苑	康沁苑	北华苑	飘鹰花苑
快易居·长欣新苑	兰馨雅苑	枫林雅苑	黄浦新苑
剑桥景苑	罗秀苑	幸之苑	日月新苑
明安绿苑	泰宸景苑	剑桥景苑	汇丰佳苑
金榜世家·文馨苑	明丰阳光苑	远景佳苑	康华苑
星俪苑	嘉年城市新苑	福华花苑	金桥丽景·凯鑫苑
榭苑	水清苑	嘉富丽苑	延安嘉苑
晶钻博华苑	锦翠苑	虹林新苑	奥克苑
徐汇秀水苑	信利苑	虹景苑	菱翔苑
云阳花苑	阳明国际花苑	湖畔佳苑	海通花苑
东陆锦悦苑	珺乐苑	咏蝶苑	绿洲苑
都市水乡·宜嘉苑	地铁明珠苑	和兰苑	知音艺园·龙昌苑
泰苑	仙都绿苑	和馨苑	科汇景苑
金石苑	悦景苑	泰成花苑	幸福苑
新华花苑	樟树苑	汇佳新苑	现代律感·乾清苑
仲信苑	虹梅佳苑	家骏花苑	中恒苑
广洋苑	年平花苑	立雪苑	阳光苑
东湖铭苑	东靖苑	锦绣苑	沔溪苑
康泰东苑	富隆苑	复兴佳苑	长春新苑
中虹明珠苑	张杨南苑	当代成品·峥宸苑	和中华苑
怡泰花苑	东怡花苑	翠堤春晓·春意苑	锦蝶苑
振颖苑	博捷名苑	申地苑	徐汇龙兆苑
南昌花苑	昆仑花苑	汇成宾阳苑	徐家汇景福苑
中城绿苑	申江名苑	冠生园·东方佳苑	莘城苑
桃源兴城苑	宝华雅苑	宝安新苑	望江苑
江南世纪新苑	开城新苑	顺意苑	广虹馨苑
朱莘苑	水岸茗苑	金淙苑	新地苑
申源苑	华安苑	西郊龙柏香榭苑	嘉丰佳苑
锦龙苑	东晖花苑	瑞南新苑	奉浦苑

上海五月天·贵都万体景苑	虹康景博苑	珊瑚花苑	广海花园·鑫海苑
汇丽苑	家化滨江苑	飞越虹桥·锦馨苑	兰馨苑
华唐苑	罗溪花苑	崇明新城·明珠花苑	万峰梦湖苑
新月丽苑	嘉骏花苑	爱莲屋·嘉和花苑	丹花苑
颛溪新苑	杨泰苑	万宇漓水花苑	阳光高城苑
静安顺德苑	福赐新苑	海联花苑	虹康花苑
新外滩花苑	名盛苑	宏莲馨苑	春申城四季苑
浦江天第苑	富锦苑	唐山新苑	兰沁苑
美邻苑	东珂花苑	海伦新苑	景星苑
水仙苑	高境欣苑	浦江风景苑	东苑
中京苑	梦蝶苑	复兴南苑	华光紫荆苑
思南新苑	高境苑	梅福花苑	东亚新苑
雅苑	牡丹锦苑	泰德苑	威宁花苑
水岸家苑	水岸名邸·海昌苑	紫阳花苑	海伦都市佳苑
紫荆苑	虹口情缘·宇泰景苑	清馨苑	名人雅居·沪贵苑
贵仁绿苑	岭南苑	可乐苑	三鑫花苑
紫罗兰家苑	梅陇城·望族苑	世晶花苑	畅想苑
恒力苑	虹康景博苑	九歌名苑	张杨福邸·华阳苑
翰林苑	紫东新苑	花园村雅苑	华景苑
润和苑	东兰兴城·玉兰苑	金汇·鸿锦苑	淞虹苑
金华苑	意凯花苑	新外滩花苑	华山嘉苑
古北家苑	徐汇一品苑	金星苑	威海苑
新世纪名苑	好旺苑	艺墅学苑	和平南苑
虹桥金俊苑	正南花苑	虹桥首席·东苑怡和苑	金兰花苑
百舸馨苑	志成花苑	贤居天下苑	虹口玫瑰苑
华夏金桂苑	金枫豪苑	龙兴苑	爱迪苑
东方雅苑	博泰景苑	生活点睛·龙腾苑	爱嘉苑
墅邻花苑	紫光苑	虹梅新苑	爱莲屋·嘉和花苑
锦凯华苑	吉祥苑	西渡鸿吉苑	安居朝阳苑
绿带风光·源景苑	海高花苑	枫庭丽苑	安居古浪新苑
天虹苑	苏堤春晓名苑	贵都苑	安居花苑
	静安花苑	金台苑	澳丽花苑

澳门新苑	城市星光·沪中新苑	张杨福邸·华阳苑	枫桦景苑
怡德苑	崇明新城·明珠花苑	紫堤苑	新华苑
阳光神州苑	创联金海花苑	住友名人苑	灏景明苑
百合花苑	春辉苑	紫荆新苑	创富时代名苑
宝安新苑	春岚苑	紫藤佳苑	时代景苑
宝虹新苑	春申城都市苑	宗鑫公寓·苏堤江宁苑	碧湖豪苑
宝华雅苑	春申城四季苑	红叶花苑	后海名苑
宝仪花苑	翠堤春晓·春意苑	美璟苑	黄埔雅苑
保利星苑	错到家·新世纪花苑	梅陇城·望族苑	旺业豪苑
北方佳苑	大富苑	泰成花苑	谱心苑
北华苑	大家源虹德苑	新家坡美树馆·汇景苑	汇港名苑
贝越·流明新苑	大宁绿湾·宁泰馨苑	愚园·鸿凯湾绿苑	祥韵苑
贝越·广兰苑	大厅广中·万里苑	**深圳**	惠中名苑
永汇新苑	大庭广中·万里苑	侨城豪苑	英麒苑
滨江先锋·龙居苑	大闻·丽都苑	云天雅苑	洋星苑
滨江雅苑	松云水苑	英伦名苑	万事达名苑
博捷名苑	丹枫苑	龙安苑	碧海蓝天明苑
博泰新苑	丹桂花园·南苑	碧桐海苑	碧星苑
步高苑	当代成品·峥宸苑	嘉隆苑	新天国际名苑
沧海苑	地铁明珠苑	泓瀚苑	金碧苑
昌里雅苑	东银曲阳花苑	天海豪景苑	南景苑
长城苑	东苑利景花苑	东都雅苑	都市翠海华苑
长春新苑	都林龙苑	农科馨苑	科苑
长航苑	国亭花苑	枫丹雅苑	荔盛苑
长宏新苑	虹桥光大花苑	半岛苑	黄埔雅苑
长华绿苑	蕙兰苑	橄榄鹏苑	玲珑花苑
长辉花苑	三亚丽苑	高发佳苑	翠景苑
长阳新苑	上海西郊明苑	学林雅苑	香荟雅苑
畅想苑	同济杰座·同汇苑	东方新地苑	赛格名苑
朝霞新苑	同领都会·同济佳苑	竹雅名居·竹韵苑	银兴苑
成发苑	徐汇·龙兆苑	银翠苑	皇家翠苑
城城金岛苑	银欣花苑	金玉良苑	润华苑

天健名苑	中国茶宫·茗香苑	旺海怡苑	东湖御苑
东方雅苑	银海苑	汇龙苑	东埔福苑
景华苑	润裕山景豪苑	珍奇景苑	都荟名苑
翠景山庄·翠锦苑	天健阳光华苑	帝锦豪苑	芳华苑
东埔福苑	鸿业苑	黄埔雅苑	高发佳苑
馨荔苑	东滨华苑	中海苑	阁林网苑
龙园苑	紫光名苑	方海商苑	国际名苑
华茂苑	嘉年华名苑	金景豪苑	海洋星苑
雅庭名苑	深业岭秀名苑	深港豪苑	海珑华苑
万隆苑	雅豪祥苑	园博绿苑	鸿景湾名苑
华兴苑	御景苑	城中雅苑	宏观苑
望海汇景苑	金泰名苑	金盛苑	后海名苑
鸿景湾名苑	和煦苑	福昌苑	华昱苑
紫薇苑	金石雅苑	福临苑	惠中名苑
黄埔雅苑	愉园新苑	雅庭名苑	汇港名苑
金雨豪苑	帝欣豪苑	振业梅苑	佳嘉豪苑
和顺苑	皇御苑	蔚蓝雅苑	建艺名苑
和盛苑	馨庭苑	金叶茗苑	金雅苑
雅仕荔景苑	五洲星苑	金丽豪苑	锦河苑
仓前锦福苑	沁芳名苑	春晖苑	景华苑
庐峰翠苑	蓝田壹站华苑	翠怡豪苑	景庭苑
富佳苑	东方富苑	现代苑	俊安苑
华美丽苑	中海丽苑	汇雅苑	康乃馨苑
长丰苑	东江豪苑	景庭苑	荔林苑
华昱苑	福海苑	俊安苑	荔盛苑
翔名苑	缇香名苑	碧星苑	丽廷豪苑
瑞达苑	海珑华苑	彩天名苑	玲珑花苑
东方美地苑	城投福滨苑	城中雅苑	翠景苑
宏观苑	汇景豪苑	创意侨苑	紫荆苑
天建阳光名苑	丽廷豪苑	翠怡豪苑	绿景新苑
阁林网苑	锦河苑	帝锦豪苑	侨城豪苑
彩天名苑	荔林苑	东方雅苑	桑达雅苑

深港豪苑	雅铭苑	花鸟苑	军星名苑
万和苑	阳光华苑	**太原**	国风星苑
万科桂苑	**苏州**	东杏苑	浩地馨苑
怡芳苑	馨泰花苑	富康苑	祥居福苑
彩天名苑	滨河花苑	汇丰苑	紫桂苑
城投福滨苑	港澳桂苑	嘉和苑	通达新苑
东方园博苑	格林峰景苑	嘉兴苑	国风星苑
东方新地苑	红菱花苑	金泽苑	祈和新苑
鹤祥苑	华阳花苑	绿军苑	流霞新苑
华兴苑	雅典苑	清荷苑	泽沣苑
沈阳	佳林花苑	盛立苑	新春花苑
爱馨苑	金枫苑	石林苑	和平世家新苑
城建磐苑	锦丽苑	文苑	**乌鲁木齐**
剑苑	乐怡苑	新苑	百信幸福苑
健康·阳光苑	丽景苑	银河苑	宝山苑
金利苑	留茗花苑	永乐苑	富裕苑
泰合苑	龙西缥渺苑	怡华苑	国鑫苑
天光苑	南环花苑	漪汾华苑	江峰苑
万科紫金苑	南林苑	鑫汇苑	金地苑
文萃苑	平齐花苑	**天津**	锦峰苑
雅都苑	狮林苑	菁华苑	锦福苑
银兴苑	网师花苑	水运名苑	锦江苑
御龙苑	新景苑	万福新苑	康泰苑
正昌阳光新苑	银杏苑	嘉华新苑	**无锡**
石家庄	运盛·美之苑	御河湾新苑	长发苑
都市名苑	竹之苑	溪秀苑	凤翔花苑
滨湖·慧馨苑	胥虹苑	红桥新苑	湖滨苑
滨湖·惠馨苑	风华苑	馨佳苑	湖帆苑
富兴苑	澜韵苑	盛仓新苑	吉品名人苑
广安苑	运盛·美之苑	金街庭苑	金乐苑
宏丰苑	紫竹苑	三和新苑	锦明苑
康居东苑	**台湾**	雅庭苑	梁溪苑

五里花苑	金色雅园·金沙苑	新城·枫林苑	滨水香苑
新加坡兴江苑	金星花苑	新大地博雅苑	冰晶兰馨苑
兴隆苑	锦江苑	星光苑	常青苑
银杏苑	锦锈苑	兴华苑	长城别苑
武汉	康泰苑	忠诚花苑	长越苑
枫桥苑	丽景雅苑	阳光新苑	朝阳星苑
枫香苑	丽景苑	颐翠苑	城开·永清庭苑
福星苑	临江苑	颐和苑	城开·天梨阁北苑
光谷·陆景苑	六合苑	永安名苑	翠湖苑
光华苑	绿景苑	御景别苑	大江园·南苑
桂花苑	绿苑	育才嘉苑	大业花苑
翰林苑	玫瑰苑	育才苑	地龙·常青藤名苑
汉江苑	梅花苑	裕景苑	东湖花园·温馨苑
航天星苑	棉花雅苑	园林绿苑	东亚富苑
豪景名苑	明雅苑	月湖景苑	芬香苑
荷花苑	平安苑	云鹤怡景苑	安顺星苑
和平花苑	七星四季花园·汇星苑	忠诚花苑	奥林苑
华港苑	千禧名苑	竹叶苑	百合苑
华乐苑	曲艺苑	紫荆花苑	滨江苑
黄浦雅苑	瑞龙苑	紫阳苑	金沙苑
惠馨苑	沙湖·金港苑	怡博苑	金星花苑
汇福苑	狮龙花苑	鑫涛苑	绿之苑
集贤雅苑	舒心苑	安顺星苑	欧风苑
嘉怡苑	松涛苑	奥林苑	欧景苑
佳海华苑	台北花苑	百步亭花园·丹枫苑	鹏程花苑
佳海茗苑	台北苑	百步亭花园·百合苑	东湖风景苑
佳兴苑	天时·东湖风景苑	百步亭花园·温馨苑	哈佛苗苑
将军家苑	天下名苑	百步亭花园·怡和苑	怡博苑
江北园丁苑	同成富苑	保利名苑	**西安**
江锦苑	统建阳光花园·南苑	宝岛之星·高雄苑	紫薇苑
江南庭苑	旺达花苑	北港春苑	汇翔苑
金榜名苑	文豪苑	碧溪苑	百合苑

湖景嘉苑	心晴雅苑	江南春城·庭院	建安别院
天心梦苑	紫荆苑	美达·学院	**乌鲁木齐**
含光佳苑	枫馨雅苑	湖西庭院	锦祥院
翠花苑	曲江春晓苑	**深圳**	**无锡**
文景苑	丽苑	翰岭院	老轻院
佳和苑	**郑州**	学林雅院	**武汉**
晨光御苑	豫港花苑	博林贡院	普天·居贤院
学林雅苑	百合花苑	左庭右院	**西安**
汉杰天赐良苑	宏远馨苑	卓达院	方信院
都市桂苑	湖光苑	**苏州**	汇鑫温泉都市庭院
金花苑	美好新苑	佳安别院	
莲湖佳苑	明华苑		
太白新苑	泰和苑		
欣景苑	天福苑	◀ **镇** ▶	
秦和花苑	紫来苑		
唐园新苑		**北京**	依云小镇
		DBC 加州小镇	**杭州**
◀ **院** ▶		莱镇	星洲小镇
		北欧小镇	奥兰多小镇
		果岭小镇	苏黎士小镇
北京	锦城庭院	龙山新新小镇	台湾小镇
观唐中式宅院	三利宅院	美林香槟小镇	东郊小镇
水墨庭院	沙河庭院	榆堡小城镇	**上海**
回龙大院	上河新庭院	波恩小镇	美丽香槟小镇
官书院	燕沙庭院	梨园小镇	理想的拿铁镇
万科西山庭院	宗申流溪别院	金地格林小镇	安亭新镇
青春路一院	百佳庭院	棉花城·加来小镇	幸福小镇
紫竹院	晓港美院	理想的拿铁镇	怡水新镇
官书院	绿洲别院	**长春**	世纪梅陇镇
皇家·御院	**重庆**	金昆大镇	泰晤士小镇
万科西山庭院	北城栖院	**大连**	**台湾**
成都	**杭州**	欧洲小镇	百年大镇
建兴百佳庭院	通策·和睦院	**广州**	欧乡小镇

青山镇
法国小镇
元气大镇
西班牙小镇
天津
莱茵小镇
洛卡小镇

阳光小镇
埃维昂依云小镇
欧美风情小镇
武汉
楼观古镇
摩登小镇
金科天湖美镇

◀ **中心** ▶

北京
嘉美国际风尚中心
旺座中心
嘉豪国际中心
银泰中心
金源时代商务中心
中环世贸中心
长安兴融中心
华贸中心
中国国际科技会展中心
亿城中心
百强商贸中心
光华国际中心
尚都国际中心
昆泰国际中心
京贸中心
西贸中心
枫蓝国际中心
新世家中心
科技财富中心
世纪财富中心
富海中心

华贸中心
财智中心
科技会展中心
通用时代国际中心
远大中心
佳汇中心
富顿中心
铂宫国际中心
风林西奥中心
基尔特中心
京都商业中心
领行国际中心
中关村科贸中心
瑞城中心
银网中心
希格玛中心
国际财源中心
庄胜城商业中心
万通中心
怡禾国际中心
西单购物中心
望京购物中心

天元购物中心
赛特购物中心
住邦2000商务中心
国贸购物中心
方庄购物中心
温特莱中心
城乡贸易中心
仟村百货购物中心
北辰购物中心
东环国际中心
百盛购物中心
中关村金融中心
华澳中心
宣兴物业管理中心
恒润中心
华普中心
恒成中心
新世界中心
凯恒中心
企图ATT中心
财富中心
第一上海中心
太阳中心
万柳亿城中心
木樨园世贸商业中心
长沙
湖南财富中心
锡安中心
成都
高盛中心
金沙商业中心
梦幻九寨国际娱乐购物

中心
世界贸易中心
太升通讯中心
重庆
金星科技孵化中心
重庆财富中心
重庆万豪国际金融中心
重庆国际商务中心
重庆国际贸易中心
重庆上海中心
大溪沟生活配套中心
锦天商务中心
重庆喜来登国际中心
重庆南山购物娱乐中心
重庆世界贸易中心
东莞
东城中心
广州
美国银行中心
临江商务中心
富力千禧商务中心
高德中心
南山广场国际化妆品
中心
南方李锦记中心
广州服装汇展中心
港澳江南中心
荔怡中心
中洲中心
时代新世界中心
锦绣商贸中心
宝华商业中心

羊城国际商贸中心
新天河装饰材料商业中心
海景中心
广州国际银行中心
广州国际贸易中心
广州国际康体贸易中心
广州国际服饰展贸中心

哈尔滨
海外发展中心

杭州
华门·自由21华门商务中心
云天·财富中心
明珠商业中心
杭州国际汇丰中心
美达·丽阳国际商务中心
西湖国贸中心
杭州萧山国际商务中心
杭州国际商务中心
浙江环球中心
迪尚商务中心
钱江国际商务中心
华门商务中心

昆明
锦苑花园中心

南京
长安国际中心
恒基中心
南京世界贸易中心
万豪中心

万景园国际会议中心
汽贸中心
南京国际贸易中心
新世界中心
长发中心

青岛
海悦中心
青岛太平洋中心

上海
百汇中心
壹中心
华润中心
昆泰国际中心
北京财富中心
富海中心
企图ATT中心
中关村金融中心
风林西奥中心
市中心
绿洲中环中心
金淙苑e家源·陆家嘴生活中心
永盛苑中心
恒升半岛国际中心
上海新时代商业中心
地王中心
白领公寓新建业中心
大上海国际商贸中心
国峰科技中心
汤臣中心
越恺发展中心

深圳

国际商会中心
诺德中心
新世界中心
富源商贸中心
泰富中心
罗湖商务中心
时代金融中心
龙岗世贸中心
布吉中心
科创商务中心
世界金融中心
城市中心
英龙展业中心
东港中心
会展时代中心
龙盈泰商业中心
国际市长交流中心
怡泰中心
越港商业中心
喜年中心
富源商贸中心
礼顿中心
迎宾商业中心
佳兆业中心
创展中心
富源商贸中心
花园城中心
经贸中心
捷美商务中心
科创商务中心
新龙岗商业中心
星港中心

台湾
几何中心

太原
金港国际商务中心
山西国际贸易中心

武汉
汉正街中心
金源世界中心
京汉能源中心

西安
高新国际商务中心
西安国际奥林匹克中心
西安国际贸易中心
新格瑞拉·湖滨假日中心
财富中心
都市创展中心
秦晋商务中心
西部电力国际商务中心

厦门
鼓浪屿商业中心
育秀中心

香港
将军澳中心
和富中心
新屯门中心
新元朗中心
上水中心
粉岭中心
利登中心
宜安中心
百利商业中心

恒隆中心　　　　　郑州　　　　　　　新华绿洲　　　　　学园绿洲
发达中心　　　　　二十一世纪中心　　广州　　　　　　　天宝绿洲
　　　　　　　　　　　　　　　　　　世纪绿洲　　　　　格调星洲

◀ **州** ▶

　　　　　　　　　　　　　　　　　　雅居乐欧洲　　　　安宁欧洲
　　　　　　　　　　　　　　　　　　翡翠绿洲　　　　　罗山绿洲
北京　　　　　　**阳光加州**　　　丽江花园·星海洲　爱家·亚洲
DBC加州　　　　　 阳光神州　　　　 **杭州**　　　　　　**深圳**
檀州　　　　　　　虹桥加州　　　　　方大绿洲　　　　　城市绿洲
扬州　　　　　　　三岛龙州　　　　　广厦·绿洲　　　　福岸新洲
神州　　　　　　　上海加州　　　　　旅游·绿洲　　　　香荔绿洲
成都　　　　　　同润加州　　　　　通策·在河之洲　　朗晴馨洲
嘉州　　　　　　　锦秋加州　　　　　华立·星洲　　　　振业景洲
南加州　　　　　　**武汉**　　　　　　**南京**　　　　　　晴海洲
杭州　　　　　　南湖加州　　　　　方圆城市绿洲　　　万鑫五洲
开元·加州　　　　宝安·加州　　　　汇林绿洲　　　　　**台湾**
绿城·杭州　　　　**郑州**　　　　　　龙池·翠洲　　　　巧遇欧洲
上海　　　　　　九鼎欧州　　　　　秦淮绿洲　　　　　阅读欧洲
　　　　　　　　　　　　　　　　　　武夷绿洲　　　　　新站欧洲

◀ **洲** ▶

　　　　　　　　　　　　　　　　　　南宁　　　　　　**天津**
　　　　　　　　　　　　　　　　　　都市绿洲　　　　　海逸长洲
北京　　　　　　首座绿洲　　　　　**宁波**　　　　　　**武汉**
上东三角洲　　　　**成都**　　　　　　南都绿洲　　　　　时尚欧洲
长亭绿洲　　　　　青城白鹭洲　　　　**上海**　　　　　　徐东欧洲
都市绿洲　　　　　都市美丽洲　　　　绿野香洲　　　　　紫薇苑欧洲
宏景绿洲　　　　　**重庆**　　　　　　阳光欧洲　　　　　西城芳洲
珠江绿洲　　　　　一城龙洲　　　　　时代欧洲　　　　　高新枫林绿洲
凤林绿洲　　　　　海客瀛洲　　　　　经纬城市绿洲　　　都市绿洲
绿城星洲　　　　　达飞绿洲　　　　　同润加洲
颖泽洲　　　　　　东海长洲
龙岳洲　　　　　　融侨半岛风临洲　　　　　　　　　　 ◀ **筑** ▶
博鳌亚洲　　　　　新城绿洲
美丽亚洲　　　　　**大连**　　　　　　**北京**　　　　　　朝阳雅筑

翠海明筑 亚东·沁兰雅筑 禾风雅筑

东领鉴筑 枫桥雅筑

点晶小筑 **上海** ◀ 庄 ▶

建于果岭的上层建筑 静安雅筑

观山小筑 森香水筑 **北京** 居易莘庄

七星小筑 长宁鉴筑 早安方庄 安盛杉庄

商筑 一品新筑 一品亦庄 海若云庄

光大名筑 东方名筑 白鹭湖山庄 **西安**

漪澜鑫筑 上南雅筑 **长春** 群贤庄

当代名筑 幽兰雅筑 禹实锦华庄 **台湾**

诚品建筑 天裕小筑 **广州** 大麦别庄

玲珑小筑 **深圳** 天一庄 怀石别庄

融墅建筑 优品建筑 **上海** 山林别庄

成都 畔山小筑 新华别庄 艺术林庄

翠堤雅筑 诚品雅筑 桃花源田庄 云庄

清风晓筑 德邻雅筑 云间水庄 总统别庄

新筑 西城上筑 同润别庄 香草山庄

原景晓筑 **台湾**

上锦雅筑 宝仁雅筑 ◀ 座 ▶

广州 建筑

一品新筑 贵筑 **北京** 东华金座

东山雅筑 满筑 朝阳捷座 夏都盈座

文福新筑 水筑 置地星座 紫都金座

丰泽大厦·枫丹雅筑 雅居小筑 鼎源名座 大隐名座

流花彩虹小筑 **天津** 秀苑双座 尚座

力迅上筑 华门明筑 都市星座 国展新座

桂林 **西安** 文城杰座 蓝筹名座

奇峰小筑 城东小筑 天玉铭座 东方银座

杭州 枫丹筱筑 凯景铭座 世捷座

联合·世纪新筑 麒麟雅筑 杰座 大隐·名座

枫桥雅筑 春风城市心筑 黎明新座 **长春**

南京 江风雅筑 世嘉座 长春银座

成都
时尚星座
水岸银座
新和名座
星城银座
紫微银座
天鹅星座
尖东旺座
星河湾·星座

重庆
华夏银座
朵力西城星座
加新仁和欣座
龙湖水晶星座
耀文凯旋星座
北部尚座
中环银座
南坪城市星座
阳光星座

杭州
南都银座
东方金座

南京
金陵名座
亚东·名座
宋都·奥体名座
蔚蓝星座
长发银座

南宁
城市杰座

上海
滨江名座
云山星座
中邦晶座
尚城捷座
徐汇尚座
雍江星座
东方新座
徐汇金座
紫欣新座
星云名座
上海银座
万源杰座
纽约座
同济杰座

深圳
中区王座
东门金座
虹桥星座
城市杰座
东方银座
东门银座
城市东座
中区王座
港岛银座

沈阳
阳光宝座
艺馨座
翰林座

台湾
基泰捷座
萤座
杰座

天津
财富星座
国信捷座
城市星座

武汉
金厦银座
城市星座
东谷银座

西安
梧桐朗座
宏林名座
南方星座
和平银座
100富星座
芙蓉名座

第三章 按核心词眼归类的楼盘名称

◀ 安 ▶

北京
长安新城
天安豪园
和安花园别墅
新安家园
安贞西里
早安方庄
紫金长安
长安西点
左安浦园
长安兴融中心
水郡长安
长安明珠
安圣苑
安慧逸园
安宁里
中安盛业大厦
安宁西里
世安望京家园
安慧北里
长安家园
安和家园
惠安轩
安贞雅园
秀安园
安德馨居
平安发展大厦
颐安别墅
右安大厦

新安中里小区
颐安嘉园
永安综合商住楼
长安俱乐部
方安苑
金航安翔
安馨园
玉安园
晨益安和
鸿安国际大厦
新安商场
双安商场
左安漪园
地安门商场
长安商场
安瑞嘉园
安馨园
安达花园
安宁花园
安立花园
安慧逸园
晨益·安和
国际使馆村·和安花园
鸿安国际
金航安翔
静安苑
恋舍·长安明珠
平安苑
长安星园

长春
绿园安居
圣安综合楼
天安第一城
通安小区
西安花园
长沙
锡安中心
新世纪安居苑
成都
安信花园
重庆
平安·怡和园
润安大厦
天安·仕锦阁
盾安九龙都
平安怡和园
中安翡翠湖
长安丽都
安居恒富苑
长安华都
渝安龙都
平安家园
大连
天安海景花园
东莞
安娜花园
广州
恒安大厦
福安园
利安花园
凤安花园

凤安新居
宜安广场
安泰大厦
泰安楼
泰安居
粤安大厦
永安居
平安居
逸安阁
亿安广场
安富花园
安骏大厦
怡安花园
悦安花园
安华装饰材料城
安富新状元坊
远安楼
新安苑
华景新城·翠安侬苑
德安大厦
桂林
安厦世纪城
静安花园
杭州
大家静安花苑
天安·假日公寓
万安南苑
万安秀水山庄
西湖·定安名都
安居·嘉绿苑
协安·清水公寓
平安居

众安恒隆广场	静安豪景	静鼎安邦府邸	天外翠湖·君安乡村别墅
协安景上	高安公寓	安居花苑	
西湖·定安名都	静安雅筑	静安恬园	安信·湖畔天地坊
昆明	爱建城·佳安公寓	静安鼎鑫家园	安丰小区
安康苑	静安艺阁	静安兴海城	天安别墅
南京	静安阳光名都	锦安公寓	静安花苑
安德新寓	达安圣芭芭花园	静安大闻·丽都苑	静安丽舍
长安国际中心	上安大厦	静安国际花园	静安河滨花园
天安国际大厦	安盛花苑	静安生活恋曲	黎安人家
月安花园	安盛杉庄	安盛景园	东安大楼
安品街鼎新苑	日安清庭	平安大厦	爱建城·佳安公寓
安宇花园	静安康寓	亲访曹安	**深圳**
宁波	申安大厦	明安绿苑·翠庭	新锦安雅园
安居恒富苑	欣安大厦	新安公寓	安柏丽晶
广安里	安顺公寓	宏安家园	新安湖花园
万安花苑	明园小安桥	静安左岸名门	龙安苑
上海	东安公寓	华安苑·柳岸人家	宝安电子城
静安静邸	达安城	欣宏嘉园·千禧静安	天安高尔夫海景花园
静安·偌丁汉	安居朝阳苑	摩登静安	泰安轩
静安·晶华园	新宏安大厦	达安锦园	宝安山庄
静安河滨花园	静安风华苑	亚成公寓·静安华府	华安园
静安景观豪庭	静安枫景苑	宝安新苑	安联大厦
静安枫景	静安四季	福安大厦	宝安海滨广场
安雅筑	欣安基公寓	安基明珠·实华公寓	天安数码时代大厦
安慧北里逸园	静安行家	延安嘉苑	恒安花园
名园·小安桥	天安嘉富丽苑	新静安都市	新安园
长安国际广场	天安花园	静安顺德苑	俊安苑
静安凤凰苑	静安新格公寓	达安花园	**沈阳**
安亭新镇	摩登时代·上海安天大厦	安宁欧洲花园	安化新居
静安桂花园		鑫安公寓	平安馨园
爵士静安	上安公馆	恒安大厦	**石家庄**
君悦静安	明安馨苑	安基大厦	安康花园

宁安小区	新安花园	长安新花园	安宝大厦
广安苑	新世纪宝安花园	**厦门**	同安大唐世家
小安新区	亚安花园·哈佛苗苑		
正安花园	逸安公寓	◀ 昌 ▶	
苏州	永安公寓		
佳安别院	盈安公寓	**北京**	**青岛**
建安别院	永安名苑	昌平鼓楼东大街	昌盛花园
太原	安和九龙阁	恒昌花园	**上海**
安广小区	安顺花园	昌平真顺富山别墅	茗园南昌苑
安康小区	安顺佳园	**长沙**	昌里雅苑
天津	安顺星苑	金昌花园	昌鑫花园
新安花园	安厦花园	**成都**	金昌大厦
福安新锐商务间	安厦花园小区	昌兴和顺苑	昌鑫家园
平安大厦	宝安·加州花园	**大连**	兴平昌苑
大安大厦	宝安·江南村	海昌欣城	昌鑫世纪园
聚安园都市风景	宝安·公园家	武昌公寓	德昌公寓
安吉花园	宝安·山水龙城	武昌花园	昌里花园
永安大厦	宝安花园	武昌小区	昌里薪寓
大安翠微园	宝安中海公寓	**广州**	住友昌盛新苑
怡安购物广场	长安公寓	文昌花苑	昌里新寓
乌鲁木齐	**西安**	金昌大厦	南昌花苑
荣安小区	安定广场	昌龙苑	知音艺园·龙昌苑
雅安公寓	西安大洋商厦	文昌阁	水岸名邸·海昌苑
武汉	西安国际贸易中心	文昌雅居	恒昌花园
富安公寓	西安新城科技产业园	**哈尔滨**	昌达·四季花园
公安新村	21号楼	文昌街综合楼	**深圳**
古田安居花园城	西安招商局广场	**海口**	鸿昌广场
南湖·新世纪宝安花园	西安印象	昌茂澳洲园	鸿昌花园
平安苑	福安花园	昌茂文化广场	福昌苑
平安花园	西安锦园	昌炜城市花园	瑞昌大厦
同安公寓	西安国际贸易中心	**杭州**	龙昌大厦
万安国际公寓	西安旅游大厦	锦昌文华	**沈阳**

正昌阳光新苑

乌鲁木齐

昌乐园

天津

宜昌公寓

武汉

恒昌·欧景华庭

◀ **诚** ▶

北京

嘉诚花园

诚苑小区

诚品建筑

成都

钰诚花园

广州

伟诚广场

椰诚阁

天诚广场

中诚广场

侨诚花园

椰诚苑

锦诚花园

上海

德诚大厦

上海虹诚大厦

诚信大厦

◀ **城市** ▶

北京

恒昌花园

金昌商业城

荣昌花园

万源昌小区

泰昌公寓

昌龙城市花园

天诚花苑

深圳

中航鼎诚国际

诚品雅筑

石家庄

华诚北园

华诚园

乌鲁木齐

诚盛花园

天津

诚基中心国际公寓

武汉

廉诚大厦

忠诚花苑

诚成文化广场

西安

志诚大厦

友诚生态名苑

大雄城市花园

新城市经典

城市芳庭

城市月光

城市时尚家园

当代城市家园

城市印象

城市复兴

万科城市花园

丰益城市花园

城市亮点

瑞景城市花园

珍传城市

长春

万科城市花园

长沙

天心城市广场

成都

城市物语

城市阳光

城市之心

大地城市脉搏

水都城市花园

万科城市花园

新城市广场

芝芝城市花园

大观城市花园

重庆

城市港湾

城市今典

大同方·城市公寓

广胜·城市街

晋愉城市彩园

竞地城市花园

城市传说

浩立城市花园

城市之光

金玉满堂城市花园

春风城市心筑

昌龙城市花园

阳光100城市广场

归谷城市美墅

城市江山

南坪城市星座

达美城市花园

东莞

城市花园

广州

金迪城市花园

新光城市广场

万科城市花园

城市假日园

自在城市花园

番禺城市花园

中怡城市花园

新城市玥秀

贵阳

贵山城市花园

天恒城市花园

兴隆城市花园

中海城市花园

哈尔滨

龙电城市花园

海口

昌炜城市花园

嘉华城市花园
万恒城市花园

杭州

e世纪·城市花园
城市心境
福田·城市花园
华达·城市花园
锦天城市花园
利兹城市公寓
平凡里城市公寓
浅水湾城市花园
容大·五环城市花园
新城市广场
新金都城市花园
蓝天城市花园
景江城市花园
华海园城市住宅

南京

城市假日广场
方圆城市绿洲
城市高尔夫
华阳·城市心境
家天下·城市桃园
汇苑城市新村
枫丹白露城市花园
城市先锋
朗诗城市广场
新城市广场
万科·光明城市
城市碧园
城市花园
城市杰座

城市之光
金之岛城市广场
阳光100城市广场

上海

中凯城市之光
精文城市家园
万科城市花园
城市之星
第九城市
城市月光
东方城市花园
城市经典
经纬城市绿洲
蔚蓝城市花园
城市别墅
城市丽景
城市艺术季
城市星光
金帝城市岸泊
城市新邸
城市名园
运杰城市花园
大上海城市花园
光明城市
城市山林
城市生活馆
嘉年城市新苑
永久城市花园
虹桥城市花园
华能城市花园
复华城市花园
城市丽园

城市桂冠
公园城市
绝对城市
卢湾城市花园

深圳

劲力城市明珠
城市山谷
城市绿洲花园
招商城市主场
万托城市赢家
城市中心花园
城市3米6公寓
田面城市大厦
阳光城市家园
城市杰座
城市花园
城市东座
城市天地广场
城市印象家园
旭飞城市广场
城市假日
城市山林花园
城市山域

沈阳

龙汉城市花园
中联城市阳光

石家庄

万信城市花园

苏州

润达城市家园

天津

城市东景

城市阳光
城市别墅
城市之光
城市之星
城市雅韵
宁河城市艺墅
宝坻城市艺墅
城市艺墅
武清城市艺墅
新城市花园
城市星座

乌鲁木齐

城市花园

武汉

福星城市花园
高尔夫城市花园
汉信城市花园
桃花岛城市花园
城市星座
新大陆城市花园
鑫汉城市花园
长江城市花园
城市花园
城市之光

西安

雅荷城市花园
东新城市花园
东方城市花园
城市风景
紫薇城市花园
雅荷城市花园
城市邮景

海星城市广场
城市浩星
城市之眼

郑州
建业城市花园
明辉城市花园

◀ 创 ▶

北京
创时园
首创拓展大厦
创业者家园
天创世缘
创业园
盈创动力
首创空间
北大博雅创业大厦
创富大厦
长沙
创远景园
成都
力创枫叶锦
重庆
创景2000
同创奥韵
高创锦业
创新绿色家园
同创国际
同创米兰天空
创新绿色家园
华创国际商务酒店
创克科技大厦
广州
创业园

新创举大厦
贵阳
创力花园
中创联合SOHO大厦
创世纪新城
济南
中创开元山庄
南京
创新滨江广场
同创·九龙盛世园
宁波
创业天下
上海
创意虹桥
创富元年
绿地科创大厦
创欣南苑
创联金海花苑·学园
　绿洲
同达创业大厦
创世纪花园·纽约座
创智年代
创世纪河滨花园
白领·创世纪花园
深圳
创新科技广场

创富时代名苑
创世纪滨海花园
科创商务中心
九州创展大厦
创展中心
创意侨苑
台湾
创邸
天津
青年创业广场

◀ 春 ▶

北京
家春秋
青春苑
沁园春景
春泽园
明春苑
青春无限
锦秋知春
知春时代
北潞春绿色生态
翠堤春晓
青春汇馆
知春里
青春路
柏林春天
沁春家园
北欧春天
澳林春天
春泽苑别墅

创业基地
武汉
尚文创业城
SBI创业街
东创仕际
东创仕佳
创业农庄
西安
都市创展中心

春华屋
东方太阳城·富春园
青春雅舍
明春庄园
阳春光华家园
长春
长春豪园
长春明珠
长春万科城市花园
长春银
春城小区
长沙
沁园春
左岸春天
成都
草堂之春
晨光春花春熙苑
城南春天
春禧时代

春语花间
翠堤春晓
红石居·春禧前景
莱茵·春天
校园春天商业街
幸福春天
紫荆春天
阳光世界·青春派
春熙苑
春天花园
廊桥水岸春天
上尚春天花园
春风翠柳
春江花月
春禧前景

大连

春和花园

广州

春晖闲庭
恒德苑春风阁
春江花园
广信春兰花园
香榭里春天
迎翠春庭
春庭花园
春雷苑
春晖花园
华港花园·沁园春
小城之春

桂林

春江苑

杭州

春江·大奇山居
春江花月
春江时代
菲达·春江绿岛
富春·泉水湾
富春江花园
华瑞·沁园春
江南春城
金都·富春山居
绿城·春江花月
美达·学院春晓
南肖埠·庆春苑
时代·长岛之春
天河·富春湾
维也纳春天
绿野·春天
大地春天
钱塘春晓花园
东河春晓
庆春发展大厦
春江时代·东南华府
春城大厦

昆明

春晓花园
华春园

南京

21世纪·巴黎春天
春江新城
南湖春晓
春天家园
盈家春天

南宁

汇春名庭
汇春广场

宁波

江南春晓

上海

金鼎花苑·春江花月城
大宁家园·歌林春天
春天佳境
上海春城
春申城
江南春堤
百林春天
春申景城
苏堤春晓名苑
春江锦庐
小沪春秋
莘庄沁春园
春申复地城
柏林春天
金地格林春岸
绿地春申花园
幸福春天
三春汇秀苑
巴黎春天
春辉苑
写意春秋·双城苑
巴黎之春
望春都市家园
上南春天苑
碧绿春舍
春满园公寓
宝林春天

春申城都市苑
春之声·中星公寓
世纪之春花园
春岚苑
沁春名邸
春港丽园
春满园公寓
春天花园酒店公寓
翠堤春晓·春意苑
上海之春·复华城市花园
长春新苑
莱茵春舍
金地格林春晓
春申城四季苑
春申家园
春天花园

深圳

青春庭园
世纪春城
荔林春晓
洪湖春天
青春驿站
青春家园
春天广场
庐江春天公寓
春晖苑
青海大厦
春华四季园
春风家园
春树里
英伦春天

知春里
沈阳
宜春园
苏州
奥林春天
东方·春晓
台湾
班芙春天
春木町
春树
春扬薇阁
薇阁春天
大湖春天
再兴春天
春虹e吉邦
春风达人
天津
百合春天
莱茵春天
美震格蓝春天
万春花园
格调春天
青春南里小区
春风里小区

新春花苑
春厦小区
先春园
乌鲁木齐
北国春城
武汉
汉口春天
汉盛·关山春
江南·春树里
满春花园
南湖华锦·春天故事
鹏程春城
卧龙·剑桥春天
沁园春
北港春苑
长春小区
春天公寓
翠堤春晓
西安
世纪春天
东南春晓
雅荷春天
春天商业广场
曲江春晓苑

◀ 翠 ▶

北京
翠海明筑
翠福园
新翠景园
翠微嘉园

西翠芳庭
翡翠城
翠谷玉景
翠堤春晓
依翠园

翠湖别墅
翠微写字楼
翠屏北里
晴翠园
翠林清境
奕翠庭
翠屏南里
阳光翠园
翠屏花园
碧翠园
风景翠园
翠微生活·静源居
蝶翠华庭
翠堤花园
翠湖花园别墅
翠城
长沙
丽江翠园
鑫宇翠庭
成都
青城·翠朗园
翠堤春晓
翠堤雅筑
翠拥天地
翠云庭
叠翠城
华润置地翡翠城
十里翠苑
锦宏·翠苑
春风翠柳
重庆
翠堤春晓

凌江翠屏
绣景翠庭
景翠庭
翠湖雅居
中安翡翠湖
翠湖柳岸
东莞
雅翠花园
雁翠花园
涌翠庭
广州
嘉洲翠庭
万博翠湖花园
雍翠园
翠山美庭
翠园
翡翠明庭
金碧翡翠华庭
逸景翠园
南翠苑
绿茵翠庭
云山翠苑
翠城花园
映月翠庭
益鹏翠苑
倚翠轩
西关翡翠
盈翠华庭
万翠苑
怡翠花园
翠雅苑
蝶翠新居

叠翠台	翠怡居	四季翠岭	锦翠苑
翡翠绿洲	**贵阳**	星河翠庭	御翠园
云天翠庭	翠碧苑	泰翠花园小区	京邸翠庭
鸣翠花园	翡翠新村	**南宁**	翠堤春晓·春意苑
郁翠居	**海口**	翠湖新城	纯翠上南
汇侨新城·汇翠阁	翠玉园	翡翠园	挹翠名门
迎翠春庭	**杭州**	绿城·翠堤湾	天外翠湖·君安乡村
翠福居	青山翠湖	振宁翠峰	别墅
翠竹苑	三江·鸣翠桃源	**上海**	南部阳光翠庭
翠逸家园	赞成·荆山翠谷	亚星·拥翠山庄	中虹翡翠园
翠丽苑	发展绿城·翡翠城	阳光翠竹园	金桥盈翠庭
翠锦阁	华盛·星洲翠谷	上海·叠翠别墅	虹桥阳光翠庭
翠湖山庄·御庭苑	大明翠庭	纯翠江南	**深圳**
逸翠居	天业翠苑	新月翡翠园	翠盈嘉园
翠湖山庄	**昆明**	岭南翠庭	翡翠明珠花园
翠岛居	翠明园	复地翠堤苑	翠沁阁
城西花园·翠林居	**南京**	翡翠苑	鹿茵翠地
半山翠庭	翠岛花城	华丽家园·赏翠时代	翠馨居
华翠苑	翠岭居	环球翡翠湾	叠翠居
华翠居	翠屏·清华	叠翠上南	银翠苑
东翠花园	翠屏国际城	翡翠名人府·福海公寓	雍翠豪园
江南翠菊园	翠屏湾花园城	阳光翠竹苑	翡翠华庭
雅怡花园·翠怡居	翰海翠庭	叠翠别墅	翠景山庄
映翠桃园	汉中翠庭	上海徐家汇·汇翠花园	翠堤湾
倚翠豪庭	恒辉·翡翠城	太湖翠峰山庄	翠堤雅居
翠馨华庭	江山·万欣翠园	绿邑叠翠	云顶翠峰
碧翠楼	金基翠城	盈翠豪景	都市翠海华苑
晓翠花苑	康桥翠湾	海虹苑·翠庭苑	翡翠名园
翠景苑	龙池·翠洲	中海翡翠湖岸	景亿山庄翠鸣居
翠雅苑	龙翔鸣翠苑	品翠苑	玲珑花苑·翠景苑
翠逸家园	千峰彩翠	明安绿苑·翠庭	翠谷居
华景新城·翠安侬苑	仁恒翠竹园	翡翠湾公寓·现代华庭	皇家翠苑

盈翠家园	义堂翠园	将军·翠林居	碟翠阁
翠锦苑	**苏州**	青翠苑小区	**厦门**
鸣翠谷	翠坊易居	颐翠园	金地翠园
傲翠庭	翠园新村	颐翠苑	**香港**
阳光翠园	新明园·挹翠华庭丶	翠堤春晓	浪翠园
庐峰翠苑	**台湾**	翠湖苑	宝翠园
翡翠郡	师苑翠堤	**西安**	盈翠半岛
宝翠居	拾翠山庄	翠华大厦	蝶翠峰
翠林别墅	润泰翡翠	翠花苑小区	**郑州**
雍翠华府	**太原**	西雅图翡翠城	翠园锦荣世家
金地翠园	永乐苑翡翠		
中海怡翠山庄	**天津**	◀ **德** ▶	
翡翠园山湖居	翠溪园		
叠翠新峰	翠园中庭	**北京**	德茂佳缘
瀚海翠庭	远翠中里	嘉德公寓	德胜世嘉
丽日翠庭	米兰翠景诺克	德国印象	德露苑
翠拥华庭	翠金园	双裕德邻	龙德嘉园
翡翠园	翡翠城	德胜新城	品德
山海翠庐	新厦翠水园	德胜科技园	德秀轩
宝翠山庄	东海大安翠微园	德林逸景	德隆家园
翡翠星空	岸翠湾花园	兰德华庭	朗斯芳德
逸翠园	都市桃园逸翠华庭	信德新时代	**长春**
揽翠阁	翠园里小区	德国楼尚	奥华德公寓
翡翠园山湖居	米兰翠景	德邑新时空	**长沙**
翠怡豪苑	翠阜新村	润枫德尚国际公寓	德邦新村
翠枫豪园	翠景芳邻	安德馨居	德馨园
翠海花园	翠湖温泉花园	鑫德嘉园	**成都**
翠雅居	**乌鲁木齐**	博雅德园	德意馨苑
翠竹新邨·鹿鸣园	恒翠花园	德胜置业大厦	丰德国际广场
沈阳	**武汉**	德外住宅区	海德花园
红田翠园	复地翠微新城	海德堡花园	**重庆**
石家庄	阜华·翠畔湾	远洋德邑	德艺大厦

康德27度生活空间	隆德大厦	广德苑	景德路改造街坊
海德燕窝小区	德安大厦	静庐懿德公寓	**台湾**
海德花园	**哈尔滨**	颐德名苑	歌德堡
海德福苑	承德·南和	建德花园	歌德花园
海德旭苑	宣德国	德诚大厦	德安印象
海德春洪苑	**杭州**	瑞德公寓	德安双囍
长德东经29度	南都德加公寓	中祥哥德堡	**天津**
广州	嘉德广场	学府双星·通德苑	懿德园
文德广场	福雷德广场	惠德公寓	海德公寓
洪德楼	**南京**	嘉德坊	圣德园
洪德居	安德新寓	德昌公寓	德林公寓
聚德花苑	国信·利德家园	八月桂林·怡德苑	德景蓝郡
金德苑	玛斯兰德	康德公寓	博德花园
恒德苑	德盈双城	德阳花苑	信德大厦
高德中心	海德商厦	建德南郊别墅	德丰花园
同德上步花园	德基大厦	大家源虹德苑	德景花园
历德雅舍	玛斯兰德	德华苑	德恩公寓
同德花园	海德卫城	常德名园	赛德广场
德怡居	拉德芳斯	静安顺德苑	万德花园
德正轩	**南宁**	海德名园	**无锡**
嘉德园	文德大厦	怡德苑	德福花园
泽德花园	**上海**	申德公寓	**武汉**
侨德花园	恒德花园	泰德苑	德富花园
德兴苑	仁德坊	大德公寓	德润大厦
德心花园	建德坊	**深圳**	德盛大厦
德盛苑	品味人家·同德公寓	诺德中心	**西安**
德宝花园	海德花园	育德佳园	明德花园大厦
大德大厦	德福苑	文德福豪园	明德雅园大厦
一德花园	禄德嘉苑	德福花园	明德景园
海德花园	海德公寓	德邻雅筑	明德广厦
德丰名轩	黄金水岸·嘉德公寓	德兴城	明德怡心居
棠德花苑	宜德苑	**苏州**	**厦门**

艾德花园　　　　立德大厦　　　　帝欣豪苑　　　　鹏程·帝景园

香港　　　　　德胜广场　　　　东帝海景家园　　润帝嘉园

德福花园　　　　　　　　　　　　帝廷峰　　　　　东方帝园

　　　　　　　　　　　　　　　　帝锦豪苑　　　　帝标

◀ **帝** ▶

　　　　　　　　　　　　　　　　帝景园　　　　　**香港**

　　　　　　　　　　　　　　　　帝景峰　　　　　帝后华庭

北京　　　　　**广州**　　　　**台湾**　　　　帝庭轩

云景帝成　　　　珠江帝景苑　　　帕华洛帝　　　　帝柏海湾

凯帝克大厦　　　帝景山庄　　　　金石皇家帝国　　帝琴湾

珠江帝景　　　　帝景华苑　　　　**武汉**　　　　帝宝楼

鑫帝大厦　　　　帝景苑　　　　　南方帝园　　　　帝涛轩

成都　　　　　**杭州**

金巴黎凯旋帝景　水岸帝景　　　　　　　◀ **第** ▶

凯莱帝景　　　　金帝公寓

重庆　　　　　金帝金色钱塘　　**北京**　　　　第九交响

帝豪·怡庭　　　金帝文源广场　　国美第一城　　　第三地

帝豪名都　　　　**南京**　　　　　第三极　　　　**重庆**

帝景名苑　　　　帝豪花园　　　　第八街　　　　　第一大道

帝豪丽都　　　　**青岛**　　　　　华龙美树·第五站　**广州**

帝骏阁　　　　　金帝山庄　　　　第三置业　　　　第三金碧花园

富比帝物业　　　**上海**　　　　　国门第一广场　　黄岐第一城

帝庭轩　　　　　兆丰帝景苑　　　第一城　　　　　第一城商业广场

帝都广场　　　　名仕苑帝庭阁　　中国第一商城　　新世纪豪园第一居

帝豪怡庭　　　　金帝城市岸泊　　第一都市　　　　**南宁**

帝国大厦　　　　帝景苑　　　　　第七街区　　　　第5大道

帝景摩尔　　　　虹桥帝凡尼花园　第五大道　　　　第一印象·金湖汇富

帝豪雅苑　　　　帝涛湾　　　　　第一上海中心　　**上海**

帝豪峰　　　　　帝庭阁　　　　　**长春**　　　　第九城市·浦东虹桥

帝豪巴南印象　　**深圳**　　　　　天安第一城　　　　花园

大帝花园　　　　帝龙广场　　　　**成都**　　　　　第七街区

东莞　　　　　帝港海湾豪园　　第5大道　　　　第一城

帝豪花园　　　　帝涛豪园　　　　第V大道　　　　中国第一商城

第五大道·东方中华园
幸福第二公寓
上海第五季

深圳
第五大道
万科第五园
第五公社

台湾
第 5 大道

第五文明

天津
第 7 领地
顺驰第壹城
第 6 大道·第博雅园
第 4 杰座
第 6 田园

香港
沙田第一城

◀ **东** ▶

北京
上东三角洲
世纪东方城
东一时区
东区国际
东山墅
东岸
东恒时代家园
东领鉴筑
逸成东苑
阳光上东
葡东住宅小区
正东国际大厦
东晶国际
东旭花园
东关小区
东方广场
阳光好东东
东方城
建东苑小区

紫东苑
东方比华利花园别墅
美景东方
东环风景
东风时代
府东苑
日月东华
富东嘉园
御东花园
东恒时代家园
东湖湾
东花市小区
东阁雅舍
东卫城
东方太阳城
东华经典
东方瑞景
东方之子
梨园东里
建功东里

东环居苑
安慧东里
东景苑
东华金座
东土城住宅小区
东润枫景
东风家园
京东丽景苑
东丽温泉家园
东瑞丽景家园
东升园小区
东环国际中心
东域大厦
东升大厦
东环 18
石园东苑

长春
东方伯爵
东南阳光
东新小区
东兴时代家园

长沙
东方新城
东方之珠
海东青大厦

成都
东成西就
东城佳苑
东方桂苑
东方花园
东方明珠花园
东湖御景

东华电脑城
东景康庭
东景丽舍
东景丽苑
东润风景
东润风尚
锦江东湖花园
东珠美地
环东新苑
郦景东城
上东阳光
桃都自由东方
东润理想居
东恒国际
尖东旺座

重庆
东方家园
东海·金港湾
东海福苑
东和春天
东和湾
建东大厦
皇冠东和花园
新东福花园
上海东方花苑
穗东花园·立源地
旭东·家天下
穗东莲花国际
东和银都
东方紫竹苑
东海金香庭
茂业东方时代

东海长洲	明珠东苑	云东小区	东方俊园
东方曼哈顿商务公寓	广信桥东大厦	云东花园	东河世纪大楼
东和风情街	东山天伦花园	桥东小区	东河春晓
长德东经29度	东山水恋	桥东雅苍苑	东方金座
俊东颐合苑	东山龙珠大厦	远东大厦	新东方大厦
东方雅园	东怡新区	东方新世界	**济南**
东方山水	东海花园	东翠花园	东旺家园
东方之骄	东洲大厦	东明居	历东花园
大连	东圆新村	富力东堤湾	林东花园
东北名苑	东悦居	新世界东逸花园	文东花园
东明阁	东逸豪园	东川大厦	逸东花园
东特新居	东兴苑·兴业花园	东银广场	**昆明**
东莞	东方夏湾拿	东润闲庭	东方广场
东城名苑	东晓苑	东山锦轩	东方玫瑰园
东城商贸花园	东晓花苑	**贵阳**	江东丽景园
东城中心	东圃顺景大厦	东宝花园	**南京**
东湖花园	东晓大厦	东方大厦	东宝盛世嘉园
东糖花园	东盛大厦	万东花园	东城风景
东田丽园	东圃广场	**桂林**	东城家园
中信东泰花园	东鹏花园	东方花园	东城水岸
广州	东浚荔景苑	**哈尔滨**	东渡滨江大厦
美东大厦	东辉花园	东方明珠公寓	东方城
东山公馆	东环商厦	东方友谊大厦	东方华城
东方都会广场·上寓	东华楼	东莱祥泰花园	广成东方名城
东雅轩	东湖豪苑	东兴大厦	东方名苑
东逸花园·蓝谷	东方广场	**杭州**	东恒·阳光嘉园
东湖御苑	东方之珠花园	东海·名仕家园	东湖丽岛
东华花园	东方明珠花苑	东海·水漾人家	美林东苑
东方白云花园	东方花苑大厦	东南华府	东郊美树苑
东山雅筑	东成花苑·紫林居	东海花园	东南花苑
东山华府	东成花苑	东信莱茵园	莱茵东郡
东海嘉园	东璟花园	中房运河东苑	浦东花园

亚东名座	东源丽晶别墅	东苑绿世界	南翔东海别墅
亚东花园城	东区国际	东渡名人大厦	东泰大厦
银城东苑	东方城市花园	东方御花园	东银茗苑
华东五金城	东方星座	东银曲阳花苑	东方滨港园
东鼎大厦	东方花园	金龙东苑	碧云东方公寓
东篱别墅	银东大厦	东兰世茗雅苑	东海街园
东郊小镇	兴东佳苑	东苑	东方丽都
大东门商业步行街	东珂臻品	伊东苑	华东花苑
东方天郡	东方莱茵	东田公寓	东方曼哈顿
东山阳光新城	东湖大厦	东城时代华庭	东苑米蓝城
亚东城	东湾小区	东安公寓	东方云顶
南宁	东方伦敦花园	东方康洛	东陆锦悦苑
琅东小区	东泉新村	东方佳年华	东湖铭苑
东城美景	东方文苑	东海园	康泰东苑
东方明珠花园	东苑新视界	东旺雍景苑	东方广场
东葛华都	东方港湾	东方苑	东方夏威夷
宁波	东南华庭	东方丰甸苑	邻岸东方
东海花园	东方知音	东方巴黎	东浩枫景苑
江东新世纪	东方名园	东兴华苑	东淮海公寓
青岛	东方龙苑	东方家年华	龙东花园
东部绿色	东苑大千美墅	东方名筑	东靖苑
东方花园	海东公寓	东方鹿特丹	东怡花苑
东海世家	东晶国际	东新苑	玉华东苑
东南新苑	怡东花园	东新大厦	东晖花苑
上海	东沟新村	宝地东花园	东方佳苑
东渡远景别墅	东郊花园	东方中华园	东方太古花园
飘鹰东方花苑	东明苑	东方丽景	东业大厦
东苑新天地	明珠东苑	东林苑	东方名城
东苑半岛	东泰花园	东宫世家	易居东城
东兰新城	东渡园景别墅	东新大楼	东方雅苑
东方苏荷	东上海新城	东方新座	东珂花苑
浦东世纪花园	东苑利景花园	东方汇景苑	东方剑桥

紫东新苑	布吉东大街	东帝海景家园	东方豪寓
东兰兴城	东埔文和园	东和大厦	东港嘉园
东方日出苑	东方时代广场	东方银座	东杏苑
红叶东苑	东门天下	京基东方都会	桥东小区
东方金门花园	东湖豪庭	东门银座	远东公寓
东郊长岛别墅	东方科技园	海怡东方花园	**天津**
东苑怡和苑	红树东方	东森花园	城市东景
东方都市	东悦名轩	海语东园	日出东方
东方异彩	东方雅苑	东部阳光花园	东盛园
东亚新苑	东方国际茶都	东方半岛花园	铁工东里
东安大楼	东埔海景花园	东帝海景花园	万科东丽湖
东川花园	万科东海岸	**沈阳**	富山东晶花园
东苑利华	东埔福苑	城建东逸花园	东尚
浦东虹桥花园	东门金座	东大智慧园	紫东温泉公寓
东方伦敦	东方凤雅台	东盛花园	东海岸翠湾花园
东方时空公寓	东物商业大楼	**石家庄**	日出东方君临傲景
沪东大厦	东湖新地带	东方·阳光园	东区商务坐标
深圳	东方欣悦居	东方花园	东方商业街
京基东方华都	东方沁园	东海大厦	东盈园
东都雅苑	东门国际广场	东简良新村	东城坐标
东海花园	鸿翔御景东园	东兴小区	鑫东国际公寓
东方新地苑	东方美地苑	东龙花园	顺驰东屏园
深国商东方会	东门168	康居东苑	**无锡**
东方海雅居	东滨华苑	卓达东方服装城	东河花园
东海岸天利明园	东海丽景花园	**苏州**	**武汉**
锦绣东方	东海花园君豪阁	东湖大郡	关东康居园
洪湖东岸	东港中心	东吴花园	惠东小区
东方威尼斯花园	东方玫瑰花园	**台湾**	尖东智能花园
万科东海岸	东方富苑	东方山河	天时·东湖风景苑
东方尊峪	福涛东园	**太原**	小东门现房
瀚海东岸	东江豪苑	大东关住宅楼	新地·东方花都
东方威斯	园东花园	东大盛世华庭	新地·东方华府

徐东欧洲花园	东辉花园	嘉都大厦	名都花园
紫东馨居	东辉时代	晶都国际	**成都**
大东门公寓	东林外庐	花都盛景	都崇小区
长青东村小区	东龙世纪花园	名都园	都江花园
城开东亭花园	东亭花园	尚都国际中心	都江堰花园
东创仕际	东星公寓	丽都水岸	都鹏花园
东创仕佳	东亚富苑	紫都学苑	华都星公馆
东方帝园	东自大厦	兴都苑	江都花园
东方工业园	东鑫·鑫海花城	都市星座	江都名园
东方花城	东鑫商住楼	定都山庄	金都花园
东方花园	**西安**	依都阁公寓	锦都园
东方华尔兹	东兴科技大厦	都景苑	京都印象
东方江景园	东新城市花园	新都丽苑	丽都美语
东方莱茵	东城桃园	天都广场	世大厦
东方名园	东尚	首都时代广场	蜀都花园
东方时空	东升商务公寓	瑞都国际	水都新城
东方夏威夷国际花园	城东小筑	京都商业中心	桃都自由东方
东方现代花园	东方濠璟商务大厦	夏都盈座	天盛驿都锦绣
东方阳光城	东圣公寓	新都市计划	香都美地
东风·阳光城	东南春晓	紫都金座	银都花园
东谷银座	东方之星	圣都大厦	御都花园别墅
东湖·香榭水岸	**厦门**	世都百货	置信丽都花园
东湖花园·温馨苑	东方明珠	都城科技大厦	置信逸都花园
东湖林语	东方名园	望都家园	成都国际公寓
东湖名居	新阳名仕阁·房东时代	宾都苑	成都花园
东湖山庄	**香港**	都会华庭	**重庆**
东湖熙园	东港城	都会国际	华宇名都城
		君都花园	江都怡园
◀ **都** ▶		今都王府	金都香榭
		长春	雾都大厦
北京	盈都大厦	都会 1+1	银都公寓
中都大厦	瑞都公园世家	**长沙**	万凯新都会

龙湖紫都城	广厦天都城	鸿都大厦	都林嘉园
鼎盛新都会	爱都·枫丹白露	明都雅苑	新都城公寓
郡都彩舍	国都·崇文公寓	天都芳庭	都林龙苑
新城丽都	国都家园	新大都大厦	Office2010丽都大厦
瑞迪荣都	华都·兰庭国际	鑫都公寓	金都花好月圆
帝都广场	金都·富春山居	兴都花园	都丽景·新珠苑
缙麓商都雅苑	金都·清宸公寓	亚都锦园	新都花苑·上海早晨
金字塔·金都会广场	金都华府	御都花苑	金都雅苑
康隆盛大都会	金都华庭	京都花园小区	名都公寓
金都雅园	金都新城	金陵世纪花园·鸿都大厦	莘都巴洛克
金易都会	金世纪·星都家园		亚都国际名园
东莞	锦都嘉园	宋都·奥体名座	西部名都花园
都会广场	京都花园	海都嘉园	共富富都园
广州	绿都·百瑞广场	绿都温泉度假山庄	中虹花园·新都苑
爱都铭轩	绿都·世贸广场	名都苑	银都名庭
宏宇广场·新都城	南都·江滨花园	**宁波**	银都名墅
利都大厦	南都·西湖高尔夫别墅	丽都名邸	融都金桥园
富都商贸大厦	南都·萧山白马公寓	**青岛**	汇都大楼
阳光都会广场	南都德加公寓	金都碧海山庄	新都会别墅
十甫名都商厦	南都林语别墅	银都景圆	新贵都·曹杨新苑
大都会广场	南都银座公寓	**上海**	银都佳园
丽都国际	宋都·采荷人家	国际丽都城	上海豪都国际花园
爱都新天地	宋都·凯旋苑	新都花园	欧洲豪庭·韵都城
东方都会广场·上寓	宋都·梅苑人家	皇都花园	南都白马花园
贵阳	宋都·桐江花园	华欧南京舜都·生活理想园	都林龙苑
新都花园	西房·星都嘉苑		丽都别墅
海口	兴财·名都苑	盈都大厦	云都新苑
金都花园	绿都·四季花城	紫都·上海晶园	亚都国际名园
金椰都滨海花园	**济南**	大都会和风别墅	同领都会
丽都花园	欣都小区	名都城	云都苑
杭州	**南京**	新贵都万体景苑	静安大闻·丽都苑
大都·文苑风情	广都苑	十里都华	金都花好悦园

中虹丽都苑	都会轩	贵都大厦	锦都花园
丽都新贵	都荟名苑	金厦新都花园	唐都温泉花园
南都韵园	**沈阳**	**武汉**	**香港**
鑫都佳园	华都新村	江都仕嘉	新都城
新华都商务花园	绿都百合园	名都花园	都会駅
仙都绿苑	雅都苑	新都国际嘉园	泓都
丽都康城	**石家庄**	滨湖名都城	新都会广场
云都公寓	燕都花园	新都市花园	**郑州**
万都花园	燕都金地城	**西安**	宏都花园
森都公寓	银都花园	金都大厦	晖达商都公寓
丽都成品	**苏州**		
华亭大都会	贵都花园	◀ **都市** ▶	
璟都新园	名都花园		
名都新城	**台湾**	**北京**	都市美丽洲
华都公寓	都会通	都市绿洲	都市欣城
贵都苑	都摩市 KIMO	意华田园都市	交大都市花城
富都花园	玖都银座	都市网景	玉林都市金岸
爱都公寓	银河水都	都市星座	远大都市风景
深圳	升阳立都	都市节奏	博瑞都市花园
东都雅苑	**太原**	阳光都市	育才都市家园
时代都会	洋都家园	都市晴园	**重庆**
百合银都国际	**天津**	都市芳园	都市风采
蓝天绿都家园	津都大厦	都市馨园	都市春天
海都花园	雅都天元	都市 T 站	都市桃源
都会 100	龙都商务写字楼	第一都市	兴地都市方舟
金色都汇	龙都商务大厦	都市心海岸	都市花园
龙都名园	新都庄园	都市经典家园	渝能都市经典
华都花园	龙都馨园时代新城	**长沙**	华新都市花园
皇都广场	津滨雅都公寓	都市本色	鹏翔都市丽景
国都高尔夫花园	龙都花园	都市先锋	都市庭园
京基东方都会	艺都花园	**成都**	**大连**
金茂礼都	都旺新城	博瑞都市	都市海景

东莞
怡丰都市广场
广州
都市之眼
天河都市广场
金碧都市广场
都市华庭
贵阳
都市之星
鸿基都市花园
阳光都市
桂林
都市之光
杭州
e世纪都市知音公寓
都市华庭
都市港湾
凤起·都市花园
三华园都市公寓
通和·都市枫林
新金都城市花园
昆明
都市名园
南京
都市公社
都市华庭
都市绿洲
青岛
都市驿站
太阳都市花园
上海
金铭·新水岸都市

明园森林都市
品家都市星城
万邦都市花园
卢湾都市花园
上海莘城·都市情园
都市宜家
嘉宝都市港
金桥都市花园
望春都市家园
春申城都市
都市花苑
太阳都市花园
佳信都市花园
森林都市花园
博园·都市精品
都市水乡·宜嘉苑
都市华庭
新静安都市
都市山庄
东方都市
海伦都市佳苑
深圳
都市丽舍
都市E站
都市魅力商城
都市翠海华苑
都市本色
都市千千汇
都市名园
都市花园
沈阳
都市港湾

石家庄
SOHO都市名苑
都市桃源
苏州
都市花园
太原
都市豪情
天津
都市花园
万科都市花园
都市桃源
聚安园都市风景
都市坐标
武汉
南湖·都市桃源
新都市花园
新世纪都市花园
中国·武汉佳海都市
　工业基地
都市花园

北京
荣丰2008
丰体时代花园
永丰嘉园
益丰新景
丰台科学城
丰汇园
兴丰家园
金丰园

都市经典
楚天都市花园
西安
枫叶新都市
汇鑫温泉都市庭院
都市邻里
紫薇田园都市
都市桂苑
伟业都市远景
都市创展中心
都市名邸
都市绿洲
天兴都市花园
都市朝阳
厦门
都市恬园
郑州
华林都市
云帆都市嘉园

◀ **丰** ▶

丰润世家
颐丰庄园
晟丰阁
丰卉家园
丰汇时代
宝丰大厦住宅
丰台科研办公楼
太丰惠中大厦
宇丰苑

长丰园	宏园金丰花园	瑞丰格林苑	明丰阳光苑
丰益城市花园	年丰豪苑	**南京**	丰舍
恒丰花园	年丰山庄	丰汇大厦	汇丰佳苑
海丰园	庆丰花园	汇丰园	嘉丰佳苑
兆丰园	怡丰都市广场	永丰国际商业大厦	长丰公寓
丰台百货商场	**广州**	丰泽园	丰华家园
丰联广场	金丰花园	**南宁**	明丰佳园
汇丰家园	蒙丰园	凯丰大厦	安丰小区
宝丰大厦	丰汇居	**宁波**	兆丰虹桥公寓
丰汇园公寓	永丰大厦	联丰红楼	**深圳**
恒丰别墅	豪丰园	**上海**	绿洲丰和家园
长沙	港丰大厦	民丰世纪苑	艺丰花园
信丰商住楼	荔丰花园	阳光新居·华丰苑	凯丰花园
成都	德丰名轩	明丰绿都	长丰苑
丰德国际广场	万丰花园	瑞丰园	丰湖花园
美丰花苑	丰兴广场	兆丰帝景苑	润丰园
怡丰新城	丰景大厦	丰泽湾	新丰大厦
重庆	建丰大厦	华丰佳园	丰泽湖山庄
斌鑫·丰泽园	丰盈居	益丰新村	**石家庄**
贵丰·三和苑	益丰花园	裕丰大厦	宏丰苑
聚丰花园	盈丰华轩	兆丰苑	润丰盛世家园
怡丰花园	成丰大厦	元丰天山花园	**台湾**
万丰花园	广州汇丰银行大厦	上房金丰苑	丰馥
瑞丰花苑	保利丰花园	东方丰甸苑	丰邑大自然
丰达小居	丰泽大厦	上大聚丰园	统丰世贸
怡丰海韵豪园	**贵阳**	水丰嘉园	**太原**
丰南桥苑	庆丰·碧玉楼	明丰文化苑	汇丰苑
聚丰锦绣盛世	新添润丰园	荣丰花园	**天津**
博丰嘉华盛世	**杭州**	恒丰古北家苑	贻丰园
鑫丰泽园	望江·新丰苑	民丰苑	丰瑞公寓
东莞	永泰丰新天地	丰盛雅苑	泰丰傲景观澜
丰泰华园山庄	杭州国际汇丰中心	明丰花园	慧丰小区

丰盈家园	**西安**	宏福园	加乐福阳光
银丰花园	长江丰泽园	福怡苑社区	恒福苑
丰盈新园	丰源美佳别墅	万福家园	井福公寓
丰盈公寓	永丰公寓	幸福艺居	祥福苑
贻丰家园	丰泰大厦	定福园	幸福春天
蒙地卡罗瑞丰花园别墅	丰禾新家园	华福综合楼	幸福风景
泰丰 SOHO	丰盛园	幸福小区	幸福枫景·美树馆
泰丰家园	瑞丰小区	汇福轩	幸福时光
德丰花园	金泰丰商务大厦	福怡苑	智业福地
无锡	立丰国际购物广场	幸福公寓	祥福苑
永丰大厦	伟丰花园	福苑小区	智业福地
武汉	**厦门**	瑞福苑	福泽美
恒丰·上河图	联丰心家园	隆福大厦	**重庆**
浩海丰太花园	**香港**	老福爷百货商场	东海福苑
银丰富苑	豫丰花园	幸福家园	福天大厦
穗丰花园	翠丰台	幸福源	华宇福源山庄
兆丰花园	南丰新邨	福雅居	嘉福苑
兆丰苑公寓	益丰大厦	福景花园	金福大厦
城开丰竹园	安丰大厦	京香福苑	新东福花园
丰收小区	**郑州**	金福康	一城幸福时光
丰竹园	融丰花园	金第 NOLITA·幸福家园	福星颐美香庭
		长沙	海德福苑
	◀ **福** ▶	福乐名园	聚福苑
		福临大厦	**大连**
北京	定福庄住宅小区	广福园	幸福 e 家
定福家园	幸福二村	鸿福园	**东莞**
幸福一村	幸福村	幸福人家	聚福豪苑
汇福佳苑	尚品福城	**成都**	**广州**
福星花园	阳光斯坦福	第 V 大道·福泽美庐花园	鸿福楼
福怡苑社区	福海小区		晋福阁
幸福时光	金福家园	福华新起点	恒福轩
翠福园	京香福苑	福华苑	恒福阁

永福大厦	福康大厦	福泉苑	元福大厦
祈福新村	金福城	仙霞福运	幸福第
福莱苑	**杭州**	福源汇居	福赐新苑
同福楼	福田·城市花园	德福苑	张杨福邸
文福新筑	福田·假日之约	世福汇·外滩中福	福安大厦
福安园	广通·云河福邸	现代城	**深圳**
祈福南湾半岛	福雷德广场	云福大厦	滨福庭园
福宁园	**济南**	福海公寓	万福人家
福怡居	南全福小区	锦福公寓	幸福家园
福雅居	福鑫苑	陇福苑	福中福花园
福星广场	天建·天福苑	和福花园	聚福花园
福鑫大厦	**昆明**	梅福花园	福满园
福泉雅居	福景花园	福缘·怡沣大厦	东埔福苑
福龙苑	**南京**	中福大厦	福雅园
福莱花园	福基国际花园	新福康里	滨福世纪
福临大厦	聚福园	文治福邸	文福大厦
福金莲花园	祈福花园	中福城	福岸新洲
福地轩	天福园	全家福	福泉花园
福兴大厦	三金福邸	明珠福邸	湾厦福园
惠福大厦	五福家园	中福花园·青年汇	仓前锦福苑
嘉福广场	天生福邸	景福苑	洪福雅园
桥福苑	中盈福邸家园	幸福365	彩福大厦
翠福居	佳乐福新寓	福阳大厦	漾福居
福颖苑	**青岛**	福楼望邸	祥福雅居
厚福苑	洪福山庄	福鑫大楼	福海苑
华福大厦	**上海**	全家福家园	福涛东园
福盛花园	天福苑	福华花苑	福兴花园
鸿福居	金铭福邸	瑞金福地·福华花苑	城投福滨苑
贵阳	幸福小镇	幸福苑	文德福豪园
宏福苑	福景苑国际公寓	虹祥福邸	侨福大厦
瑞福商厦	幸福春天	徐家汇景福苑	德福花园
海口	绿福公寓	福泰公寓	福昌苑

福临苑	聚福园	幸福时光	德福花园
景福花园	福嘉园	福安花园	福家大厦
龙福居	祥居福苑	福满圆	**郑州**
福中福商业城	汇福华庭	鸿鼎福门	福馨居
汇福花园	福中园	**厦门**	天福苑
福民佳园	美福园	海福广场	万福花园
嘉福花园	巨福新园	**香港**	
福源花园	福盛花园		
沈阳	福华里	◀ 港 ▶	
幸福花园	**乌鲁木齐**		
石家庄	百信幸福苑	**北京**	金港大厦
福源大厦	得福花园小区	金港大厦	东海·金港湾
苏州	锦福苑	长岛港湾	港城花园
福星小区	幸福花园别墅	金隅丽港城	自由港湾
润福园	幸福花园	皇家港湾	恒滨金港湾
台湾	**无锡**	港湾庭	金色港湾
幸福密码	德福花园	空港米兰花园	港渝广场
福桦君悦	**武汉**	空港国际	东方港湾
双福	福星城市花园	新港湾	渝澳港湾
天津	福星科技大厦	馨港庄园	佳禾钰茂香港城
福安新锐商务间	福星苑	空港樱花六区	港国际城
海福花园	福园小区	金港国际	港城静园
万福新苑	汉正街多福商城	**成都**	基良港澳广场
福旺花园	汇福苑	北港新城	渝港商住楼
幸福怡家	世纪家园·幸福人家	金港商城	金龙港湾
景福公寓	万福商住楼	金港湾花园	华宇金沙港湾
福达苑	幸福花园	金港兴城	**东莞**
福慧花园	幸福里小区	蓝色港湾	粤港花园
新福方里	长福公寓	盛杨空中港湾	**广州**
世纪幸福家园	多福大厦	金域港湾	港丰大厦
福苑里	福宁阁	**重庆**	港澳江南中心
幸福人家	**西安**	城市港湾	荔港南湾

中港皮具商贸城	兰港大楼	燕港怡园	沙湖·金港苑
世港国际公寓	东方滨港园	**苏州**	北港春苑
粤港大厦	春港丽园	港澳桂苑	中奇香港花园
怡港花园	香港新世界花园	**台湾**	茶港小区
华港花园	金港花园	中港世贸大厦	北港春苑
新港南苑	金色港湾	**太原**	**厦门**
华港花园沁园春	西渡·锦港新村	东港嘉园	中港花园
晓港湾	香港广场世纪阁	金港国际商务中心	**香港**
晓港美院	**深圳**	**天津**	君汇港
贵阳	丽港湾	金港国际	维港湾
港天大厦	汇港名苑	香港花园	丽港城
香港城	碧湖港澳城	港城温泉花园	港湾豪庭
海口	星港中心	愉悦港湾	港景峰
港湾花园	帝港海湾豪园	**武汉**	港运城
杭州	港丽豪园	港台公寓	新港城
都市港湾	港逸豪庭	港湾公寓	东港城
湖畔·莲花港家园	金港盛世华庭	港信大厦	**郑州**
星星港湾	港城华庭	金色港湾	豫港花苑
银色港湾	东港中心	华港苑	金港花园
昆明	港湾丽都	金珠港湾	
自由港商铺	新港鸿花园		
南京	港田花园		◀ **贵** ▶
明月港湾	港中旅花园		
数码港大厦	金港豪庭	**北京**	**重庆**
富港商厦	深港豪苑	富贵园	富贵天骄
香港花园	威尼斯港湾·雍景台	贵友大厦	贵丰·三和苑
上海	中港城	**长春**	北城新贵
香港丽园	越港商业中心	新贵阳楼	**大连**
蓝色港湾	**沈阳**	新宇富贵苑	名贵山庄
东方港湾	都市港湾	**成都**	**广州**
盈港公寓	**石家庄**	和贵馨城	富力贵苑
新锦港花园	燕港新村	和贵时代巢	**贵阳**

贵惠路商住楼
贵山城市花园
贵山苑

南京
国际贵都
绿城新贵

青岛
贵合花园
新贵都

上海
新贵都·万体景苑
贵龙苑
贵人大厦
富贵人家
贵龙园
丽都新贵
长阳新贵·旺增公寓

贵都万体景苑
金水湾贵园
贵仁绿苑·阳光新天地
金水湾·贵园
贵都苑·兴银花园二
　　街坊
名人雅居·沪贵苑
长宁贵都公寓
长阳新贵·旺增公寓
维罗纳贵都

苏州
贵都花园

台湾
贵筑

天津
贵都大厦

◀ **国际** ▶

北京
嘉豪国际中心
鸿坤国际大饭店
元嘉国际公寓
国际使馆村
爱码国际大厦
半岛国际公寓
正东国际大厦
景龙国际公寓
国际街坊
文津国际公寓
世豪国际酒店公寓

海格国际大厦
蓝郡国际花园
国际老年公寓
万豪国际公寓
京达国际公寓
南新仓国际大厦
光彩国际公寓
中国国际科技会展中心
北京国际花园
远中悦莱国际酒店公寓
西屋国际公寓
天行建国际商务花园

光华国际中心
尚都国际中心
学院国际大厦
雨润国际大厦
荣尊堡国际俱乐部公寓
FESCO 外企国际公寓
豪柏国际公寓
昆泰国际中心
BDA 国际企业大道
华声国际大厦
国际港
枫蓝国际中心
华亭国际公寓
锦秋国际大厦
观澜国际花园
敬远国际公寓
华世隆国际公寓
通用时代国际中心
国际友谊花园
铂宫国际中心
国际投资大厦
名成国际大厦
金桥国际公寓
金地国际花园
展国际英特公寓
UHN 国际村
锋尚国际公寓
领行国际中心
棕榈泉国际公寓
国际药械大厦
世贸国际公寓
鸿安国际大厦

珠江国际城
鹏丽国际公寓
蓝堡国际公寓
阳光 100 国际公寓
国际财源中心
北京国际商务花园
嘉浩国际商住别墅城
怡禾国际中心
海润国际公寓
通正国际大厦
华展国际公寓
百富国际大厦
东环国际中心
京贸国际公寓
建国国际公寓
太阳国际公馆
澳林 park 国际公寓
百吉名门国际公寓
Condo·国际街坊
当代万国城·MOMA
　　国际公寓
POP Moma 国际寓所

长春
21 世纪国际商务总部

长沙
山水芙蓉·国际新城
缤纷假日国际公寓

成都
成都国际公寓
国际花园闪特区
丰德国际广场
冠城国际商务公寓

锦海国际花园　　　　合景国际大厦　　　　华天国际广场　　　　天目国际村
锦江国际商邸　　　　重庆国际贸易中心　　马赛国际公寓　　　　万景园国际会议中心
梦幻九寨国际娱乐购物　科尔国际商务大厦　　羊城国际商贸中心　　阅城国际花园
　中心　　　　　　　立海国际商务公寓　　中泰国际广场　　　　中泰国际广场
天泉聚龙国际生态　　　世纪金源国际公寓　　宏景国际公寓　　　　钟山国际高尔夫
　别墅园　　　　　　恒通云鼎国际公寓　　富力爱丁堡国际公寓　鑫泰·国际广场
四川国际大厦　　　　重庆喜来登国际中心　**杭州**　　　　　　　永丰国际商业大厦
雅典国际社区　　　　红鼎国际名苑　　　　金沙国际寓所　　　　中天国际大厦
棕北国际佳园　　　　榕湖国际花园　　　　太阳国际公寓　　　　南京国际贸易中心
金沙国际花园　　　　金港国际城　　　　　美达·丽阳国际商务中心　银河国际广场
中海国际社区　　　　华创国际商务酒店　　杭州国际汇丰中心　　龙台国际大厦
国际花园　　　　　　**大连**　　　　　　杭州萧山国际商务中心　**南宁**
鹭岛国际社区　　　　富鸿国际花园　　　　杭州国际商务中心　　航洋国际城
九寨国际购物中心　　中泰国际广场　　　　钱江国际商务中心　　南湖国际广场
VACA国际城　　　　　**广州**　　　　　　桐庐国际花园　　　　**上海**
开行国际广场　　　　保利国际广场　　　　**昆明**　　　　　　　国际丽都城
重庆　　　　　　　君兰国际高尔夫生活村　国际花园时代园　　　福景苑国际公寓
恒通·云鼎国际公寓　　南山广场国际化妆品　国际花园榕苑　　　　国际俪晶
科尔国际商务大厦　　　中心　　　　　　　**南京**　　　　　　　阳光加州·国际村
重庆国际商会大厦　　南方国际商业大厦　　福基国际花园　　　　陆家嘴国际华城
榕湖国际花园　　　　广州国际轻纺城　　　长安国际中心　　　　金地国际花园
赛格尔国际大厦　　　富力科讯国际大厦　　翠屏国际城　　　　　新时空国际商务广场
保利国际高尔夫花园　华天国际广场　　　　恒基中心国际公寓　　星源国际公寓
阳光100国际新城　　世港国际公寓　　　　高尔夫国际花园　　　昆泰国际中心
水晶石国际公寓　　　双城国际大厦　　　　国际贵都　　　　　　光彩国际公寓
跃华国际商务　　　　广州国际银行中心　　华欧国际友好城　　　耀江国际广场
棕榈泉国际花园　　　广州国际玩具文具精品　金鹰国际花园　　　　长安国际广场
美源国际商务大厦　　　广场　　　　　　　金轮国际广场　　　　国际企业大道
围城国际公寓　　　　广州国际贸易中心　　蓝山国际公寓　　　　阳光国际公寓
重庆万豪国际金融中心　广州国际康体贸易中心　天安国际大厦　　　　地杰国际城
万友康年国际公寓　　广州国际服饰展贸中心　朗玛国际广场　　　　国际花园
重庆国际商务中心　　广州国际电子大厦　　联强国际大厦　　　　大上海国际花园

均瑶国际广场
松云水苑国际社区
古北国际广场
新古北国际花园
海森国际大厦
上海豪都国际花园
亚都国际名园
海上国际花园
国际明佳城
苏州伯恩国际酒店
恒升半岛国际中心
上海豪都国际花园
夏阳湖国际花园
静安国际花园
绿地国际家园
华融国际大厦
阳明国际花苑
古北佘山国际别墅
张江国际酒店公寓
汤臣高尔夫国际公寓
新时空国际公寓
中兴财富国际公寓
上海济川国际广场
大上海国际商贸中心
碧云国际花园
国际黄浦
莫奈印象·国际化酒店式公寓

深圳
国际交易广场
国际商会中心
中旅国际公馆

中航鼎诚国际
新天国际名苑
东方国际茶都
深南国际商务大厦
东门国际广场
碧湖皇冠假日国际街区
TT国际公寓
集建国际名园
国际商会大厦
国际文化大厦
国际市长交流中心
中深国际大厦
国际科技大厦
南方国际广场
国际商务大厦
国际名苑
新天国际名苑
银汉国际公寓
友邻国际公寓

沈阳
中辽国际花园

石家庄
国际大厦商粤公寓
女人世界国际公寓

台湾
国际金融广场

太原
金港国际商务中心
山西国际贸易中心

天津
泰达国际酒店
诚基中心国际公寓

上海滩大华国际公馆
天津国际自行车商城
金色阳光国际公寓
阳光100国际新城
龙悦海上国际花园
永莲国际购物中心
金龙国际村
鑫东国际公寓
环渤海国际公寓
嘉华国际商业中心
天津国际轻工商贸城
金厦中恺国际广场
泰达国际公寓
水上国际村

乌鲁木齐
新疆西部国际超市

无锡
恒通国际大厦

武汉
虹景国际公寓
青青国际公寓
吉祥国际公寓
金银湖国际高尔夫
 俱乐部
天骄国际大厦
新都国际嘉园

◀ **海** ▶

北京
金海国际
瑞海新城

万安国际公寓
当代国际花园
东方夏威夷国际花园
兆富国际大厦

西安
西安国际奥林匹克中心
 广场
高新国际商务中心
西安国际贸易中心
华融国际商务大厦
外贸国际商厦
金桥国际广场
中天国际公寓
中贸国际大厦
西部国际广场
怡和国际商务公寓
西部电力国际商务中心
立丰国际购物广场
高新国际商务中心
西港国际花园
长安国际广场
会展国际大厦

厦门
明发国际新城

郑州
锦江国际花园

翠海明筑
海清园
海逸半岛

海天广场	中海雅园	旭东嘉园·上海沙龙	海星阁
兴海公寓	富海中心·H_2O写字楼	**长春**	海韵楼
海特金梦园	海子角绿色庄园	海口路新居	天池林海
海悦名门	海润国际公寓	**长沙**	光宇阳光海岸
海格国际大厦	海丰园	海东青大厦	银海峰景
海鹰小区	新海苑	海华嘉园	海兰云天
海云轩	碧海方舟	雄海花园	怡丰海韵豪园
玉海园	怡海花园	银海大厦	东海金香庭
福海小区	都市心海岸	**成都**	东海长洲
海运仓小区	上海沙龙	宝泰海棠名居	望海花园
海兴大厦	中海馥园	海德花苑	海德燕窝小区
中海凯旋	海后珍藏	海棠月色	海德花园
顺驰领海	海特花园	海天阁	海客瀛洲
富海中心	碧海方舟	海峡新城	重庆上海中心
金海国际	海晖公寓	黄金海岸	海德福苑
博海阁	渤海皇家	金海岸府·南河公寓	海德旭苑
中水金海嘉苑	碧海蓝天	锦海国际花园	立海国际商务公寓
似海怡家	翠海明筑	银海花园	海德春洪苑
中海紫金苑	博海家园	象牙海岸	渝海知音阁
海通梧桐苑	海逸半岛	阳光海韵广场	海棠晓月
海晟名苑·使馆新城	大屋金海湾花园	中海名城	琼海花园
星海明珠	第一上海中心	中海国际社区	海景苑
海德堡花园	福海小区	金海岸	东海金港湾
绿海甜园别墅	海开天秀花园	上海花园	海屋裕鑫名都
玉海园之园中园	海阔天空	四海一家	海宇状元府第
上海沙龙	海子角绿色庄园	**重庆**	协信黄金海岸
中海高尔夫花园	华海苑	云海蓝湾	四海花园
中海天地	海悦名门	银鑫碧海龙庭	海韵名邸
颐海居科技公寓	海晟名苑	东海福苑	望海现代城
瀛海名居	海韵园	天伦海苑	海怡花园
海润花园	海天大厦	海宇天赐苑	**大连**
中海枫涟山庄	龙岳洲·海后珍藏	海棠晓月	碧海蓝天

滨海阳光	中海蓝湾	海印居	海天轩
博海华苑	中海名都	海印花园	海外发展中心
都市海景	琴海居蔚蓝湾畔	海印广场	海逸轩
海昌欣城	亿海湾	海意名苑	**海口**
海月公寓	东海嘉园	海逸花园	黄金海岸花园
海韵花园	海怡半岛花园	海逸阁	长信海景花园
海之恋花园	广海花园	海谊大厦	海景花园
环海公寓	海晴居	海怡花园	海怡豪园
金海楼苑	荔海鸣蝉花园	海外花园	金椰都滨海花园
金马海景公寓	海谊百子大厦	海天四望大厦	琼海鑫泉
蓝色海岸小区	金海湾	海天花苑	鑫海公寓
青云林海	东海花园	海棠居	**杭州**
天安海景花园	天海庭	海日苑	滨江·金色海岸
通海花园	琴海居	海琴湾	东海·东海花园
星海人家	新城海滨花园	海景中心商住楼	东海·名仕家园
银海公寓	嘉仕花园·尚海	海景大厦	东海·水漾人家
东莞	中海锦苑	海富花园	海宁百合新城
黄金海岸	海龙湾	海德花园	海月花园
广州	迎海花园	南浦海滨花园	嘉业·海华公寓
海伦堡	南沙滨海花园	海傍居	竹海天韵
中海康城	银海花园	广州海运大厦	金海
海富花园	碧海大厦	海韵轩	平海公寓
金海花园	怡海华轩	金海大厦	蔚蓝海岸
碧海湾	海涛阁	中海景苑	香溢·白金海岸
海岸俊园	华海大厦	海滨花园	星海·云庭花园
金海岸花园	海印苑	锦海	白荡海人家
海珠锦绣	海韵楼	逸涛碧海花城	**济南**
海景花园	星海怡居	**贵阳**	海辰苑
海逸豪苑	海印南苑	金海苑	**昆明**
保利海棠花园	海然轩	中海城市花园	宝海花园
海珠半岛花园	海雅轩	**哈尔滨**	泰信·地中海
海悦豪庭	海印明珠花园	哈尔滨金桂园·海棠阁	阳光海岸

银海森林

南京
21世纪连岛金海岸
　山顶假日公寓
海南白沙门温泉度假村
翰海翠庭
海月花园
黄金海岸广场
海德商厦
海都嘉园
龙海·新加坡花园城
海德卫城
中海·塞纳丽舍

宁波
东海花园
海怡花园
天海华庭

青岛
爱琴海公寓
滨海花园
畅海园
东海世家
海风花园
海景公寓
海峡花园
海悦中心
汇海山庄
金都碧海山庄
金海生态广场家园
天泰阳光海岸
旺海花园
蔚蓝海岸

永盛蔚蓝海岸
远洋滨海花园
悦海豪庭

上海
上海领秀
上海财富广场
上海家园
中星海上名庭
上海豪园
上海万里城
上海知音
大华清水湾·21世纪
　金海岸广场
上海一街区
临汾·上海名城
上海春城
上海映象
上海早晨
上海领秀·爱建园
上海名城
上海知音
经典海上花园
元海大厦
西海岸高尔夫温泉别墅
海阔天空·三亚
上海滩花园洋房
渤海皇家
星海国宝
财富海景花园
林海伟星·靖江花城
紫都·上海晶园
上海蓝堡

上海诗林
上海·叠翠别墅
海岸人生
上海年华
公馆·上海御泓苑
富海中心
海森国际大厦
万科四季花城·海桐苑
上海康城
海湾豪宅
上海梦想
中星海上景庭
海上国际花园
上海奥林匹克花园
上海故事
上海绿城
上海紫园
海波花苑
海光公寓
上海莘城·都市情园
海悦公寓
开元地中海
蔚蓝海岸
海德花园
海上明珠园
金海湾
泗海怡家
上海富宏花园
上海鸿禧花园
大上海国际花园
金隆海悦
上海莘城·莘秀苑

上海大花园
虹桥上海城
中海馨苑
海信花苑
上海威尼斯花园别墅
海欣公寓
海德公寓
中星海上景庭
中华BOSS·淮海中华
　大厦
海东公寓
金海岸花园
淮海中华大厦
莎海惠晨苑
上海领地
新都花苑·上海早晨
东上海新城·三林城
海上海LOFT
海上海商业街
森海豪庭
翡翠名人府·福海公寓
海森国际大厦
淮海晶华
金海湾别墅
海上花园
海普苑
海湾世纪佳苑
星上海廊侨·林南花苑
东上海新城
阳光爱琴海
新上海弄里人家
海鸿公寓

上海人家	海高苑	上海花城	海上海新城
上海大公馆	蓝堡爱琴海	上海豪都国际花园	水岸名邸·海昌苑
沧海苑	创联金海花苑·学园	上海公馆	海德名园
绿地海怡酒店公寓	绿洲	协和海琴花园	海博大厦
森林海	上海新时代商业中心	上海未来	非常地中海
阳光前景·海泰苑	新海城	海琪园	海高花苑
上海第五季	鹏利海景公寓	上海紫园	金上海花园
上海春天	上海多伦多	上海银座	海天花园
海逸公寓	上海蓝山	上海诗林	海联花苑
海悦·聚金商铺	海上新月	东淮海公寓	海伦新苑
东海园	海源别墅	中星海上名庭	广海花园
中海馨苑	海虹苑·翠庭苑	上海星港	鑫海苑
上海新凤城	海悦花园	淮海新名门	淮海世纪花苑
上海浙江商贸城	南翔东海别墅	上海国际华城	海伦香榭
锦海大厦	大上海城市花园	淮海新公馆	海伦都市佳苑
上海虹诚大厦	虹祺花苑·新上海一家人	海誓山盟	威海苑
上海家天下花园别墅	中海翡翠湖岸	上海壹街区	海伦公寓
上海加州花园	上海蓝堡	上海之春复华城市花园	海富公寓
新上海花园洋房	益海公寓	海通花苑	**深圳**
上海现代交通商务大厦	海泰大厦	海斯大厦	泰华海逸世家
海上花	海联苑	黄金海岸	恒立听海花园
汤臣海景	静安兴海城	上海领秀爱建园	西海岸花园
上海徐家汇·汇翠花园	东海街园	永厦大楼·上海人家	海天一色
摩登时代上海安天大厦	海阳明园·日月新殿	上海五月天·贵都万体景苑	碧桐海苑
海棠园景	上海映象·阳城苑		碧海天家园
海欣城	生活艺术居·北海大厦	21世纪海岸广场	海逸雅居
上海本色	恒海云庭	上海莘城	天海豪景苑
上海豪都国际花园	海悦酒店式公寓	上海之窗·御景园	东海花园
上海捷克住宅小区	海湾艺墅	海湾豪宅	蔚蓝海岸
枫桥湾名邸·海逸半岛	上海88区	中星海上华庭	长海雅园
上海临汾名城	LACALA阳光海岸	中海·叠翠别墅	碧海名园
ME时代·上海阳城	盛世海岛风情酒店	中海馨园	金海丽名居

海云轩	观海山庄	海伴雅居	棕榈湾海景花园
海湾明珠	世界花园海华居	招商海琴花园	中海苑
碧海园	中海深圳湾畔	半山海景别墅	方海商苑
东方海雅居	地中海阳光	青海大厦	后海花园
东海岸天利明园	海伦堡	海世界	皇家海湾公馆
金域地中海	山湖林海	椰风海岸	心海伽蓝
滨海之窗	阳光海景花园	中海怡美山庄	西海花城
后海名苑居	中信海文花园	金海岸	金海燕花园
海印长城	阳光带海滨城	前海华庭	海怡东方花园
I·领海	东海湾豪园	海语东园	华侨海景山庄
南海玫瑰花园	达海花园	星海名城	碧海红树园
碧海云天	东方海岸	山海华庭	海乐花园
绿海名都	金海雅居	碧海红树园	前海宜家
万科东海岸	都市翠海华苑	东海丽景花园	海洋星苑
瀚海东岸	中信海阔天空	海典居	西海明珠
海洋星苑	帝港海湾豪园	银海苑	京光海景花园
纯海岸	招商海月花园	宝安海滨广场	海语东园
碧海蓝天明苑	翠海花园	中海华庭	御海湾山庄
天安高尔夫海景花园	长海雅园	林海山庄	东帝海景花园
创世纪滨海花园	海湾花园海怡居	创世纪滨海花园	晴海洲
广博星海华庭	东埔海景花园	中海丽苑	海珑华苑
幸福海岸	金海湾花园	海悦华城	海世界
海韵嘉园	海天园	东帝海景家园	金海燕花园
海韵庭园	中海日辉台	云海天城世家	金色海琴苑
碧海蓝天明苑	华茂苑琴海轩	山海人家	京光海景花园
后海花半里	大梅沙海景酒店	瀚海翠庭	金海丽名居
皇家海湾公馆	海都花园	滨海春城	天海豪景苑
海岸明珠	望海汇景苑	海珑华苑	泰华海逸世家
观海台	海逸豪庭	四海华庭	心海假日
海滨广场	海洋之心	山海翠庐	云顶天海
格兰海湾	名墅海景度假村	旺海怡苑	椰风海岸
海涛居	海尚国际	半山海景别墅	御海湾山庄

中海月朗苑	海德公寓	阳光海岸	海洋大厦
沈阳	海景假日	海滨城	上海城
碧海公寓	方正山海天	海虹·景	鑫海大厦
黄海花园	宏苑领海	海虹公寓	海锦国际
石家庄	海韵园	海景·浪晴屿	翔海大厦
东海大厦	东海岸翠湾花园	海景花园	海星城市广场
银海住宅组团	海腾名居	海山·观江楼	中海华庭
苏州	海天馨苑	海天一色	**厦门**
粤海广场	海逸心屿	浩海丰太花园	海福广场
台湾	海河大道1902	浩海公寓	海景花园
碧海蓝天	龙悦海上国际花园	浩海小区	海韵园
碧海擎天	海源公寓	黄金海岸	信海花园
海水正蓝	海河名人世家	佳海华苑	旭日海湾
海月	巨川金海岸	佳海茗苑	阳光海岸
海悦	龙海公寓	未来海岸	**香港**
海云间	海逸长洲	祥云海尔山庄	蓝天海岸
山海观	环渤海发展中心	星海蓝天	爱琴海岸
山盟海誓	盈海商务空间	沿海丽水佳园	海典轩
丽宝爱琴海	利海公寓	银海花园	海云轩
海扬	海河之子	银海华庭	南浪海湾
南海荷风	滨海金融街	银海山庄	碧海蓝天
华帅海景饭店	星海轩	佳海都市工业基地	海澄湖畔
天津	海泰绿色产业基地	宝安中海公寓	蓝天海岸实景
碧海鸿庭	海泰大厦	碧海花园	帝柏海湾
海河新天地	海河外滩	城西·海景大厦	海逸豪园
天保金海岸	金海园	东鑫·鑫海花城	海名轩
海福花园	静海城市艺墅	祥云海尔山庄	一号银海
山海花园	盈海名都	**西安**	海怡半岛
金海湾花园	环渤海国际公寓	长海大厦	海柏花园
爱琴海花园	海赢明居	海荣阳光城	海堤湾畔
海泰信息广场	嘉海花园	海洋花园	南浪海湾
上海滩大华国际公馆	**武汉**	海荣豪佳花园	黄金海岸

郑州

宝隆航海花园

海通园

金海花园

东海金港湾

东海福苑

海景苑

海棠晓月

海韵名邸

海怡花园

琼海花园

上海东方花苑

望海现代城

◀ 豪 ▶

北京

嘉豪国际中心

新王府豪华公寓

汇豪阁

天安豪园

豪峰花园

世豪花园

鑫兆豪园

世豪国际酒店公寓

枫桦豪景

万豪君天下

万豪国际公寓

西豪逸景

豪柏国际公寓

豪柏风度

亚运豪庭

豪威嘉园

迈豪时代居

世纪豪景

森豪公寓

泰悦豪庭

豪景佳苑

山水汇豪

泰斗豪庭

京华豪园

世方豪庭

韦伯豪家园

丽豪园

长春

长春豪园

富豪花园

鸿基豪宅

雍景豪庭

长沙

佳逸豪园

骏豪花园

燕山豪园

成都

富豪家苑

富豪逸阳华庭

豪瑞新界

锦城豪庭

世代锦江豪宅

水都豪庭

重庆

帝豪名都

华立·天地豪园

时代豪苑

帝豪丽都

比华利豪园

国宾豪庭

巨豪香溪美林

怡丰海韵豪园

御景豪庭

重庆万豪国际金融中心

佳禾钰茂豪俊阁

雅豪丽景

帝豪怡庭

俊豪时代

帝豪雅苑

帝豪峰

俊豪名居

帝豪巴南印象

大连

优·豪斯

东莞

帝豪花园

豪江新村

豪苑广场

豪苑花园

湖畔豪庭

金豪花园

聚福豪苑

绿茵豪庭

年丰豪苑

三正豪苑

新世纪豪园

新世纪丽江豪

正龙豪园

广州

英豪花园

海逸豪苑

豪贤苑

豪庭居

海悦豪庭

豪丰园

富豪山庄

东逸豪园

白云堡豪苑

东湖豪苑

雍景豪园

金豪嘉苑

汇豪大厦

华豪苑

信和豪庭

新中国豪庭

豪景花园

宝华豪庭

新世纪豪园第一居

白云堡豪苑

华骏花园·汇豪大厦

芙蓉绿茵豪苑

云翠豪苑

雍逸豪廷

南湖半山豪廷

豪利花园

桂林

漓江花园豪宅

新豪庭	上品巨洋豪园	汤臣豪庭美丽空间	帝涛豪园
哈尔滨	骏豪国际	豪门府邸	新世界豪园
瑞铭豪宅	静安豪景	金枫豪苑	云景豪园
海怡豪园	半岛豪门	裕盛豪园	龙威豪园
亚洲豪苑·一品水苑	虹桥豪苑	嘉利豪园	鸿业苑名豪居
杭州	明杨豪苑	日月豪庭	润裕山景豪苑·宝翠居
豪景城	申江豪城	**深圳**	嘉洲豪园
华鼎豪园	华元豪庭	侨城豪苑	雅豪祥苑
华龙·碧水豪园	太古豪庭	天海豪景苑	东海花园·君豪阁
江南豪园	凯旋豪庭	泰华豪园	帝欣豪苑
中豪·晴园	森海豪庭	豪方现代豪园	金港豪庭
中豪·凤起广场	上海豪都国际花园	新豪方大厦	嘉麟豪庭
南京	凯欣豪园	雍翠豪园	豪峰园
大地豪庭	亿豪名邸	翠枫豪园	东江豪苑
帝豪花园	曲阳豪庭	缤纷假日豪园	聚豪园
苏建豪庭	朝霞新苑·豪园	旺业豪苑	苏豪名厦
万豪中心	水景豪园	碧湖豪苑	文德福豪园
建豪庭	黄金豪园	龙威豪庭	丽廷豪苑
青岛	张江汤臣豪园	豪方悠然居	汇景豪苑
悦海豪庭	上海豪都国际花园	豪景大楼	帝锦豪苑
上海	同盛豪园	帝港海湾豪园	金景豪苑
华园豪庭	盈翠豪景	俊景豪园	深港豪苑
上海豪园	杰仕豪庭	东湖豪园	宝利豪园
水岸豪庭	狮城豪庭	观澜豪园	香蜜湖豪庭
静安景观豪庭	大豪山林别墅	南景豪园	好景豪园
欧洲豪庭	万豪苑	宝豪华庭	金丽豪苑
盛世豪景	志豪公寓	港丽豪园	翠怡豪苑
新华豪庭	彭豪公寓	港逸豪庭	高正豪景花园
海湾豪宅	协和丽豪酒店式公寓	名骏豪庭	豪城馨庭居
中鼎豪园	聚豪天下	益田花园豪园居	国泰豪园
汤臣豪园	海湾豪宅	朗庭豪园	南山豪庭
汇豪天下	河滨豪园	金雨豪苑	东豪广场

海逸豪庭	锦绣豪园	九和苑	四和名居
豪方现代豪园	聚豪华庭	和平新城	祥和小区
名豪居	三阳豪华公寓	中和家园	**长沙**
汇景豪苑	天梨豪园	祥和精典	和府酒店公寓
佳嘉豪苑	万豪国际	和乔丽致	佳和苑
沈阳	文豪苑	雍和大厦	绿色和平墅
格林豪森	新华豪庭	盛和家园	南明苑·静和园
豪隆世家	半岛豪庭	安和家园	平和堂商贸大厦
台湾	**西安**	怡和阳光大厦	仁和家园
山水豪情	陕西鹏豪园	祥和家苑	**成都**
太原	海荣豪佳花园	风和日丽	昌兴和顺苑
滨湖豪园	骊马豪城	清和园	和朝新居
东方豪寓	天豪花园	泰和嘉苑	和贵馨城
都市豪情	豪盛时代华城	和泰园	和睦人家
天津	**香港**	和祥苑	千和茗居
豪伯斯客·瑞景商业公园	豪门	晨益安和	千和沁香华庭
万豪大厦	海逸豪园	嘉和人家	千和馨城
中豪世纪花园·SOHO部落	半岛豪庭	和乔丽晶公寓	千和银杏花苑
	四季豪园	雍和家园	人和逸景
半岛豪庭	港湾豪庭	万和世家	人和逸景清雅空间
武汉	加州豪园	和景园	三和花园
富豪花园	迈尔豪园	和平门百货商场	天和·逸花园
豪景名苑	富豪花园	和枫雅居	祥和花园
虹景豪庭	**郑州**	嘉和丽园	新和方正花园
	豪帮花园	百事和大厦	新和名座
		晨益·安和	怡和水岸
◀ **和** ▶		和安花园	恒和华园
		汇和综合楼	天和盛世
北京	和义西里小区	颐和山庄	**重庆**
天和人家	泰和园	**长春**	东和春天
和安花园别墅	祥和苑	和平花园	东和湾
佳和园	和平苑	和平综合商城小区	贵丰·三和苑

皇冠东和花园	嘉和苑	万和源	大华颐和华城
平安·怡和园	颐和山庄	万江共和新城	明和苑
人和春天	粤和花园	新和园	和泰花园
东和银都	广和花园	风和日丽花园	和玉苑
人和丽景	信和豪庭	仁和翠苑	和福花苑
天和苑商住楼	芳草园·协和新世界	**南宁**	和亭佳苑
天一顺和康城	**哈尔滨**	和实·水榭花都	协和苑
加新仁和欣座	承德一南和	佳和大厦	天和苑
天和美舍	人和明苑	嘉和·自由空间	和风润玉
东和风情街	**海口**	嘉和南湖之都	和润家园
君和锦园	玉和花园	金康·天和人家	景和茗苑
人和家园	**杭州**	荣和山水美地	和泰玫瑰园
嘉和苑	滨江·庆和苑	润和谷	金和佳园
渝高和泰家园	祥和人家	同和华彩美地	和合苑
大连	人和家园	星和园	永和新城
春和花园	坤和山水人家	雅和居	永和新城·物华园
广州	润和皇庭花园	**宁波**	祥和公寓
和平家园	润和天地	泰和家园	和平商厦
金和大厦	润和山庄	**上海**	大和别墅
友和公寓	泰和苑	祥和名邸	仁和恬园
骏和大厦	通策·和睦院	永和丽园	协和世界广场
合和新城	通城·六和源	新梅共和城	和平花苑
和润花园	通和·都市枫林	君临颐和别墅	君临颐和花园
和辉花园	通和·南岸花城	大都会和风别墅	三和花园
和风雅居	兴龙·兴和苑	今和家园	和一大厦
广和苑	中能·浪漫和山	东苑新视界虹桥怡和园	兴和苑
共和花园	**昆明**	风和俪墅	永和新城·阳城
怡和苑	和平盛世	宁和公寓	大都会和风别墅
富和花园	汇和花园	人和家园	世和园
利和阁	**南京**	盛和玲珑	时代映象·和嘉公寓
万和苑	嘉和园	信和花园	共和大厦
敦和花园	苏源颐和美地	嘉和花苑·爱莲屋	太和名邸

协和海琴花园	和平广场	佳和馨居	泰和花苑
协和丽豪酒店式公寓	**石家庄**	仁和世家	**厦门**
云和花园	颐和居	祥和公寓	泰和大厦
和兰苑	**台湾**	祥和家园	**香港**
和馨苑	和风·小雅	颐和苑	和富中心
意和家园	和风雅集	安和九龙阁	香和大厦
和达家园	和风御庭	百步亭花园·怡和苑	保和大厦
和中华苑	亲水和畔	天和人家心家园	**郑州**
意和家园	咏和歌	和平银座	嘉和园
润和苑	御和风	怡和国际商务公寓	泰和苑
和平南苑	双和金钻		
爱建城·爱和爱乐大厦	和光真善美	◀ **恒** ▶	
虹桥首席·东苑怡和苑	和风科技广场		
深圳	**太原**	**北京**	恒昌花园
风和日丽	嘉和苑	东恒时代家园	恒阳大厦
家和花园	**天津**	恒兴大厦	恒丰别墅
锦锈和山	祥和家园	吉利恒润	**长沙**
绿洲丰和家园	万和商业广场	恒富花园	恒达时代花园
信和爱琴居	风和日丽	国恒基业大厦	**长春**
和亨家家园	三和新苑	立恒名苑	恒宾园
东埔文和园	和平园	世恒花阁	恒福苑
共和世家	禾和湾新城	鼎恒新星	恒信花园
和兴花园	家和丽舍	恒隆家园	**成都**
和顺苑	三和温泉花园	天恒大厦	恒福苑
和盛苑	祈和新苑	恒华国际	恒信花园
和兴苑	汇和家园	信恒大厦	恒宾园
祥和花园	和平世家新苑	恒丰花园	恒和华园
和通花园	**武汉**	恒业大厦	东恒国际
世纪村·嘉和府	和平花苑	恒松园	**重庆**
泰和花园	和盛世家	恒润中心	恒通·云鼎国际公寓
和煦苑	嘉和·阳光水岸	恒成中心	恒鑫花园
东和大厦	佳和广场	凯恒中心	恒滨金港湾

安居恒富苑
恒鑫名城
恒运青河湾
明瑜恒康
恒邦C元素
大连
月恒花园
广州
恒骏花园
恒福轩
恒洲小苑
恒雅居
恒仕大厦
恒龙苑
恒华阁
恒福阁
恒德苑
恒城大厦
恒安大厦
恒鑫御苑
恒宝华庭
恒康阁
贵阳
恒生大厦
恒昱商务公寓
天恒城市花园
永恒商住楼
桂林
恒祥花园
哈尔滨
恒佳名苑
恒润嘉园

恒运花园
海口
万恒城市花园
杭州
众安恒隆广场
黄龙恒励大厦
济南
恒泰花园
恒泰世纪经典
昆明
恒信花园
南京
东恒·阳光嘉园
恒辉·翡翠城
恒基中心国际公寓
仁恒翠竹园
仁恒玉兰山庄
四季仁恒
南宁
恒大新城
宁波
安居恒富苑
上海
恒联新天地
恒联新天地花园
恒大瀚城国际
恒德花园
恒大瀚城
恒大华城·上河苑
恒森广场
恒达公寓
恒通公寓

裕华恒银大厦
恒阳花苑
恒升半岛国际中心
恒大华城·东林苑
恒城花苑
仁恒河滨花园
恒力锦沧花园
恒凌公寓
仁恒河滨城
恒联名人世家
恒海云庭
恒丰古北家苑
恒益公寓
恒大华城·天地苑
中恒苑
恒安大厦
恒力苑
恒昌花园
圣得恒业花园
仁恒滨江园
恒安阁
静安丽舍·恒辉阁
深圳
恒立听海花园
恒盛居

北京
九龙宏盛家园
金宏泰家园
富宏馨居

恒星园
恒安花园
台湾
恒滨
天津
恒华大厦
乌鲁木齐
恒翠花园
无锡
恒通国际大厦
武汉
恒丰·上河图
恒昌·欧景华庭
恒昌花园
恒达·盘龙湾
天恒大厦
恒佳格调
嘉恒太白尊邸
香港
恒诚大厦
恒隆中心
恒天阁
郑州
恒达公寓
恒业小区

◀ **宏** ▶

宏景绿洲
宏福园
宏嘉丽园
宏星苑

宏源公寓
宏鑫家园
宏大家园
宏记大厦
宏泰家园
宏源大厦
长沙
宏轩花苑
成都
宏景园
宏泰花簇锦绣
宏宇玉龙山庄
锦宏翠苑
锦宏河滨苑
锦宏骏苑
锦宏自由假日之五角度
　假公寓
锦宏足球假日公寓
重庆
宏城大厦
宏华苑
宏声大厦
宏声商业长廊
宏信大厦
上宏大厦
祥宏九龙明珠
宏泰苑
宏基大厦
大连
科宏花园
东莞
宏园金丰花园

广州
宏宇广场·新都城
宏天大厦
宏航苑
嘉宏阁
宏城别墅
宏华楼
侨宏花园
宏景国际公寓
贵阳
宏福苑
宏泰世家
哈尔滨
宏光大厦
宏景天地
先锋·宏伟
海口
宏发园
杭州
萧宏普罗旺斯
南京
宏泰花苑
宏图·上花园
宏景花园
宏鹰花园
宏图大厦
上海
宏润花园
宏城花园
长宏新苑
淞宏苑
宏莲馨苑

上海富宏花园
外滩新视界·宏惠花苑
景宏嘉园
新宏安大厦
展宏大厦
宏伦大厦
宏裕苑
宏城公寓·城市新邸
嘉宏紫薇园
宏祥花苑
宏业大厦
宏安家园
欣宏嘉园·千禧静安
宏润公寓
振宏公寓
宏凯公寓
宏祥花苑
宏泰公寓
深圳
宏观苑
宏发雍景城
宏浩花园
裕宏园
宏轩名庭
宏天大厦
宇宏罗马公元
沈阳

北京
彩虹城

宏伟新都
宏伟茗都
石家庄
长城三宏别墅
宏丰苑
宏业花园
台湾
宏门
宏盛帝尊
天津
宏达花园广场
宏苑领海
武汉
宏祥花园
宏盈花园
宏宇·绿色新都
江宏花园
长宏公寓
西安
宏林名座
宏林名苑
宏府大厦
郑州
宏都花园
宏连花园
宏升花园
宏远馨苑

◀ **虹** ▶

虹桥市场
长春

虹桥花园	虹华苑·流晶逸彩	虹桥丽景苑	虹桥晶彩
虹桥人家	虹桥河滨花园	尚品·联鑫虹桥苑	虹梅人家
长沙	创意虹桥	徐虹华庭·哈佛印象	虹梅佳苑
虹嘉园	虹山半岛	上海虹诚大厦	虹桥嘉景
成都	中虹明珠苑	虹桥领地	虹叶茗园
彩虹花园	虹桥高尔夫别墅	虹桥馨苑	世纪虹叶
彩虹商务大厦	金虹大厦·观景阁	浦江之星·馨虹苑	虹林新苑
大连	紫虹嘉苑	中虹汇之苑	虹桥城市花园
虹源大厦	虹桥大仕馆	虹瑞公寓	虹景苑
广州	虹桥怡景苑	虹桥银城	长发虹桥公寓
洛溪新城·彩虹花园	虹桥加州花苑	虹桥中华园	虹桥新天地
彩虹大厦	宝虹新苑	虹桥加州风情	中虹花园
流花彩虹小筑	虹桥万博花园	精彩华虹公寓	南虹公寓
贵阳	虹桥怡和园	海虹苑·翠庭苑	虹祥福邸
虹桥小区	虹桥上海城	虹祺花苑	广虹馨苑
虹祥大厦	虹桥豪苑	逸虹景苑	新虹桥风情
虹冠大厦	虹桥中园	浦东虹桥花园	虹桥金斯花园
杭州	湘江大厦·虹桥阳光	虹桥蒂凡尼花园	虹桥金俊苑
彩虹城	虹桥大名人	虹梅家人	虹光公寓
南京	虹桥花苑	虹桥中洋公寓	天虹苑
北苑景虹	虹桥绿苑	晟虹新景	虹领公寓
金虹花园	虹桥光大花园	虹漕公寓	兆丰虹桥公寓
锦虹丽都	虹桥逸品	合虹公寓	虹康景博苑
碧虹苑小区	新虹桥明珠花园	虹桥丽园	虹锦佳话
彩虹苑	虹桥乐庭	虹漕星都	飞越虹桥
盈嘉彩虹大厦	康虹佳园	虹康花园别墅	虹康家园
虹桥·新城市广场	虹桥华庭	大家源虹德苑	虹北公寓
青岛	淞虹公寓·紫荆苑	中虹丽都苑	虹桥尊邸
天虹大厦	虹桥公寓	虹景家苑	虹桥首席
上海	虹桥向日葵	虹田苑	虹莘小区
瑞虹新城	虹御公寓	虹桥新城	虹梅新苑
虹叶名园	虹韵家园	中虹明珠苑	虹康花园

中虹翡翠园
淞虹苑
虹桥阳光翠庭
宝虹新苑
彩虹花园
第九城市·浦东虹桥花园
东苑新视界·虹桥怡和园
深圳
虹桥金岸
虹楼
虹桥星座
苏州
胥虹苑
台湾

长虹瑞光
天津
金虹绿茵庄园
武汉
海虹·景
海虹公寓
虹景国际公寓
虹景豪庭
虹琦花园
西安
虹桥雅轩
郑州
长虹花园
虹景家园

鸿恩丽舍
大连
富鸿国际花园
东莞
鸿怡花园
广州
鸿图苑
鸿瑞欧派名庭
鸿景园
鸿基花园
鸿辉阁
鸿福楼
鸿发广场
鸿禧华庭
鸿成花园
鸿业大厦
嘉鸿花园
鸿运花园
鸿燕居
鸿新苑
鸿荣阁
新鸿花园
贵阳
鸿基都市花园
恒运花园·鸿苑
杭州
华鸿·怡景花城
华鸿大厦
济南
鸿苑·雅士园
鸿苑世纪开元
昆明

鸿运小区
南京
鸿都大厦
鸿仁名居
鸿意·地产大厦
鸿邺
鸿发大厦
青岛
鸿荣家园
上海
愚园·鸿凯湾
泰鸿新苑
森香水筑·光鸿苑
光鸿花园
海鸿公寓
乾鸿苑
梦里水乡·光鸿苑
鸿申大厦
泰鸿苑
鸿发家园
鸿发苑
鸿力公寓
博鸿大厦
金汇·鸿锦苑
罗马假期·乾鸿苑
西渡鸿吉苑
博鸿大厦
鸿禧花园
鸿达嘉苑
鸿凯湾绿园
深圳
鸿荣源尚都

◀ **鸿** ▶

北京
汇鸿家园
鸿运花园
鸿坤国际大饭店
鸿华高尔夫庄园
汇鸿家园
力鸿花园
鸿安国际大厦
浩鸿园
鸿安国际商务大厦
盛鸿大厦
天鸿东润枫景
长春
鸿城国际
鸿基豪宅

鸿业花园
长沙
鸿富大厦
鸿信大厦
成都
鸿生花园
远鸿方程式
运鸿丽景欣城商业街
重庆
鸿程大厦
鸿祥·金色年代
船舶鸿瑞新景
鸿兴大厦
新鸿泰富
鸿程山水家园

鸿洲文鼎家园
俪景鸿都
新港鸿花园
石鸿小洋房
鸿景湾名苑
鸿业花园
鸿翔御景东园
鸿昌广场
鸿业苑
鸿景园
鸿瑞花园
鸿园居
鸿昌花园
鸿浩阁
新鸿进花园
鸿颖大厦
石鸿融景园

沈阳
鸿凯花园

太原
鸿峰花园

天津
碧海鸿庭
鸿正绿色家园
鸿泰千佰汇
鸿泰花园别墅
泰鸿大厦
鸿泰花园

武汉
鸿泰佳园
三鸿花园
鸿景园小区
鸿喜山庄
鸿鼎福门

郑州
明鸿新城
裕鸿花园

◀ **湖** ▶

北京
陶然湖景
红螺湖别墅
太平湖大厦
青年湖小区
龙湖花园
湖畔雅居
兴隆湖景别墅
龙潭湖小区
西湖新村
翠湖别墅
东湖湾
湖光山舍
兴隆湖景
国兴观湖国际
银湖别墅
静之湖
大湖山庄
沿湖美景
丽湖馨居

莱蒙湖别墅
翠湖花园别墅
湖景苑
湖畔雅居
锦湖园公寓
青龙湖
清境明湖公寓

长春
串湖小区
湖光小区
湖畔小居
湖西小区
南湖静宅
南湖名家
南湖职工新村
轻铁湖西花园

长沙
南湖嘉园
同升湖山庄

成都
东湖御景
桂湖时化购物广场
锦江东湖花园
宝湖山庄
碧湖花园
东湖花园

重庆
宝圣湖别墅
龙湖·枫香庭
龙湖·香樟林别墅
龙湖花园西苑
榕湖国际花园

天一桂湖花源
翠湖雅居
龙湖水晶星座
兰天龙湖苑
龙湖紫都城
南湖魅力世纪
美茵天鹅湖
金科天湖美镇
广厦城湖水岸
中安翡翠湖
龙湖水晶郦城
友诚九龙湖畔
大众御湖苑
长青湖
湖山水榭花都
鸳鸯北湖郡
云湖花园
翠湖柳岸
榕湖花园
龙湖枫香庭
龙湖南苑
回龙兰湖天
龙湖蓝湖郡
榕湖国际花园

东莞
湖畔豪庭
嘉湖山庄
景湖花园
康湖山庄
丽湖山庄
倚湖名居
月湖居

广州

金湖雅苑
麓湖盛景
东湖御苑
万博翠湖花园
南湖山庄
麓湖阁
观湖雅轩
龙湖大厦
荔湖明苑
悦湖阁
仙湖名苑
美林湖畔
嘉和苑·御庭湖轩
泰湖山庄
翠湖山庄
南湖半岛花园
湖景阁
湖景华厦
湖滨苑
仙湖名居
西湖商业大厦
溢盈湖
王子山天鹅湖城堡

杭州

天湖苑
广宇·湖滨公寓
湖畔·莲花港家园
湖畔花园
湖墅嘉园
镜湖山庄
南都·西湖高尔夫别墅
千岛湖·开元度假村
青山翠湖
上林湖
太湖阳光假日
通成·南湖丽景
西湖·定安名都
西湖·阳明谷
西湖山度假村
绿都湖滨花园
西湖国贸中心
青山湖畔
新湖·香格里拉

济南

湖滨苑

南京

白马湖山庄
百家湖花园
东湖丽岛
湖滨世纪花园
湖景花园
湖畔水竹苑
佳湖绿岛
湖畔之星
明湖山庄
名湖雅居
南湖春晓
百家湖花园
湖西苑
中国香泉湖
沁湖景岸
江南湖景
御湖国际

湖西庭院
赞成·湖畔居

南宁

北湖小区
湖景花园
明湖大厦
翠湖新城
第一印象·金湖汇富
湖滨大厦
金湖湾
铭湖经典
南湖碧园
南湖国际广场

上海

湖左岸
金湖山庄
世贸湖滨花园
绿洲湖畔商务港
佘山银湖别墅
湖畔佳苑
大湖山庄
慧芝湖花园
绿洲湖畔花园
盈湖三岛
万科假日风景·临湖轩
中海翡翠湖岸
新华绘·东湖名苑
景湖别墅
徐汇新湖云庭
夏阳湖国际花园
东湖铭苑
金沙雅苑·滨湖世家

新湖明珠城
太阳湖大花园
世茂湖滨花园
宝莲湖景园
天外翠湖
安信·湖畔天地坊
万峰梦湖苑
东湖别墅
东湖宾馆
东湖大厦
东湖苑

深圳

罗湖金岸
新安湖花园
碧湖港澳城
星湖花园
湖滨阁
洪湖东岸
碧湖豪苑
罗湖商务中心
宝湖名园
山湖林海
仙湖山庄
东湖豪庭
湖臻大厦
东湖新地带
观澜湖高尔夫大宅·纳斯比区
观澜湖高尔夫大宅·蔓菲亚区
洪湖春天
碧湖皇冠假日国际街区

丰湖花园	湖中天	玫瑰湖畔	西北湖公寓
碧湖花园	湖左岸	美加·湖滨新城	西湖庭居
仙湖枫景家园	元邦丽湖特区	梦湖花园	小南湖芬香园
西湖花园	**太原**	梦湖水岸	月湖景苑
翡翠园山湖居	滨湖豪园	梦湖香郡	月湖商住楼
丽湖花园	西湖花园	墨水湖小区	滨湖名都城
香蜜湖豪庭	**天津**	南湖·都市桃源	长湖小区
翡翠园山湖居	滨湖大厦	南湖·虹顶家园	翠湖苑
丰泽湖山庄	天鹅湖	南湖·新世纪宝安花园	东湖·香榭水岸
湖景居	万科东丽湖	南湖花园	东湖花园
丽湖阁	湖地山庄	南湖华锦·春天故事	东湖林语
沈阳	翠湖温泉花园	南湖加州花园	东湖名居
洪湖花园	**无锡**	南湖经典花园	东湖熙园
柳条湖幸福家园	湖滨苑	南湖山庄	东湖名邸
南湖新园	湖帆苑	南湖雅园	**西安**
石家庄	太湖花园	南湖中央花园	湖滨假日中心
滨湖慧馨苑	太湖世家	澎湖高级公寓	湖景嘉苑
滨湖惠馨苑	西太湖花园	澎湖公寓	莲湖佳苑
滨湖新村	**武汉**	鹏程·金湖公寓	湖滨花园
苏州	丽湖居	沙湖·金港苑	**香港**
东湖大郡	宝湖居	沙湖公寓	海澄湖畔
湖畔花园	后湖华庭	沙湖花园别墅	嘉湖山庄
湖左岸	后湖生态花园	天鹅湖假日山庄	**郑州**
嘉湖阁	湖北商务大厦	天时·东湖风景苑	湖光苑
加城湖滨公寓	华工·镜湖园		
太湖之星	金银湖国际高尔夫	◀ **皇** ▶	
太湖天地	俱乐部		
台湾	锦湖花园	**北京**	渤海皇家
大湖春天	丽湖花园	皇冠大厦	皇家·御院
大湖富邦	丽湖健康小区	皇家港湾	**重庆**
湖山雅致	莲花湖公寓	枫露皇苑	皇冠东和花园
湖适	恋湖家园	京皇广场	皇冠自由城

东莞
皇朝阁
广州
皇上皇大厦
杭州
润和皇庭花园
南京
皇册家园
上海
皇朝苑
皇都花园
渤海皇家
皇骐爱丽舍
中皇广场
皇朝别墅
皇府别墅
中皇外滩
皇朝新城
皇宫半岛别墅
深圳
皇庭香格里花园
皇庭彩园
皇家翠苑
碧湖皇冠假日国际街区
皇庭居
皇御苑
骏皇名居

◀ **汇** ▶

北京
青年汇

皇家海湾公馆
皇都广场
皇兴大厦
尊皇豪府
皇庭世纪
沈阳
皇城公寓
台湾
飞皇
皇普河畔
莱茵皇家
水户皇门
皇家将相
皇翔四季会馆
金石皇家帝国
皇家艺品
武汉
世纪皇冠
西安
皇冠公寓
皇家花园
皇城国际
小寨皇家公馆
曲江皇家花园
香港
御皇庭
晋皇居

汇鸿家园
汇通轩

汇豪阁
丰汇园
汇福佳苑
汇通花园
宝汇苑
汇达公寓
丰汇时代
汇欣公寓
山水汇豪
佳汇中心
青春汇馆
汇福轩
汇丰家园
汇景阁
丰汇园公寓
汇和综合楼
汇福佳苑
汇欣大厦
长沙
汇城花园
汇景龙城
名汇达
成都
城南汇锦苑
汇发摩尔
汇景樱桃季
汇厦花园
汇缘阁
金房汇景新村
锦汇花园
圣沅汇景新村
天府汇城

客汇天下
汇景新村
汇龙湾广场
汇锦苑
重庆
汇景台
龙汇园
青年汇
盛仁汇大厦
广州
金汇花苑
汇成花园
汇友苑
星汇国际
丰汇居
广州服装汇展中心
汇侨新城
金汇大厦
天汇大厦
星汇园
骏汇大厦
汇怡苑
汇怡居
汇美苑
汇美南苑
嘉汇华庭居尚
汇龙居
汇俊园
汇华商贸大厦
汇富花苑
汇豪大厦
百汇广场

汇景新城	汇芙园	汇峰衡苑	凯悦公寓·当代徐家汇
汇鑫阁	汇珊园	高峰汇·瑞南新苑	恬园风云汇
润汇大厦	汇珂园	金汇花园	中虹汇之苑
汇美景台	汇申园	金汇名人苑	汇金公寓
名汇商业大厦	汇祥园	墅博汇	云都新苑·双龙汇
广州汇丰银行大厦	汇珍园	锦汇苑	徐汇芳邻
海富花园·汇海居	汇玺园	汇达苑	徐汇龙庭
华骏花园·汇豪大厦	汇芳园	徐汇高公馆·高欣公寓	东方汇景苑

杭州

	广汇大厦	徐汇枫情·明晖苑	中福花园·青年汇
华达·汇观山花园	金汇花园	福源汇居	徐汇金座
汇锦华庭	万汇秀林水苑	汇元坊·千诗万绿	百汇中心·独立时代
汇锦名店广场	汇杰广场	永汇新苑	魅力徐家汇
天汇园·星云地带	**南宁**	士博汇弘辉名苑	徐汇新湖云庭
下沙·文汇苑	汇春名庭	三春汇秀苑	亭汇花苑
耀江·汇景苑	第一印象·金湖汇富	天杰徐汇	徐汇99
杭州国际汇丰中心	汇金苑	汇贤居	徐汇华庭·新汇公寓
汇景阁	汇海山庄	世福汇	通汇公寓
汇统花园	**上海**	金汇五街坊	徐汇鑫秀·罗秀家园
三庆·汇文轩	百汇中心·独立时代	徐苑	紫汇苑

昆明

	世福汇·外滩中福	徐汇俊园·荣承公寓	徐汇秀水苑
汇和花园	现代城	徐汇百第宜山大楼	金汇花园

南京

	双龙汇	徐汇37.2℃	四季运动汇
奥体韵动汇	玲珑汇	金汇华光城	徐汇生活
丰汇大厦	徐汇新城	中汇公寓	徐家汇花园
华汇·康城	知雅汇	金银汇	徐汇晶典
汇林绿洲	汇金广场	汇都大楼	亚太盛汇
汇贤居	汇豪天下	徐汇尚座	徐汇鑫秀
江城·汇景新苑	汇秀公寓	徐家汇馆	汇康公寓
金汇花园	知汇名邸	汇佳苑	汇园小区
汇嘉园	汇元坊	徐汇公寓	汇佳新苑
汇轩园	虹口金地汇	汇峰鼎园	晶品汇·国鑫大厦
汇丰园	徐汇枫景	汇翠花园	汇成宾阳苑

汇京佳丽园	汇成花园	嘉汇大厦	宝云汇
汇丰佳苑	**台湾**	曲江汇景新都	君汇港
徐汇兆嘉园	风云汇	**香港**	汇景花园
科汇景苑	**太原**		
新亚徐汇公寓	汇丰苑	◀ **基** ▶	
汇龙新城	汇隆花园		
徐汇龙兆苑	鑫汇苑	**北京**	**贵阳**
徐家汇景福苑	**天津**	国恒基业大厦	鸿基都市花园
汇丽苑	汇文名邸	基尔特中心	**南京**
徐家汇景园	鸿泰千佰汇	总部基地	福基国际花园
徐汇自由度	山水颐园·UP生活汇	金隆基大厦	恒基中心国际公寓
徐汇一品苑	合汇大厦	永丰基地公建	金基翠城
知雅汇	汇名公寓	**长春**	金基唐城
嘉汇广场	汇通大厦	鸿基豪宅	**金基蓝钻**
同济杰座·同汇苑	汇福华庭	万基新界	**德基大厦**
金汇·鸿锦苑	嘉汇园	**成都**	金基尚城
深圳	天津百脑汇科技大厦	银谷基业	**上海**
汇锦名园	峰汇广场	万基新界	ABP总部基地
汇园雅居	汇和家园	**重庆**	欣安基公寓
汇港名苑	**乌鲁木齐**	基良广场	安基明珠·实华公寓
望海汇景苑	汇嘉园	申基会展国际	安基大厦
金色都汇	汇珊园	申基纵横天地	**深圳**
都市千千汇	汇展园	宏基大厦	京基东方华都
汇宾广场	汇芙园	基良港澳广场	京基御景华城
汇景豪苑	**武汉**	**广州**	鸿基新城
嘉汇新城	汇福苑	鸿基花园	**台湾**
汇龙苑	汇龙花园	弘基广场	基泰捷座
汇龙花园	汇文新都	基立大厦	基隆长荣桂冠
汇金家园	七星四季花园·汇星苑	隆基怡苑	**天津**
汇福花园	**西安**	侨基花园	诚基中心国际公寓
汇雅苑	汇翔苑	盈基大厦	中基T城
金汇名园	汇鑫温泉都市庭院	富基广场	海泰绿色产业基地

◀ **佳** ▶

北京
佳运园
颐慧佳园
名佳花园
倚林佳园
怡佳家园
玉江佳园
佳和园
汇福佳苑
鑫兆佳园 V01
燕水佳园
开阳佳境
增光佳苑
星峰佳缘
瑞康佳园
自然佳境
豪景佳苑
西景佳园
佳汇中心
上地佳园
金鼎佳苑
峰景佳园
德茂佳缘
佳仕苑
佳程广场
佳境天城
燕景佳园
辛佳竹园
星光佳园

长春
佳园小区
民兴佳居
e景佳园
三佳新村

长沙
佳和苑
佳润新城
佳逸豪园
万事佳·景园
鑫天佳园

成都
东城佳苑
盖佳花园
佳美景园
建兴百佳庭院
佳润娇子苑
天益佳苑
少城佳苑
棕北国际佳园
百佳庭院

重庆
佳华世纪新城
建设·艾佳沁园
锦天佳园
凯圣佳园
南国佳园
青青佳苑
桃源佳景

龙脊金山佳苑
佳禾钰茂河畔名居
艾佳天泰
西亚怡顺佳苑
佳禾钰茂经典苑
佳禾钰茂豪俊阁
学府佳园
渝南佳苑
天佳紫林阳城
石油佳苑
锦城佳苑

大连
北斗佳园
府佳名都
新河佳园

东莞
万佳花园

广州
佳兴大厦
绿佳花园
佳通苑
佳地新都
百事佳花园
正佳广场

桂林
佳信华庭

哈尔滨
金佳园
恒佳名苑

杭州
广利佳苑
玉都佳苑

佳境天城

济南
舜怡佳园

昆明
佳园上居

南京
枫情国度·佳园
佳湖绿岛
力盛佳苑
龙凤佳园
名佳嘉园
新理想佳园
佳乐福新寓
佳盛花园
日光佳园
名嘉佳园
幕府佳园
新城佳园

南宁
佳得鑫水晶城
佳和大厦
佳运公寓
新秀佳园

上海
锦灏佳园
春天佳境
罗马佳苑
湖畔佳苑
佳龙花园
青浦佳乐苑
临泷佳苑
佳成大厦

贝越佳园	星惠佳苑	富佳苑	佳海茗苑
兴东佳苑	新青浦佳园	育德佳园	佳和广场
西郊佳景苑	佳达新苑	华佳广场	佳和馨居
佳安公寓	同济佳苑	育德佳园	佳兴苑
北方佳苑	新月佳苑	福民佳园	佳园花园小区
华丰佳园	佳宁花园	佳嘉豪苑	佳园小区
佳日公寓	佳信都市花园	佳兆业中心	佳源花都
世华佳苑	鑫都佳园	**沈阳**	开来·枫景佳园
海湾世纪佳苑	虹梅佳苑	佳地园	乐佳小区
康虹佳园	远景佳苑	**苏州**	丽水佳苑
佳泰花园	紫藤佳苑	佳安别院	学府佳园
佳祥公寓	汇佳新苑	佳林花苑	沿海丽水佳园
和亭佳苑	复兴佳苑	**台湾**	武汉佳海都市工业基地
佳慧雅苑	冠生·东方佳苑	佳园	安顺佳园
乾阳佳园	汇京佳丽园	**太原**	博大精品花园·博大
吾好佳庭	汇丰佳苑	佳地商务大厦	佳园
景源佳苑	虹祥福邸·乾弘佳园	太原佳地花园	东创仕佳
博佳花园	嘉丰佳苑	宜佳公寓	**西安**
东方佳年华	华佳花园	榆次佳地花园	八佳花园
佳洲欣苑	文化佳园	**天津**	丰源美佳别墅
国际明佳城	美晶佳园	怡林佳缘	佳腾大厦
金和佳园	明丰佳园	佳平里	伟世佳大厦
凌兆佳苑	润欣公寓·虹锦佳话	馨佳苑	含光佳苑
星源佳苑	海伦都市佳苑	佳丽园	佳家SPORT
万佳苑	莱金佳园	凯信佳园	恒佳格调
美树名家·佳源时代华苑	爱建城·佳安公寓	爱民佳园	海荣豪佳花园
	安居朝阳苑·吾好佳庭	佳闻公寓	佳和苑
银都佳园	**深圳**	佳园新里	缤纷佳苑
佳邸别墅	高发佳苑	佳怡公寓	莲湖佳苑
上青佳园	合正佳园	**武汉**	华龙佳园
晟业佳苑·东宫世家	佳兆业可园	鸿泰佳园	贝特智能佳园
汇佳苑	龙佳园	佳海华苑	曲江佳苑

◀ 嘉 ▶

北京
嘉德公寓
嘉美国际风尚中心
嘉豪国际中心
元嘉国际公寓
嘉华大厦
嘉铭园
静馨嘉苑
嘉都大厦
嘉铭桐城
嘉莲苑
嘉多丽巢
金嘉苑
嘉林花园别墅
中水金海嘉苑
鼎极嘉华世纪
嘉多丽园
泰和嘉苑
宏嘉丽园
世嘉座
嘉隆雅苑
嘉悦精英家园
嘉和人家
善缘嘉苑
嘉润花园
德胜世嘉
世嘉丽晶
嘉浩国际商住别墅城
裕嘉家园

嘉德公寓
金晖嘉园润憬
嘉慧苑
嘉和丽园
嘉业大厦
嘉润美梦园·铁营花园别墅
鼎极·嘉华世纪
德胜世嘉
嘉浩国际
聚通嘉园别墅
嘉丽园
蓝爵嘉苑
珠江罗马嘉园
金晖嘉园
新起点嘉园
青岛嘉园
城南嘉园
国电中兴嘉园
京南嘉园
舒至嘉园
华芳嘉园
华亭嘉园
新潮嘉园
金世纪嘉园
龙德嘉园
恋日嘉园
安瑞嘉园
景泰嘉园

运乔嘉园
朝阳嘉园
翠微嘉园
冯村嘉园
富锦嘉园
华采嘉园
华清嘉园
豪威嘉园
倚山嘉园
金晖嘉园
交大嘉园
锦绣嘉园
旭日嘉园
劲松嘉园
金祥嘉园
星岛嘉园
潞潮嘉园
丽水嘉园
莲馨嘉园
美树假日嘉园
瑞景嘉园
世纪金色嘉园
朝通嘉园
中关嘉园
盛鑫嘉园
上龙嘉园
颐安嘉园
玉阜嘉园
翌景嘉园
世纪嘉园
中水金海嘉园
重兴嘉园

正邦嘉园
中鑫嘉园
永丰嘉园
聚通嘉园
同心嘉园
正邦嘉园
盛世嘉园
明月嘉园
京艺天朗嘉园
美树假日嘉园
翠微嘉园
星岛嘉园
马家堡嘉园

长春
美嘉城
名门嘉园
世纪兴嘉园

长沙
海华嘉园
虹嘉园
咸嘉新村
南湖嘉园
香格里·嘉园

成都
国嘉华庭
禾嘉花园
嘉合苑
嘉怡苑
嘉州花城
嘉洲华府
丽阳嘉园
青年房产静居嘉苑

双楠嘉瑞苑	嘉宏阁	恒润嘉园	东宝·盛世嘉园
天乐嘉苑	广信嘉乐花园	嘉泰名宅	东恒·阳光嘉园
望江嘉苑	东海嘉园	**海口**	嘉业阳光城
兴元嘉园	嘉和苑·白金府邸	华亭嘉园	美丽嘉园
学府嘉苑	嘉银华庭	嘉华城市花园	名佳嘉园
紫荆嘉苑	嘉颐居	**杭州**	名仕嘉园
嘉逸花园	嘉城苑	安居·嘉绿苑	清江花苑·嘉和园
静居嘉苑	嘉柏居	国信嘉园	托乐嘉街区
京龙嘉苑	嘉仕花园·尚海	湖墅嘉园	永嘉年华
嘉瑞苑	江南嘉居	嘉禾苑	芝嘉花园
重庆	嘉仕花园·上领	嘉业·海华公寓	怡水嘉园
爱华嘉园	嘉洲花园	锦都嘉园	汇嘉园
华庭嘉园	嘉怡苑	美达·天成嘉苑	嘉和园
嘉多利广场	嘉星广场	荣邦·嘉华公寓	世嘉园
嘉福西苑	嘉仕花园	世纪嘉园	海都嘉园
嘉福苑	嘉丽苑	曙光嘉园	天顺嘉园
盛世嘉园	嘉骏苑	天成嘉苑	**南宁**
兴馨嘉园	嘉景园	五洋·嘉景苑	嘉和·自由空间
嘉华鑫城	嘉华楼	西房·星都嘉苑	嘉和南湖之都
嘉州景园贤达大厦	嘉鸿花园	瑶琳嘉苑	嘉士·天骄
嘉瑞江山公寓	嘉和苑·御庭湖轩	银河嘉园	嘉园
嘉新桃花里	嘉富广场	广大·嘉利花园	**上海**
嘉年华大厦	嘉福广场	嘉德广场	瑞嘉苑
嘉和苑	嘉德园	青城嘉园	嘉里华庭
绿湾嘉景苑	嘉汇华庭·居尚	盛世嘉园	龙馨嘉园
博丰嘉华盛世	金豪嘉苑	**济南**	嘉城
嘉信御庭苑	嘉洲广场	晨光嘉园	嘉利明珠城
东莞	**贵阳**	绿景嘉园	嘉善公寓
嘉湖山庄	嘉信华庭	千禧嘉园	嘉宝都市港
广州	**桂林**	天旺嘉园	紫虹嘉苑
南国嘉园·苹果城	怡嘉华庭	**南京**	嘉瑞花苑
嘉洲翠庭	**哈尔滨**	澳丽嘉园	都林嘉园

禄德嘉苑	中友嘉园	嘉多利花园	嘉园
黄金水岸·嘉德公寓	宜嘉商务楼	嘉麟豪庭	世富嘉园
嘉禄新苑	嘉宝花园	嘉富花园	白楼仕嘉
宜嘉坊	时代映象·和嘉公寓	宜嘉华庭	嘉庭
爱嘉苑	踵嘉城·嘉阳公寓	嘉汇新城	嘉汇园
嘉和花苑	都市水乡·宜嘉苑	嘉意台	嘉利中心
景宏嘉园	新华嘉利公寓	嘉洲豪园	嘉华国际商业中心
嘉利明珠城	嘉年城市新苑	嘉福花园	嘉海花园
嘉富利大厦	虹桥嘉景·天山中华园	海韵嘉园	**乌鲁木齐**
虹口嘉苑	欣宏嘉园·千禧静安	**沈阳**	汇嘉园
运旺嘉云苑	住友嘉馨名园	嘉麟花园	**武汉**
六里嘉园	嘉园	**石家庄**	嘉禾园
仕嘉名苑	延安嘉苑	华平嘉园	嘉和·阳光水岸
天安嘉富丽苑	徐汇兆嘉园	**苏州**	嘉颐新都
嘉华苑	嘉丰佳苑	嘉宝花园	嘉怡苑
住嘉新苑	嘉美美家	嘉多利花园	嘉鑫·假日广场
嘉德坊	嘉骏花苑	嘉湖阁	嘉鑫大厦
金沙嘉年华	嘉汇广场	嘉业·阳光城	江都仕嘉
嘉苑别墅	爱莲屋·嘉和花苑	嘉园	康馨嘉园
嘉怡苑	嘉利豪园	**太原**	玫瑰嘉园
嘉泰花园公寓	嘉美坊	东港嘉园	润帝嘉园
富友嘉园	华山嘉苑	嘉和苑	盛合嘉园
花语墅·盈嘉园	**深圳**	嘉兴苑	香格里·嘉园
印象派·嘉富丽花园	翠盈嘉园	**天津**	新都国际嘉园
水丰嘉园	嘉隆苑	贻正嘉合	新嘉园
嘉宏紫薇园	金洲嘉丽园	嘉华新苑	育才嘉苑
千秋嘉苑	嘉逸花园	映日嘉园	碧海花园·半岛嘉年华
嘉发大厦	嘉南美地	中嘉花园	当代曙光嘉园
景泰嘉苑	嘉园	嘉华园	**西安**
古北嘉年华庭	嘉宝田花园	嘉华新厦	湘子嘉园
嘉玉龙庭·叠加苑	嘉和府	阳光嘉年华商业广场	湖景嘉苑
永嘉公寓	嘉年华名苑	贻芳嘉园	嘉恒太白尊邸

湖畔嘉园	嘉悦半岛	香江花园	嘉瑞江山公寓
嘉汇大厦	**郑州**	春江花月	天江鼎城
曲江假日新嘉园	嘉和园	岷江畔岛	珠江彩世界
香港	云帆都市嘉园	**重庆**	江风雅筑
		江都怡园	骏逸江南

◀ **江** ▶

		江南明珠	华宇江南枫庭
		江南山水	城市江山
北京	江都花园	江山多娇·钻石年代	望江公寓
瑞丽江畔	江都名园	江山多娇·滨江花园	武夷滨江
乐府江南	江南岸	江山多娇·天池林海	春江名都
玉江佳园	江南房子	金江明珠	听江大厦
绣江南	锦江国际商邸	凌江翠屏	广厦城·江畔语林
印象江南·茉莉山庄	锦江时代花园	南桥江山	扬子江花园
珠江峰景	丽泉江南	听江大厦	**东莞**
珠江绿洲	临江阁	望江公寓	豪江新村
丽江新城	临江苑	我爱江山	江滨花园
香江花园	郯江峰阁	香江家园	新世纪丽江豪园
珠江骏景	柳城丽江苑	映江花园	**广州**
珠江帝景	岷江华庭	御景江山	江燕花园
浙江大厦	钱江铂金时代	珠江花园	江湾花苑
珠江国际城	青城高尔夫·新丽江	珠江太阳城	江畔楼
长春	世代锦江豪宅	假日滨江花园	江南苑
长江科贸大厦	世代锦江酒店	临江大厦	江南雅苑·信明阁
锦江公寓	世代锦江商务港	珠江华轩	江南雅居
锦江花园	望江嘉苑	望江阁	江南美景花园
丽江花园	望江苑	晋愉上江城	珠江帝景苑
长沙	御景江山	锦天滨江风情街	临江商务中心
长江雅园	锦江时代	润江金韵天城	珠江旭景熙苑
丽江翠园	西江紫园	凌江翠屏	珠江俊园
成都	富临清江雅居	临江苑	广信江湾时代广场
都江花园	锦江东湖花园	江南水乡	锦绣香江
都江堰花园	都江堰花木城	大江广场	滨江绿园

鹭江小区	滨江明珠苑	绿城·春江花月	江城·汇景新苑
港澳江南中心	**贵阳**	南都·江滨花园	江南·青年城
珠江南景园	江山公寓	钱江湾花园	江南名府
富江阁	漓江花园	三江·鸣翠桃源	江畔明珠广场
滨江怡苑	盘江花园	三江花园	江山·万欣翠园
珠江御景湾	香江花园	宋都·桐江花园	龙江花园城
江南世家	**桂林**	通策·钱江时代	明发·滨江新城
江南骏园	春江苑	望江·新丰苑	清江花苑·嘉和园
珠江别墅	漓江花园豪宅	望江公寓	清江西苑
江南嘉居	**哈尔滨**	望江楼	顺驰滨江奥城
江南花园	达江小区	西房·锦绣江南	万达·江南明珠
江景苑	临江花园	耀江·汇景苑	万江共和新城
江畔华庭	龙江大厦	耀江·文鼎苑	阅江花苑
江滨大厦	珠江名苑	耀江·文欣苑	中江美河
江南快线	珠江小区	耀江·文萃苑	江南文枢苑
江南新苑	**海口**	耀江广厦公寓	东渡滨江大厦
丽江花园	锦绣京江	耀江喜得宝花园	江城人家
珠江半岛花园	**杭州**	云江花园	南京沪江商贸城
滨江花园	滨江·金色海岸	之江公寓	江岸水城
华江花园	滨江·庆和苑	景江苑	清江花苑·圆梦园
江南翠菊园	滨江·文景苑	之江花园	**南宁**
倚江楼	滨江·金色家园	中江大厦	江南香格里拉
珠江广场	春江·大奇山居	中南·江景园	江南新兴苑
畔江花园	春江时代	**昆明**	江南馨园
丽江新村	菲达·春江绿岛	江东丽景园	锦绣江南
滨江绿园	富春江花园	景江花园	丽江村
春江花园	华立·江南水乡	**南京**	邕江湾别墅园
港澳江南中心	江枫苑	长江花园	**宁波**
华江花园	江南春城	长江之家	江东新世纪
珠江明珠	江南豪园	创新滨江广场	江南春晓
珠江高派	临江风帆公寓	春江新城	**上海**
临江国际·丽江新村	临江花园	东渡滨江大厦	耀江花园

平江新城·智荟苑	滨江雅苑	长峰广场·浦江大厦	雄江苑
金鼎花苑·春江花月城	文化名邸·江南苑	浦江花苑	**沈阳**
浦江名邸	湘江大厦·虹桥阳光	江南名庐	滂江花园
滨江名座	九龙锦江大酒店	浦江茗园	**苏州**
滨江晶典	卢湾滨江南园	江南世纪新苑	胥江假日
滨江杰作	珠江香樟南园	江南新浪	**台湾**
江南世家	江南清漪园	漓江山水花园	江山万里
锦绣香江	江桥二村	申江名苑	**天津**
临江名庭	怒江苑	江南文化园	上江花园
江南春堤	上海浙江商贸城	江南造船广场	梅江湾
茉莉山庄·印象江南	申江世家	南江公寓	香江雅兰
林海伟星·靖江花城	名江七星城	珠江香樟园	香江花园
耀江国际广场	申江远景	张江国际酒店公寓	瑞江花园
一品凌江	阳光公寓·龙腾浦江	望江苑	天江格调兰庭
新江湾城	江南宴花园	浦江天第苑	靖江雅园
江南星城	张江汤臣豪园	家化滨江苑	梅江新时代
纯翠江南	金沙江公寓	临江三村	**乌鲁木齐**
世茂滨江花园	申江花苑	滨江雅墅	江峰苑
春江锦庐	滨江龙居苑	外滩鉴赏家·扬子江大厦	锦江苑
江锦庭	浦江之星·馨虹苑		**无锡**
耀江国际广场	张江交江大楼	浦江风景苑	新加坡兴江苑
珠江新城	松江世纪新城·明丰文化苑	江南名邸	**武汉**
扬子江家园		申江名园	海山·观江楼
丽江锦庭	奎江公寓	江南山水	汉江·阳光城
新江湾城	久阳滨江公寓	仁恒滨江园	汉江公寓
滨江兰庭	锦绣江南	钱江大厦	汉江苑
滨江国际	东方新座滨江茗园	**深圳**	滨江公馆
景江苑	外滩滨江名人苑	锦绣江南	江北园
周庄江南人家	绿洲江南园	江南花园	江城华庭
申江豪城	控江一村	庐江春天公寓	江城商业广场
南江苑	名门滨江苑	江苏大厦	江大路小区
雍江星座·香园	锦江·锦馨苑	东江豪苑	江大小区

江都仕嘉	统建·大江园	金泽大厦	紫金成苑
江锋大厦	西江月·厦	西马金润家园	金航安翔
江汉大厦	香江花园	金源时代商务中心	金台园
江汉经发公寓	香江家园	金荣园	金航安翔
江宏花园	香江新村	金角苑	世纪金色嘉园
江锦苑	耀江·丽景湾	海特金梦园	金鼎佳苑
江景时代	滨江苑	金丰园	金桥国际公寓
江景园	常阳·丽江城	永金里小区	金露枫苑
江南·春树里	长江城市花园	金色假日	金茂公寓
江南公寓	长江广场	金港大厦	慧谷金色家园
江南家园	东方江景园	金宏泰家园	世纪金源公寓
江南金都	**西安**	金宝花园	东华金座
江南明珠园	长江丰泽园	金隅丽港城	金地格林小镇
江南庭园	曲江皇家花园	金燕龙大厦	金桥花园
江南庭苑	曲江公馆	金华园	金世纪嘉园
江畔新城	曲江汇景新都	黄金苑	金容苑
江山如画	曲江佳园	金晖嘉园	金融街华荣公寓
锦江苑	曲江假日新嘉园	金苹阁	金隆基大厦
蓝江家园	珠江新城	金港国际	紫都金座
丽江新居	曲江春晓苑	金嘉苑	金谷小区
临江府	**厦门**	金榜园	金宝纯别墅
临江苑	鹭江新城	金第惠新家园	金泉广场
畔江影月	**郑州**	金福家园	金伦大厦
清江花园	锦江国际花园	金地大厦	金侨时代
三江航天花园		大雄郁金香舍	金达利花园
		金雅园	金色谷大厦

金
◀ ▶

		金宸公寓	金晖嘉园润憬
		中水金海嘉苑	中关村金融中心
北京	金鸽园	金祥嘉园	金岛花园
金海国际	金隅国际	金泰阁	金色家园
紫金长安	金鱼池小区	中海紫金苑	金鑫苑
金码大厦	金宝大厦	金地国际花园	大屋金海湾花园

大雄·郁金香舍	金房汇景新村	蓝光金荷花	黄金堡·芷苑
东华金座	金房馨苑	丽水青城·金桂苑	金鞍花园
慧谷金色家园	金房苑	钱江铂金时代	金岛 E·HOUSE
金宝街项目	金府花园	水城金街	金地花园
福家园·金第 NOLITA	金府汽配城	万贯五金机电城	金都香榭
长春	金港商城	阳光金山花园	金福大厦
金碧家园	金港湾花园	玉林都市金岸	金港大厦
金昆大镇	金港兴城	郁金香花园广场	金江明珠
金色华尔兹	金冠花园	倍特金杏苑	金科花园·丽苑
永信金庭	金海岸府南河公寓	金沙国际花园	金龙港湾
郁金花园	金林半岛	金林大城小室	金日阳光花园
长沙	金罗马假日广场	金茂礼都	金信大厦
宝庆金都	金茂礼都	荷花金池	金阳·骑龙山庄
金昌花园	金牛综贸大楼	金时代	金银园区
金帆小区	金桥小区	金鹏雅舍	中国龙水五金旅游城
金佛大厦	金桥苑	金牛综贸大楼	金星科技孵化中心
金府嘉苑	金色花园	金荷名邸	金科绿韵康城
金泉公寓	金色乐章	金域港湾	龙脊金山佳苑
金色地带	金色起跑线	金房竹韵天府	金都香榭
金色华庭	金色夏威夷	金沙园	金科天籁城美社
金苑花园	金色校园广场	金沙岁月	金易华苑
金竹苑	金色怡园	阳光金沙	金色家园
成都	金沙芙蓉苑	金南园	世纪金街
倍特金杏苑	金沙商业中心	金阳水景	金科花园
荷花金池	金沙时代城	金犀庭苑	金涛花园
黄金海岸	金沙西园	置信金沙园	金色领地
黄金时代	金山花园	金城丽景	金沙国际
金奥苑	金山商业街	**重庆**	金城花园
金巴黎凯旋帝景	金水苑	东海·金港湾	金色世纪·白金宫
金城丽景	金犀庭苑	鸿祥·金色年代	金科天籁城·紫园
金地花园	金杏苑	黄金堡·景馨苑	流金花园
金都花园	金阳水景	黄金堡·学府小区	黄金堡公寓

恒滨金港湾	金麟苑	金麟台	金鹿山庄
金鼎美源居	金福大厦	金津阁	金逸雅居
金色港湾	金观音广场	金建苑	金碧都市广场
金科天湖美镇	金华小区	金汇花苑	金宇花园
金地广场	金易都会	金湖雅苑	金道花园
金玉满堂城市花园	华宇金沙港湾	金和大厦	金花苑
龙脊金山名都	**大连**	金濠大厦	福金莲花园
东海金香庭	金海楼苑	金海花园	金迪大厦
金色世纪	金煌公寓	金帼大厦	金庭轩
重庆万豪国际金融中心	金马海景公寓	金桂园	金碧湾
金科金砂水岸	金盛家园	金色领地	金海湾
金碧园	金源小区	金铭轩	金汇大厦
金禾丽都	**东莞**	金谷花园	第三金碧森林居
黑格金界	大金鼓广场	金富苑	金碧世纪花园
铂金时代	宏园金丰花园	金碧华府	金山阁
润江金韵天城	黄金海岸	金丰花园	淘金华侨乐园
金果园	金澳花园	金鼎大厦	金碧新城
世纪金源国际公寓	金碧花园	金迪城市花园	紫金楼
旺角金城	金峰堡	金德苑	金穗雅园
金字塔·金都会广场	金豪花园	金达苑	黄金广场
鸿祥金色年代	金美花园	金城花园·福莱苑	金豪嘉苑
金阳骑龙山庄	金域名苑	金昌大厦	金兰苑
金科中华坊	金月湾花园	金碧花园	金禧大厦
金日阳光花园	金泽花园	金满苑	金骏大厦
金香林	**广州**	金海岸花园	金宇花园
东海金港湾	金穗大厦	淘金家园	金影花园
信一金典	金沙花园	淘金华庭	金业别墅花园倚翠豪庭
金台商务大厦	金平大厦	金碧翡翠华庭	金羊花园
黄金堡学府小区	金奴大厦	金碧雅苑	金燕花园
协信黄金海岸	金门大厦	广信金兰花园	金燕花苑
金都雅园	金满花园	嘉和苑·白金府邸	金亚花园
金华苑小区	金龙苑	金玫瑰苑·金玉堂	金雅苑

金雅阁	广利普金花园	金碧辉煌	金鹰国际花园
金兴花园	华立金顶苑	金碧苑	金源太古城
金田花苑	金成迦南公寓	金泉小区	金珠花苑
金信大厦	金达苑	金缘山庄	三金福邸
金威大厦	金都·富春山居	金洲湾	瑞金花苑
福金莲花园	金都·清宸公寓	新迎金马源温泉花园	万达·紫金明珠
金满花园	金都华府	**南京**	紫金名门
贵阳	金都华庭	21世纪连岛金海岸	万科·金色家园
金海苑	金都新城	山顶假日公寓	紫金山水苑
金色家园	金海	金鼎湾	金陵家天下
金厦商住楼	金鹿雅园	金虹花园	金陵世家小区
金竹苑	金色闲林	金汇花园	瑞金大厦
金榕商住楼	金沙国际寓所	金基翠城	紫金名门·明月轩
青山紫金楼	金世纪·红枫苑	金基唐城	金珠花苑
桂林	金世纪·星都家园	金陵名人居	金奥大厦
金桂苑	金泰·蓝色霞湾花园	金陵世纪花园·碧华园	华东五金城
哈尔滨	金裪庄公寓	金瑞华园	金基蓝钻
金桂园	西房经·金星花园	金陵世纪花园·怡华园	凯润金城
金河小区	西溪·紫金庭园	金陵王府	金浦广场
海口	香溢·白金海岸	金陵小区	金基尚城
黄金海岸花园	新金都城市花园	金陵御沁园	金轮国际广场
金楚生态家园	金帝公寓	金陵御庭轩	金陵大公馆
金都花园	金泰商务大厦	金龙蟠家苑	**南宁**
金福城	金棕榈花园	金轮国际广场	金城苑
金广大厦	金狮苑	金马郦城	第一印象·金湖汇富
金利山庄	金裪庄大厦	金鹏大厦	汇金苑
金龙花园	东方金座	金浦广场	金朝阳
金椰都滨海花园	金融大厦	金泉·泰来苑	金城苑
友合金城	**济南**	金山大厦	金桂花园
杭州	金阁花园	金盛·曲水文华	金湖湾
滨江·金色海岸	金泰花园	金王府	金花苑
滨江·金色家园	**昆明**	金信花园	金康·天和人家

金湾花城	金沙雅苑·滨湖世家	金都花好月圆	金粉世家·文馨苑
金宇新城	金外滩花园	金露苑	金枫豪苑
金之岛城市广场	金色奥斯卡	瑞金福地·福华花苑	金芙世纪公寓
金州琅园	金象大厦	金顶公寓	金港花园
鑫金丽园	金爵别墅	金色港湾公寓	金和佳园
鑫金雅园	金桥新城	金玉良苑	金衡公寓

青岛

	金地格林春岸	金海岸花园	金虹大厦·观景阁
金地公寓	金荣公寓	金桥都市花园	金华苑
金帝山庄	澄品金象华庭别墅	金色碧云	金汇·鸿锦苑
金都碧海山庄	汇金广场	金色贝拉维	金汇花园
金海生态广场家园	金岛大厦	金鼎花苑	金汇名人苑

上海

	瑞金尊邸	金都雅苑	金汇五街坊
金色家园	宝丽金大厦	金桥湾	金坤服务公寓
金沙家年华	瑞金花园	金水湾别墅	金坤花园
金鼎花苑·春江花月城	中祥金祥苑	金象大厦	金兰花苑
金沙雅苑	金纬花苑	金汇五街坊	金龙东苑
金海岸广场	金日世家·玉兰苑	金海湾别墅	金龙花苑·梅花园
金轩大邸	虹口金地汇	龙柏金悦公寓	金隆海悦
金铭·新水岸都市	金淙苑e家源	金汇华光城	金铭·文博水景别墅
金铭福邸	金地格林世界	金缘坊	金铭福邸
金色探戈	金纺苑	金龙东苑	金铭新水岸都市
乐扬·金榜星墅	金虹大厦·观景阁	金榜世家文馨苑	金牛苑
金宝纯别墅	城城金岛苑	金宝大厦	金鹏公寓
金碧玉水山庄	金海湾	金昌大厦	金平花园·嵊泗经典
金湖山庄	金隆海悦	金澄明珠别墅	金苹果花园
时代金领·爱建园	金色维也纳	金岛大厦	金桥凤凰酒店式公寓
国际金融家	东方港湾·金杰	金地格林春晓	金桥好人家
盛大金磐	金桥立方城	金帝城市岸泊	金桥花园
金地国际花园	金沙丽晶苑	金甸大楼	金桥花园酒店式公寓
白金府邸	黄金水岸·嘉德公寓	金鼎公寓	金桥丽景·凯鑫苑
金澄·明珠	金杨馨苑	金都花好悦园	金桥名都
金色黄浦	蝶恋园·金凤玉露	金纺小区	金桥瑞仕花园

金桥新城·金石苑	金竹园	金色假日	金枫花园
金桥新家园	金棕榈公寓	万科金域蓝湾	金港豪庭
金桥一方	金樽国际	金泓凯旋城	金晖大厦
金桥一景	凯润金城	金碧世家	金景豪苑
金桥盈翠庭	莱金佳园	金碧苑	金盛苑
金日世家玉兰苑	丽都黄金走廊	时代金融中心	金海燕花园
金荣公寓	龙柏金铃公寓	虹桥金岸	金茂礼都
金色奥斯卡·金爵别墅	龙柏金悦公寓	金庸阁	汇金家园
金色港湾	融都金桥园	金色年华	金叶茗苑
金色西郊城	书香名第·黎金苑	罗湖金岸	金丽豪苑
金沙嘉年华	新金桥酒店公寓	金众经典家园	银座金钻
金沙江公寓	徐汇金座	金海湾花园	金桃园大厦
金上海花园	郁金香花苑	东门金座	金地花园
金水楼台	宝利金	金鼎辉煌世纪	金汇名园
金水湾贵园	城金岛苑	金运家园	澎柏白金时代
金斯美邸	东方金门花园	金洲嘉丽园	金山花园
金台苑	公园桂冠·金燕家苑	金雨豪苑	汇金家园
金外滩花园	国际金融家	金港盛世庭	**沈阳**
金纬花苑	虹桥金斯花园	金洲绿韵	金碧花园
金霄云邸	华夏金桂苑	世界金融中心	金华园
金鑫怡苑	**深圳**	金领域	金居花园
金星苑	金岛大厦	金众香诗美林	金利苑
金轩大邸	罗湖金岸	金成时代家园	金穗花园
金阳怡景公寓	金色年华家园	金海岸	金穗世纪花园
金鹰大厦	金地香蜜山	金色都汇	金源商住楼
金宇别墅	金海丽名居	金泰名苑	万科紫金苑
金羽名庭	金玉良苑	金玲花园	**石家庄**
金玉苑	金怡华庭	金谷1号	金峰庄园
金域水岸苑	金洲嘉丽园	金石雅苑	金茂商城
金缘坊	金泽花园	鼎太风华·金色华尔兹	金鹏公寓
金苑	万科金色家园	金地翠园	金石公寓
金舟苑	金园	金城华庭	金瓦台

燕都金地城	金河购物广场	金地·太阳城	**西安**
苏州	金泰花园	金谷·明珠园	金都大厦
金枫苑·阳光水岸	金厦锋泛国际	金冠大厦	金桥花园
金龙花园	金龙国际村	金荷花园	金裕花园
金之枫花园	巨川金海岸	金惠公寓	金桥四季花园
中欣大厦·金银岛	金尚家园	金龙花园	白金广场
台湾	中金公寓	金龙巷	金桥太阳岛
黄金眼	滨海金融街	金秋别墅	金桥国际广场
金赏	泰达金色领地	金色港湾	金玉华城
双和金钻	金狮温泉公寓	金色世家	金泰丝路花城
国际金融广场	金钟小区	金色雅园	万国金色家园
金石皇家帝国	金达园	金沙城公寓	崇立金世园
太原	金山公寓	金沙花园	世纪金园
金港国际商务中心	金海园	金沙苑	金花苑
金泽苑	金厦锋泛国际	金盛花园	金顶人家
天津	金龙园	金石盟大厦	金泰丰商务大厦
天保金海岸	金典花园	金饰商住楼	金色时代
金海湾花园	金冠里	金梭花园	金裕青青家园
金辰园	金厦新都花园	金泰公寓	金水大厦
金湾公寓	**乌鲁木齐**	金涛大厦	金地园
金厦新都庄园	金地苑	金厦银座	紫竹金岸
金湾花园	金马花园	金星花苑	**厦门**
金港国际	金阳大厦	金银岛花园	金地翠园
金忠公寓	**无锡**	金银湖国际高尔夫	金秋花园
金苑公寓	金鼎广场	俱乐部	**香港**
翠金园	金乐苑	金域雅庭	金蝎商业大厦
金联公寓	**武汉**	金源世界中心	黄金海岸
金虹绿茵庄园	黄金海岸	金苑商厦	**郑州**
金街庭苑	江南金都	金珠港湾	金达优胜小区
金康园	金榜名苑	金鑫·黄金时代	金港花园
金厦世纪名都	金昌商业城	鹏程·金湖公寓	金桂苑
金田公寓	金地·格林小城	沙湖·金港苑	金海花园

金河小区
金天商务大厦
金祥花园

金祥小区
金燕住宅
金誉花园

锦西民园
锦绣花园
锦绣朋城
锦绣森邻
南府锦
盛锦华庭

华庭锦园
锦天康都
锦天滨江风情街
岭秀锦园
锦域蓝湾
锦天商务中心

◀ **锦** ▶

北京
锦绣雅园
锦官苑
锦秋知春
怡锦园
富锦家园
锦秋国际大厦
新华联锦园
锦绣大地公寓
观河锦苑
锦绣馨园
锦绣园
天伦锦城
富锦嘉园
锦官苑观缘
锦湖园公寓
丽锦苑
长春
富锦路综合楼
锦江公寓
锦江花园
锦西路综合楼
禹实锦华庄
长沙
航发锦绣家园
锦泰家园

锦绣华天
成都
碧水锦楼
长盛续锦
城南汇锦苑
宏泰花簇锦绣
锦城豪庭
锦城花园
锦城庭院
锦都
锦都园
锦官新城
锦海国际花园
锦宏翠苑
锦宏河滨苑
锦宏骏苑
锦宏自由假日之五角
　度假公寓
锦宏足球假日公寓
锦汇花园
锦江国际商邸
锦江时代花园
锦里苑
锦丽园
锦上花
锦西花园

世代锦江豪宅
世代锦江酒店
世代锦江商务港
世纪锦苑
天盛驿都锦绣
西延锦绣
堰锦家园
玉锦名都
锦绣阳光
上锦雅筑
力创枫叶锦
重庆
高创锦业
光宇锦鑫大厦
锦华源
锦天佳园
锦绣山庄
聚龙锦苑
岭秀锦园
天安·仕锦阁
丽锦雅舍
荣升锦瑟华年
锦龙特色超市
龙城锦都
万年锦苑
锦绣丽舍

怡锦苑
君和锦园
巴蜀锦绣银街
聚丰锦绣盛世
蓝天锦园
凤天锦园
锦城佳苑
大连
锦华南园
锦华园
锦绣公寓
锦绣园
广州
锦骏华庭
锦尚名苑
番禺锦绣生态园
锦州国际
海珠锦绣
锦桦世家
荔锦雅居
南方李锦记中心
锦城南苑
锦绣香江
锦绣生态园·乐满园
中海锦苑
富力广场·锦晴轩

云锦居	**南京**	九龙锦江大酒店	锦蝶苑
汇侨新城·汇锦苑	锦华园	写意生活馆·锦良苑	锦秋花园
翠锦阁	锦达公寓	锦绣华庭	锦沧公寓
锦绣商贸中心	锦虹丽都	锦绣人家·银杉苑	锦凯华苑
云山锦绣家园	锦华大厦	锦三角花园	富锦苑
锦秀大厦	锦绣花园	锦福公寓	中环锦园
锦满楼	盘锦花园	锦麟天地	牡丹锦苑
锦诚花园	亚都锦园	锦杨苑	锦秋加州花园
华逸锦轩	阳光锦绣阁	锦绿新城	润欣公寓·虹锦佳话
东山锦轩	云锦美地	锦绣家园	飞越虹桥·锦馨苑
翠锦阁	中南·麒麟锦城	锦轩新墅	西渡·锦港新村
锦海	雯锦雅苑	长寿苑·锦海大厦	金汇·鸿锦苑
贵阳	大华锦绣华城	缘锦园	锦南公寓
锦绣家园	**南宁**	莲锦苑	伟业金锦苑
哈尔滨	锦绣江南	新锦港花园	**深圳**
锦绣花园	**上海**	伟业金锦苑	新锦安雅园
海口	锦馨苑	恒力锦沧花园	泰华锦绣城
锦绣京江	锦灏佳园	锦丽斯公寓	汇锦名园
杭州	锦绣香江	文锦大厦	桃源居·锦绣清华园
汇锦华庭	锦绣江南	锦安公寓	锦锈和山
汇锦名店广场	大华锦绣华城	锦江·锦馨苑	锦绣东方
锦昌文华	春江锦庐	同方锦城	锦绣江南
锦都嘉园	锦汇苑	东陆锦悦苑	美庐锦园
锦天城市花园	锦绣年华	锦绣一方	新锦安雅园
锦天花园	丽江锦庭	锦龙苑	仓前锦福苑
锦绣文苑	瀚锦苑	锦翠苑	翠景山庄·翠锦苑
西房·锦绣江南	锦绣满堂	达安锦园	合正锦园
中大·文锦大厦	锦绣天第	锦辉绿园	桃源居·锦绣前程园
中大文锦苑	锦澳家园	锦绣苑	锦冠华城
锦绣·山水苑	锦南花苑	星阳苑·锦绣阁	锦上花家园
昆明	源城锦苑	锦华花园	锦绣花园·翡翠郡
锦苑花园	锦河苑	锦秀文华	新锦安雅

帝锦豪苑
锦隆花园
沈阳
锦绣花园
石家庄
锦绣花园
苏州
北城花园·锦月新居
画锦坊
锦丽苑
天津
西锦大厦
锦绣园
乌鲁木齐
锦峰苑
锦福苑
锦江苑
锦祥院
世锦花园
无锡
锦明苑
锦绣花园
武汉
华锦花园

江锦苑
锦湖花园
锦江苑
锦锈苑
锦绣豪园
锦绣良缘
锦绣龙城
锦绣人家
南湖华锦·春天故事
文锦苑
西安
锦园小区
欧锦园
锦绣华庭
锦园新世纪
云锦大厦
西安锦园
锦都花园
海锦国际
城南锦绣
郑州
翠园锦荣世家
锦江国际花园

◀ **晶** ▶

北京
点晶小筑
东晶国际
水晶城
晶都国际

亮马水晶
晶城秀府
那尔水晶城
水恋晶城
和乔丽晶公寓

世嘉丽晶
境界·水晶城
日坛晶华
西城晶华
成都
柏仕晶舍
丽晶花园
广州
丽晶华庭
杭州
华业·南岸晶都
晶晶大厦
世贸丽晶城
丽晶·国际
永利晶华城
南宁
佳得鑫水晶城
上海
静安晶华园
国际俪晶
滨江晶典
天下晶典
世纪晶典
东晶国际
万源晶点
东源丽晶别墅
紫都·上海晶园
柏仕晶舍
樱源晶舍
中邦晶座·城市别墅
四季晶园
金沙丽晶苑

淮海晶华
晶彩视界
流晶逸彩
万源晶典
盛源晶华
晶钻博华苑
虹桥晶彩
徐汇晶典
晶品汇
紫晶南园
美晶佳园
晶彩加拿大
世晶花苑
晶采名人大厦
中邦晶座
深圳
安柏丽晶
丽晶国际
水晶之城
晶品居
台湾
大直晶华
建筑晶典
晶彩
晶典
欧洲晶典
天晶
天津
富山东晶花园
万科水晶城
武汉
冰晶兰馨苑

华晶商务广场
高新水晶岛
水晶石国际公寓

龙湖水晶
香港
丽晶花园

◀ **骏** ▶

北京
珠江骏景
骏城
达龙骏景
长沙
骏豪花园
成都
锦宏骏苑
西财骏苑
骏翔南园
重庆
帝骏阁
骏逸天下
骏逸新视界
骏龙园
骏逸江南
东莞
骏景高尔夫花园
骏马花园
广州
锦骏华庭
恒骏花园
骏逸苑
骏业阁
骏景花园
骏和大厦

江南骏园
朗骏苑
骏景居
骏汇大厦
嘉骏苑
华骏花园
金骏大厦
雅骏花园
天骏花园
骏鸿花园
南宁
骏景苑
上海
骏豪国际
家骏花苑
嘉骏花苑
深圳
骏庭名园
名骏豪庭
骏皇名居
富通天骏
圣淘沙骏园
西安
新兴骏景园
香港
骏景园

◀ **康** ▶

北京
康城
澳洲康都
康缘居
新康家园
新康园
康郡
康泽园
康庄住宅小区
康盛园
康馨雅苑
瑞康世家
瑞康佳园
康宁居
康斯丹郡
晓康小区
康颐园小区
康柏园
康堡花园
金福康
康桥水郡
康庄大道
长春
康泰乐园
成都
瑞康花园
迪康银色诗典
东景康庭
欧康花苑

新阳光健康家园
馨康花园
康河郦景
康桥水乡
康郡
重庆
富悦华康新居
康乐花园
尚阳康城
金科绿韵康城
白马康居花园
建工新康桥
康德27度生活空间
健康新居
锦天康都
浩立半岛康城
万友康年国际公寓
天一顺和康城
百康年世纪门
正升自由康都
康隆盛大都会
万康大厦
明瑜恒康
南方碧水康桥
东莞
康湖山庄
瑞康花园
广州
中海康城

康王阁	**杭州**	南康公寓	现代康桥
南康阁	水印康庭	艺康苑	虹康景博
荔康大厦	永康苑	静安康寓	虹康景博苑
恒康阁	**昆明**	康桥大厦	可乐苑·虹康家园
隆康花园	安康苑	联谊西康大厦	康桥花园
新康花园	**南京**	东方康洛	虹康花苑
泰康城广场	华汇·康城	新福康里	康桥南园
瑞康大厦	康桥翠湾	康桥半岛	**深圳**
小康人家	康盛花园	万康城·鑫康苑	康达尔香槟谷
康丽居	如月康城	康泰新城	康达尔花园
康裕北苑	燕康园	康桥华庭	泰康轩
康裕大厦	怡康新寓	康德公寓	中城康桥花园
康盈雅园	**南宁**	馨康苑	裕康时尚名居
康盈阁	康美花园	同济国康公寓	康欣园
康怡花园	金康·天和人家	共康公寓	裕康名园
康雅花园	南国·花园康城	康河原味	观澜湖高尔夫大宅丽维
康王商业城	振宁康乐园	康隆广场	康区
康泰花园	**上海**	随园·康诗丹郡	**沈阳**
康乃馨苑	绿洲康城	康桥水乡	健康·阳光苑
康隆苑	上海康城	康琳大楼	南园康居楼
蓝色康园	康桥水都	康健星辰	**石家庄**
广州国际康体贸易中心	绿地康桥新苑	虹康花园别墅	安康花园
贵阳	康桥老街	康宁雅庭	康华公寓
康瑞苑	康河原味	康馨家园	康华商住楼
小康苑	龙柏中康公寓	康琳大楼	康居东苑
桂林	康健丽都	康泰东苑	康居花园
康美大厦	康惠花苑	康沁苑·师大深呼吸	康乐公寓
哈尔滨	康惠苑	共康小区	康泰广场
康宁家园	胜康廖氏大厦	汇康公寓	康星家园
海口	山鑫康城	绿康公寓	栗康园
福康大厦	康虹佳园	丽都康城	**苏州**
康盛商务公寓	滨康大楼	康华苑	景运康家

台湾
康之庭
太原
安康小区
富康苑小区
康合俪舍
天津
天怡康居
康馨花园
丹怡康居
天恬康居
康达尚郡
康居新园
金康园
普康里
怡康家园
复康花园
乌鲁木齐
康泰苑小区
武汉

富康花园
关东康居园
国信小康城
康泰苑
康馨嘉园
康怡花园
丽湖健康小区
康桥半岛
正康花园
怡康苑
国信小康城
EE康城
康桥枫景
康吧
香港
聚康山庄
康怡花园
康乐园
郑州
绿云小康住宅

◀ **兰** ▶

北京
中房水木兰亭
合生米兰阳光
兰华国际
兰德华庭
宜兰园
空港米兰花园
格兰晴天
亚特兰大厦

兰慧园
米兰天空
波特兰花园
岸芷汀兰
兰竹花园
成都
荷兰CITYWALK水上
　风情商业街
米兰风度

泛林格兰晴天
重庆
海兰云天
兰天龙湖苑
米兰大厦
兰亭水云涧
回龙兰湖天
同创米兰天空
大连
兰亭山水
广州
君兰国际高尔夫生活村
广信银兰苑
广信金兰花园
广信春兰花园
广信白兰花园
兰亭颖园
兰兴阁
都市兰亭
金兰苑
米兰苑
杭州
华都·兰庭国际
三里新城·兰苑
奥兰多小镇
南京
花园米兰城
方圆兰庭
兰之堂
玛斯兰德
仁恒玉兰山庄
瑞鑫兰庭

亚东·沁兰雅筑
南宁
格兰云天
上海
雅仕兰庭·伊顿公寓
东兰新城·欧枫花都
兰乔圣菲
广兰名苑
白玉兰花园
新申花城·玉兰苑
万科兰乔圣菲
金日家·玉兰苑
田林兰桂坊
滨江兰庭
蕙兰苑
外高桥荷兰城
东兰世茗雅苑
紫兰苑
兰庭
兰港大楼
兰桥公寓
富兰克林
兰馨雅苑
和兰苑
白玉兰家园
兰村大厦
幽兰雅筑
紫罗兰家苑
沈默荷兰园
东兰兴城
玉兰苑
兰侨大厦

217

兰馨苑	水映兰汀	涵乐园	乐韵居
兰沁苑	米兰世纪花园	康泰乐园	雅居乐·欧洲故事
贝越广兰苑	香江雅兰	乐园小区	淘金华侨乐园
金兰花苑	立达博兰	**长沙**	侨乐新村
深圳	米兰翠景·诺克西区	福乐名园	祈乐苑
汀兰鹭榭花园	天江格调兰庭	**成都**	怡乐花园
格兰晴天	米兰阳光	府河音乐花园	华乐苑
雅兰酒店	立达博兰	加乐福阳光	中信乐涛苑
米兰寓所	米兰家园	金色乐章	**贵阳**
半山兰溪谷	米兰翠景	快乐空间	永乐新苑
蕙兰雅居	左岸兰亭	梦幻九寨国际娱乐购物	**桂林**
弘雅花园·雅兰亭	米兰街	中心	家乐商贸城
格兰海湾	**武汉**	南加州娱乐广场	**杭州**
美杜兰华庭	兰亭雅居	森宇音乐花园	天乐云都
沈阳	冰晶兰馨苑	天乐嘉苑	长乐公寓
木兰河花园	兰星公寓	网友俱乐部	快乐之城
台湾	苏格兰风笛	紫薇快乐港	托乐嘉街区
荷兰村	碧水怡兰	**重庆**	佳乐福新寓
天津		康乐花园	**南京**
		广州	享乐田园
◀ 乐 ▶		雅居乐·上善若水	托乐嘉街区
		广州雅居乐花园	快乐之城
北京	乐澜宝邸	乐得花园	长乐公寓
乐府江南	道乐蒙恩商务街	广信嘉乐花园	**南宁**
乐城	快乐无穷大·北京快乐	雅居乐雍华廷	振宁康乐园
平乐园小区	假日大酒店	乐意居	**上海**
鑫兆佳园 VO1·柏林	快乐洋城	乐怡居	绿地世纪城·世纪同乐
爱乐	长安俱乐部	乐雅苑	乐扬·金榜星墅
乐成国际	欢乐文城	乐居苑	柏林爱乐
怡乐北街	华盛乐章	同乐花园	青浦佳乐苑
荣尊堡国际俱乐部公寓	泰悦豪庭·泰乐坊商业	同乐大厦	百草园·百乐公寓
柏林爱乐	**长春**	锦绣生态园·乐满园	虹桥乐庭

大同花园俱乐部餐厅	蓝居俱乐部	丽水嘉园	南珠苑花香丽舍
乐业公寓	有乐町	怡丽南园	宏嘉丽园
涵乐园	乐扬	怡丽园	狮城百丽
科乐苑	北大爱乐	丽斯花园	玺萌丽苑
可乐苑·虹康家园	**太原**	名流丽苑	和乔丽晶公寓
上海春天·世纪同乐	永乐苑小区	嘉丽园	鹏京国际公寓
怡乐花园	永乐苑翡翠	丽泽雅园	丽景苑
音乐广场	**天津**	雅丽世居	京东丽景苑
音乐河·静安生活恋曲	景明花园·蓝色乐章	鑫兆丽苑·亚北新区	世嘉丽晶
玉乐小区	**乌鲁木齐**	华冠丽景	东丽温泉家园
珺乐苑	昌乐园	金隅丽港城	亮丽园
深圳	**无锡**	群芳丽景苑	东瑞丽景家园
民乐花园	金乐苑	阳光丽景	丽湖馨居
丽乐美居	**武汉**	丽水湾畔	美丽西园
怡乐花园	华乐花园	嘉多丽巢	嘉和丽园
天乐花园	华乐山庄	嘉多丽园	美丽愿景
海乐花园	华乐苑	枫丹丽舍	丽豪园
乐扬枫景	乐佳小区	慧竹丽景	华丽大厦
中房怡乐花园	侨亚颐乐园	丽都水岸	河畔·丽景
乐怡居	添乐花园	美丽园	华冠丽景之慧雅苑
沈阳	长乐小区	和乔丽致	**长春**
永乐花园	长庆兴乐园	丽园社区	丽江花园
石家庄	**香港**	丽江新城	**长沙**
康乐公寓	乐悠居	丽高王府	朝阳丽园
苏州	康乐园	丽高花园	丽江翠园
乐怡苑	**郑州**	新都丽苑	**成都**
台湾	同乐花园	风和日丽	新丽江
		丽阳四季	丽山别墅
◀ **丽** ▶		丽京花园	爱丽舍
		丽景馨居	北丽苑
北京	天元丽舍	美丽舍	博雅丽景
瑞丽江畔	丽桥城	富丽华园	东景丽舍

都市美丽洲	丽锦雅舍	东田丽园	**桂林**
洪景丽苑	阳光丽景	丽湖山庄	枫丹丽苑
金城丽景	沙美丽都·新青年时尚	丽景花园	**哈尔滨**
锦丽园	卖场	绿丽华庭	军悦公寓·华丽阁
丽都美语	麒龙丽都	新世纪丽江豪园	**海口**
丽晶花园	丽源岛	**广州**	成信丽苑
丽景华庭	丽景	丽影华庭	丽都花园
丽景湾	山水丽都	丽庭居	**杭州**
丽泉江南	天赐丽景	建丽花园	华府·丽景家园
丽山别墅	丽景苑	丽水庭园	丽景·聚龙湾
丽水青城·金桂苑	爱加丽都	富丽家园	世贸丽晶城
丽水青城·玫瑰苑	锦绣丽舍	丽景湾	通成·南湖丽景
丽阳嘉园	卓越美丽山水	丽晶华庭	美达·丽阳国际商务
丽阳天下	人和丽景	柏丽雅居	中心
柳城丽江苑	长安丽都	丽华大厦	新城·都市丽景
美丽华	南国丽景	芳丽苑	**昆明**
美丽人生	金禾丽都	丽晴轩	江东丽景园
美丽星	雅豪丽景	丽影商业广场	美丽家园
青城高尔夫·新丽江	秀水丽苑	汇侨新城·蓝天丽境	**南京**
水岸丽舍	丽景天成	丽景台	澳丽嘉园
丽日清风	金科丽苑	瑞丽花园	东湖丽岛
天竺丽苑	鹏翔都市丽景	嘉丽苑	锦虹丽都
新世界丽舍	秀丽景苑	翠丽苑	丽晶·国际
兴大丽景天成	丽水菁苑	今日丽舍	美丽嘉园
雅图丽景	依山丽景	丽江花园	美丽新城
运鸿丽景欣城商业街	南方新城·风林丽舍	贝丽花园	美丽新世界
置信丽都花园	丽景雅苑	康丽居	香缇丽舍
丽日樱花	鸿恩丽舍	丽江新村	一品丽庭
锦程丽都	新城丽都	富丽广场	师大丽园小区
重庆	**大连**	丽水湾	风和日丽花园
帝豪丽都	清枫丽舍	丽岛翠堤	丽景华庭
泰正花园·丽甸园	**东莞**	丽都国际	中海·塞纳丽舍

南宁
澳洲丽园
富丽华庭
半山丽园
碧丽山庄
枫丹丽舍
丽江村
丽水湾别墅
美丽人家
时代丽都
仙葫丽水湾
鑫金丽园

宁波
丽都名邸

上海
丽水香郡
香港丽园
瑞丽公寓·市中星
永和丽园
国际丽都城
丽高王府
美丽香槟小镇
美丽岛
丽都城
丽茵别墅
丽水青城
东源丽晶别墅
象源丽都
丽江锦庭
华丽公寓
华丽家族
宝丽金大厦

今日丽园
康健丽都
皇骐爱丽舍
美丽家园
澳丽花苑
城市丽景
丽茵别墅
金沙丽晶苑
Office2010丽都大厦
都丽景·新珠苑
华丽家园·赏翠时代
香歌丽园
美丽园公寓
丽景新苑
香阁丽苑
华丽家族古北
中轩丽苑
美丽公馆
虹桥丽景苑
河风丽景
丽南公寓
南洋丽景·南洋苑
丽园公寓一巷丽园居
天安嘉富丽苑
丽都黄金走廊
富丽花苑
东方丽景
圣特丽墅
印象派·嘉富丽花园
永和新城·永和丽园
丽都别墅
丽水华庭

锦丽斯公寓
欧风丽都
左岸丽景
静安大闻·丽都苑
东方丽都
虹桥丽园
高富丽源名邸
中虹丽都苑
丽都新贵
美丽华花园
协和丽豪酒店式公寓
嘉富丽苑
富丽大厦
丽都康城
汇京佳丽园
香榭丽花园
金桥丽景·凯鑫苑
美丽星城
汇丽苑
新月丽苑
城市丽园
美丽园大酒店
领秀丽墅
圣马丽诺桥
丽都成品
汤臣豪庭·美丽空间
丽华公寓
伴水丽舍
静安丽舍
枫庭丽苑
北欧丽景·东川花园
爱丽轩

澳丽花苑
宝丽金大厦
深圳
安柏丽晶
丽阳天下
风和日丽
都市丽舍
富通丽沙花都
金海丽名居
丽港湾
南国丽城
鹏丽大厦
金洲嘉丽园
美丽AAA
富通丽沙花都
丽晶国际
深华丽园
港丽豪园
金洲嘉丽园
美丽365
美丽家园
环岛丽园
华美丽苑
丽乐美居
东海丽景花园
俊峰丽舍
榭丽花园
西丽山庄
中海丽苑
新阳丽舍
港湾丽都
丽日翠庭

丽廷豪苑	丽源王朝	丽景雅苑	丽苑
丽景城	丽宾经典	丽景苑	**厦门**
丽湖花园	**天津**	丽水花园	美丽新世界
龙丽园	新业丽湾	丽水佳园	**香港**
华丽园	海天馨苑·棕榈泉丽景公寓	人信·千年美丽	珀丽湾
金丽豪苑		香榭丽舍	丽港城
弘雅花园·丽景城	万科东丽湖	新丽大厦	丽晶花园
丽湖阁	瑞丽园	雅丽花园	丽城花园
沈阳	风和日丽	雅丽新都	茵丽轩
丽景花园	佳丽园	沿海丽水佳园	鹏丽大厦
石家庄	湘秀丽舍	耀江·丽景湾	**郑州**
澳丽水景花园	丽泰园	圆梦·美丽家园	富丽家园
富丽花园	家和丽舍	常阳·丽江城	金科花园·丽苑
丽景园	丽水园	华园丽景华都	丽景雅苑
苏州	丽苑居住区	丽融大厦洋房	丽景苑
锦丽苑	柏丽花园	银池花香丽舍	丽水菁苑
丽景苑	秀丽南园	丽景华都	阳光丽景
万丽花园	丽苑居住区·翠景芳邻	丽景天下	
狮山丽舍	美丽心殿		
台湾	**乌鲁木齐**	◀ **利** ▶	
丽舍	丽天阁花园		
美丽大直	香榭丽居	**北京**	吉利家园
元邦丽湖特区	**武汉**	泛利大厦	北京利生体育用品服务
师大丽致	富丽·奥林园	美利新世界	三利百货
丽池香颂	富丽雅花园	新保利大厦	利生体育商厦
丽宝爱琴海	丽湖居	加利大厦	金达利花园
丽宝仙境传说	华丽花园	吉利恒润	保利欣苑
丽宝 ABC	丽岛花园	天利园	**长春**
丽池经典	丽岛紫园	利景名门	百利花园
国美宝格丽	丽湖花园	东方比华利花园别墅	维多利亚庄园
丽宝台北世家	丽湖健康小区	太利花园	**长沙**
丽阳	丽江新居	望京利泽家园	保利苑

今利园
成都
利通出水芙蓉
三利宅院
利通天鹅堡
新里维多利亚公寓
重庆
嘉多利广场
比华利豪园
保利国际高尔夫花园
好利来上岛郦舍
半岛利园
利得尔北碚商业城
利得尔大厦
东莞
利澳花园
广州
利都大厦
广州保利大厦
保利珠江广场
保利国际广场
保利林语山居
保利海棠花园
保利香槟花园
保利碧云居
棠利大厦
利和阁
利安花园
利雅湾
保利白云山庄
天利居
保利花园

保利百合花园
银利花苑
维多利广场
保利红棉花园
保利阁
保利丰花园
新宝利商场
国利华庭
棠利大厦
银利花苑
贵阳
天利花园
海口
金利山庄
万利隆花园
杭州
广利佳苑
广利普金花园
利兹城市公寓
广利大厦
济南
普利南辛花园
南京
国信·利德家园
胜利·新园
胜利花园小区
利德家园
永利晶华城
利奥大厦
百利华府
南宁
利源商住城

亿利城
上海
绿洲比华利花园
嘉利明珠城
保利名园别墅
东苑利景花苑
平利公寓
嘉富利大厦
维多利华庭
保利星苑
伊泰利大厦
维多利广场
鹏利海景公寓
宝利金
胜利家园
利富商贸大厦
维多利大厦
新华嘉利公寓
信利苑
感性达利
东苑利华
嘉利豪园
深圳
保利城花园
英达利科技数码园
东海岸天利明园
利泰公寓
嘉多利花园
宝利豪庭
比华利山庄

保利文化广场
天利中央商务广场
沈阳
金利苑
兴利住宅楼
苏州
嘉多利花园
台湾
柏达翡利
元利星河
天津
胜利公寓
宝利园
吉利花园
利海公寓
利园新城
嘉利中心
武汉
保利花园
保利名苑
利源公寓
香港
比华利山别墅
域多利道60号
比华利山
利登中心
捷利大厦
百利商业中心
利园大厦
伊利莎伯大厦

◀ 龙 ▶

北京
华龙小区
回龙观文化居住区
龙城花园
九龙特区
九龙花园
龙湾别墅
九龙宏盛家园
腾龙家园
聚龙花园
龙湖花园
龙华园
蓝调沙龙雅园
景龙国际公寓
龙脉花园
龙腾家园
润龙家园
九龙西区
龙泽苑
龙阁
龙河大道
龙苑别墅
华龙大厦
龙辉大厦
龙潭湖小区
华龙美树第五站
骊龙园
回龙大院
九龙家园

雅龙骑仕
漪龙台
龙兴园
青龙湖 TOWNHOUSE
金燕龙大厦
龙山新新小镇
双龙南里小区
龙熙顺景
华龙苑
华龙嘉园
育龙家园
上龙嘉园
裕龙花园
龙泽苑
龙头公寓
长龙苑
祥龙公寓
上海沙龙
龙腾阁
慧龙居
九龙山庄
世纪龙鼎
怡龙别墅
达龙骏景
雅龙骑仕
龙德嘉园
龙宝大厦
龙聚山庄
龙岳洲

卧龙花园
祥龙公寓
长春
双龙大厦
万龙花园
长沙
汇景龙城
瑞龙阁
天龙花园
天龙商住楼
成都
龙府花园
龙泉阳光假日体育城
宏宇玉龙山庄
京龙名苑
九龙胜景
龙爪新村
天泉聚龙国际生态
　别墅园
卧龙晓城
新龙苑
京龙嘉苑
龙华阳光
汇龙湾广场
重庆
贝迪龙庭
光华龙都
回龙湾住区
金阳·骑龙山庄
聚龙锦苑
龙湖花园西苑
龙汇园

龙景花园
龙泉新苑
龙泉怡苑
龙湖·香樟林别墅
龙珠苑
盾安九龙都
一城龙洲
龙脊金山佳苑
银鑫碧海龙庭
九龙公园街
生辉龙庭花园
麒龙小区
锦龙特色超市
麒龙丽都
龙寰钢花东风农贸超市
龙洞湾花园
沙龙花园
龙城锦都
森林龙门皓月
祥宏九龙明珠
龙湖水晶星座
兰天龙湖苑
龙湖紫都城
龙寰世纪
绿洲龙城
龙湖水晶郦城
龙凤花园
友诚九龙湖畔
昌龙城市花园
龙隐居
龙泉花园
龙溪景苑

天龙广场	金龙苑	祥龙花园	云龙公寓
骏龙园	恒龙苑	宝龙苑	黄龙恒励大厦
金阳骑龙山庄	聚龙阁	**贵阳**	黄龙雅苑
龙湖枫香庭	溪御龙湾	九龙花园	**济南**
中国龙水五金旅游城	怡龙大厦	智慧龙城	泉景卧龙花园
回龙湾	鄾龙明珠花园	**桂林**	**昆明**
龙寰世纪农贸市场	龙珠苑·灏景轩	惠龙城	龙园
龙泉怡苑	龙苑大厦	迥龙商住小区	千禧龙庭
龙湖南苑	龙田大厦	**哈尔滨**	鑫龙小区
回龙兰湖天	龙口科技大厦	龙电城市花园	**南京**
龙湖蓝湖郡	龙口花苑	龙电大厦	辰龙广场
渝安龙都	龙津商贸大厦	龙江大厦	观园翔龙公寓
龙珠花园	龙津花园	龙坤花园高层	金龙蟠家苑
龙庭蓝天苑	龙湖大厦	龙兴大厦	九龙雅苑
光华龙都	龙津大厦	龙悦公寓	龙凤花园
易城龙珠苑	龙泉居	龙之港小区	龙凤佳园
九龙商业城	龙湾广场	龙鑫家园	龙山名府
沙龙广场	福龙苑	**海口**	龙翔鸣翠苑
龙溪建材大厦	飞龙大厦	白龙大厦	泰龙家园
金龙港湾	东山龙珠大厦	金龙花园	同创·九龙盛世园
大连	天龙广场	龙华商城	养龙山庄
龙河家园	富力御龙庭	天龙雅居	银龙花园
龙珍阁	腾龙阁	兆南龙都	龙江花园城
卧龙山庄	穗龙花园	**杭州**	龙凤玫瑰园
东莞	海龙湾	华龙·碧水豪园	国信·阅景龙华
聚龙湾	汇龙居	丽景·聚龙湾	龙吟广场
龙升市场	倚龙华轩·贤人阁	龙门单身公寓	龙台国际大厦
天龙居	昌龙苑	龙生·钱塘名都	龙海·新加坡花园城
正龙豪园	怡龙苑	龙禧国际旅游	龙池·翠洲
曦龙广场	华龙大厦	兴龙·兴和苑	**南宁**
广州	国龙大厦	兴龙·兴泰花苑	龙胤花园
五溪御龙湾	龙口花园	隐龙山庄	千禧龙花园

千禧龙苑	九龙花苑	西郊龙柏香榭苑	圆龙园
鑫龙源花园	迎龙大厦	知音艺园·龙昌苑	城龙花园
上海	佳龙花园	汇龙新城	天悦龙庭
澳龙公寓	中远龙阳公寓	徐汇龙兆苑	卧龙阁
龙馨嘉园	龙柏四季花园	环龙公寓	龙都名园
中祥龙百苑	阳光公寓·龙腾浦江	龙柏西郊公寓	御龙居
双龙汇	龙柏山庄	龙兴苑	龙景花园
龙吟广场	学森龙园	龙缘花园	英龙展业中心
龙居山庄	界龙阳光苑	龙辰苑	新龙岗花园
达龙俊景	滨江龙居苑	舜龙公寓	柏龙奥特莱斯商业广场
冠龙家园	惠龙公寓	龙阳花园	先龙阁
佳龙花园	都林龙苑	滨江先锋·龙居苑	龙盈泰商业中心
龙柏中康公寓	乾龙苑	龙阳花苑	汇龙苑
龙柏新村	云都新苑·双龙汇	**深圳**	聚龙大厦
环龙新苑	徐汇龙庭	富通蟠龙居	潜龙花园北区
都林龙苑	龙居花园	龙安苑	盛地龙泉
东方龙苑	龙祥公寓	龙泰轩	龙凤阁
龙腾苑	东苑古龙城	新龙岗商业中心	英达钰龙园
中祥龙柏苑	嘉玉龙庭·叠加苑	龙翔花园	聚龙居
新山龙	龙威名邸	龙兴商业广场	宝龙山庄
三岛龙州苑	贵龙园	潜龙花园惠宁阁	龙园山庄
环龙新纪园	金龙花苑·梅花园	龙威豪庭	龙岭山庄
南国龙苑	鑫龙苑	龙园山庄麒麟阁	龙丽园
九龙锦江大酒店	龙庭秀舍	龙园山庄紫荆苑	龙福居
龙柏金悦公寓	四季沙龙公寓	帝龙广场	盛龙花园
龙臣公寓	龙踞大厦	龙佳园	曦龙山庄
贵龙苑	龙柏易居	龙兴国际	城龙花园
金龙东苑	锦龙苑	华龙土特产品批发市场	成龙山庄
龙珠花苑	龙柏金铃公寓	龙园苑	汇龙花园
龙柏花苑	龙东花园	潜龙鑫茂花园	**沈阳**
龙腾公寓	银龙小区	龙岗世贸中心	龙鼎大厦
聚龙新苑	虹口龙庭·永巍公寓	龙源大厦	龙汉城市花园

龙溪园
龙逸花园
御龙苑
石家庄
东龙花园
龙岗小区
苏州
金龙花园
龙西缥渺苑
台湾
龙腾
太原
白龙花园
华龙公寓
龙兴小区
双龙大厦
天津
龙府花园
龙都商务大厦
龙新公寓
万源星城龙郡
龙都馨园时代新城
龙悦海上国际花园
金龙国际村
龙海公寓
龙泓园
龙都花园
金龙园
龙滨园
北龙大厦
方正龙天园
长瀛御龙湾

武汉
恒达·盘龙湾
华星·晨龙城
汇龙花园
金龙花园
金龙巷
锦绣龙城
龙华商务大厦
龙凯大厦
狮龙花苑
时代龙庭
双龙小区
卧龙·剑桥春天
银龙花园
玉龙岛花园
玉龙居
知本时代·龙华大厦
安和九龙阁
宝安·山水龙城
藏龙新城
龙泉·逸舍
地龙·常青藤名苑
东龙世纪花园
瑞龙苑
西安
青龙小区
双龙花园
景龙池新居
紫薇龙腾新世界
华龙佳园
鑫龙天然居
香港

翔龙湾
龙华花园

◀ **绿** ▶

北京
绿谷雅园
盛通绿色家园
绿茵泉城
月亮湾绿色家园
长亭绿洲
都市绿洲
绿韵广场
绿岛家园
绿波漫板
合生绿里
珠江绿洲
南苑绿色家园
宏景绿洲
北潞春绿色生态小区
首座绿洲
绿波园
绿景苑
绿城百合公寓
恋日绿岛
北辰绿色家园
绿荫芳邻
绿茵别墅
绿海甜园别墅
绿社
风林绿洲
绿城星洲花园

龙跃小筑
龙腾小筑

北京
国英绿景公寓
绿雅阁
林枫绿色家园
北辰绿色阳光
海子角绿色庄园
绿岛苑
绿屋百货
都市绿洲
EOD绿色生态办公区
京南嘉园·绿郡
绿茵花园别墅
绿林苑
长春
绿园安居小区
绿苑新居
长沙
富绿山庄
富绿新村
绿色和平墅
成都
绿阳新村
绿杨新村
清水绿苑
新绿季节
新绿季节彩世界
溢阳绿城
昭艺绿韵全景

绿野天城	保利世纪绿洲	绿景嘉园	绿城
绿城花园	绿翠名庭	**昆明**	绿洲湖畔商务港
重庆	天府绿园	绿洲花园	绿洲康城
北城绿景	芙蓉绿茵豪苑	**南京**	绿波花园
创新绿色家园	绿洲别院	方圆城市绿洲	绿洲千岛花园
春风绿苑	金碧绿洲	方圆绿茵	绿地崴廉公寓
时代绿苑	**哈尔滨**	汇林绿洲	绿地康桥新苑
新城绿园	阳光绿色花园	佳湖绿岛	经纬城市绿洲
绿韵康城	**杭州**	绿岛华庭	四季绿城
达飞绿洲	e世纪·长岛绿园	秦淮绿洲	明丰绿都
绿洲龙城	安居·嘉绿苑	武夷绿洲	绿福公寓
山水绿城	方大绿洲花园	清江花苑·绿茵园	绿梅公寓
绿湾嘉景苑	菲达·春江绿岛	绿城	绿洲中环中心
晋愉绿岛	广厦·绿洲花园	中保绿苑	绿洲湖畔花园
大连	京都花园·绿湘阁	绿地广场	绿野香洲
绿波花园	旅游·绿洲之馨	绿城新贵	长华绿苑
新华绿洲	绿城·深蓝广场	**南宁**	汇元坊·千诗万绿
东莞	绿城·春江花月	八桂绿城	七宝绿都
绿丽华庭	绿城·杭州绿园	呈辉绿城·画卷	绿地春申花园
绿茵豪庭	绿城·七里香溪	都市绿洲	绿洲比华利花园
广州	绿城·桃花源	绿城·翠堤湾	绿庭百合苑
华建大厦·天府绿园	绿城·中山花园	绿都温泉度假山庄	绿带风光
绿庭雅苑	绿城·舟山丹桂园	阳光绿城	绿宝园
绿佳花园	绿都·百瑞广场	**宁波**	绿地大楼
世纪绿洲	绿都·世贸广场	南都绿洲	绿苑半岛
绿茵翠庭	绿苑晨光	**青岛**	东苑绿世界
绿景花园	绿野·春天	东部绿色大社区	绿地世纪花苑
滨江绿园	绿都湖滨花园	**上海**	华辉绿苑
翡翠绿洲	发展绿城·翡翠城	绿色新境	绿地科创大厦
绿茵岛水岸别墅	绿园	绿地世纪城·世纪同乐	上南绿茵苑
倚绿山庄	**济南**	绿带风光	虹桥绿苑
雅怡花园·绿怡居	景绿苑	绿野香洲·碧林湾	盛绿苑别墅

绿洲仕格维花园	绿雅苑	绿怡居	**太原**
绿地世纪花园	绿泉公寓	绿海名都	绿军苑
绿川新苑	绿家园	绿洲丰和家园	**天津**
黄兴绿地·佳泰花园	明安绿苑·翠庭	绿茵阁	鸿正绿色家园
绿茵高地	中城绿苑	绿景新美域	金虹绿茵庄园
绿地海怡酒店公寓	仙都绿苑	蓝天绿都家园	大通绿岛家园·格林风尚
绿洲千岛花园别墅	赞成·黄兴绿园	香荔绿洲	
锦绿新城	绿地泾南公寓	绿景新苑	海泰绿色产业基地
同济绿园	绿景园	金洲绿韵	新春花苑·绿茵庭
绿景家苑	绿缘公寓	绿景蓝湾半岛	**武汉**
绿柳苑	锦辉绿园	绿茵华庭	宏宇·绿色新都
绿洲城市花园	绿康公寓	华浩源绿谷	绿岛花园
绿洲紫荆花园	绿洲长岛花园	绿景山庄	绿景花园
绿地名人坊现代思想家	绿洲香岛	园博绿苑	绿景苑
绿泉家苑	宝地绿洲城	绿景花园	绿色家园
天宝绿洲公寓	平阳绿家园	绿景新洋房	绿色晴川
绿水家园	绿洲苑	新绿岛大厦	绿茵仁居
绿邑新境	贵仁绿苑·阳光新天地	**沈阳**	绿苑花园
绿洲尧舜公寓	绿地西郊别墅	绿都百合园	绿之苑
绿洲	阳光绿园	绿景家园	绿洲广场
华晖绿苑	绿苑别墅	**石家庄**	绿馨芳草庭
绿洲半岛	云间绿大地别墅	中华绿园	七星绿色花园
四季绿园	绿宸家园	**苏州**	新绿美地
绿邑叠翠	绿地世家	泰盛绿岛	园林绿苑
时代绿园	罗山绿洲别墅	**台湾**	新房绿色花园
绿洲江南园	绿园四村	绿色国度	绿港花园
天宝绿洲	宝地绿洲城	绿墅	都市绿洲
绿地南桥新苑	碧绿春舍	绿野新坡	高新枫林绿洲
大宁绿湾·宁泰馨苑	鸿凯湾绿园	绿叶山庄	绿地世纪城
绿波花园别墅	**深圳**	绿园道	**厦门**
华亭绿景苑	绿映居	薇多绿雅	绿野轩踪
上海绿城	城市绿洲花园	中央绿	**香港**

绿杨新村
绿怡居
郑州

◀ 美 ▶

北京
国美第一城
观逸美树
嘉美国际风尚中心
优山美地
四季美景
美然动力街区
美利新世界
悠胜美地
宅美诗
美树假日嘉园
华龙美树第五站
美然百度城
美华世纪大厦
天地美墅
西山美墅馆
美丽园
美林香槟小镇
西山美庐
美然香榭里
美丽舍
怡美家园
鑫兆雅园 V01·里仁为美
美欣家园
美景东方

绿云小康住宅
绿洲花园
文化绿城

美林花园
沿湖美景
工艺美术服务大楼
美丽西园
美妙时光温泉度假公馆
美丽愿景
嘉润美梦园
观逸美树
国美家园
丽桥城·丽桥美树
美丽亚洲花园
美妙时光
美华世纪大厦·世纪财星
美然·百度城
长春
美嘉城
娜奇美商住综合楼
长沙
长鑫美树园
颐美园
成都
博美装饰城
第 V 大道·福泽美庐花园
都市美丽洲

东珠美地
弘民美食城
红泰美家饰
佳美景园
丽都美语
美丰花苑
美丽华
美丽人生
美洲花园
南河美景花园
欧美苑
新景观美墅云间
泰逸美景
香都美地
幸福枫景美树馆
优诗美地
东珠美地
都市美丽风景
华西美庐
双楠美邻
福泽美庐花园
美丽星
美景花园
美丽朋城
美墅云间
重庆
美景华联
美银苑
金科天籁城美社
书香美地
美力·com
沙美丽都·新青年时尚

卖场
天骄美茵河谷
朵力尚美国际
巨豪香溪美林
书香美舍
轻轨美仑
金鼎美源居
美茵天鹅湖
金科天湖美镇
南方上格林阳光美谷
美源国际商务大厦
福星颐美香庭
卓越美丽山水
归谷城市美墅
天和美舍
中天阳光美地
美依购物街
美堤雅城
中央美地
达美城市花园
美茵新天鹅堡
美力 24
东莞
金美花园
美地芳邻
美景花园
新天美地花园
盈彩美地
广州
美国银行中心
洛桑美地
美东大厦

翠山美庭	**昆明**	美丽香槟小镇	金斯美邸
美荔人生	美丽家园	天地美墅	美岸栖庭
美林海岸花园	美祥阁	河美墅	良辰美景
汇景新城·柏菲美泉	美树橙	美丽岛	北美田园
桐林美墅馆	**南京**	西郊美林馆	美树铭家
美林湖畔	东郊·美林东苑	美树·美墅	美丽星城
盈彩美居	东郊美树苑	优山美地	美邻苑
汇美苑	格林美地	美克·美家	美晶佳园
汇美南苑	花神美境	西山美墅馆	美丽园大酒店
富力阳光美居	良城美景	美地芳邻苑	嘉美美家
汇美景台	美景雅苑	北美枫情	北美公寓·北美枫情
美景苑	美丽嘉园	美之苑	优诗美地
美景花苑	美丽新城	美丽家园	汤臣豪庭·美丽空间
美好居	美丽新世界	南郊花园美式乡村别墅	嘉美坊
江南美景花园	南城·美境	东苑大千美墅	**深圳**
桂林	苏源颐和美地	北美精典	蓝山美墅
康美大厦	田园美居	美丽园公寓	美丽AAA
哈尔滨	香居美地	天宸美景·心仪雅苑	臻美园
华美阁	香山美墅	美丽公馆	美庐锦园
海口	云锦美地	天宸美景	嘉南美地
美舍公寓	运盛美之国	阳光美景城	绿景新美域
杭州	中江美河	新家坡·美树馆	美园
集美·岸上蓝山	东郊·美林苑	美树名家·佳源时代	美丽365
美达·天成嘉苑	美达上河明苑	华苑	美丽家园
美达·学院春晓	**南宁**	美好家	华美丽苑
美之园	康美花园	枫涧美墅	丽乐美居
青城·良辰美景	东城美景	爵世美墅	金众香诗美林
天阳美林湾	美丽人家	太湖美山庄	东方美地苑
美达·丽阳国际商务中心	荣和山水美地	星城美景	泰美园
	同和华彩美地	复地美墅	美荔园
美都广场	**上海**	美林小城	美加广场
航宇·美政花苑	复地太阳城·美墅	美丽华花园	捷美商务中心

美杜兰华庭	美丽心殿	名佳花园	长融名都
石家庄	美震温泉公寓	舒雅名苑	名门嘉园
美麟花园	欧美风情小镇	名苑雅居	南湖名家
苏州	**武汉**	名流丽苑	四和名居
美墅·缘	美城·清芷园	海悦名门	星宇名家
美之国花园	美地家园	鼎源名座	**长沙**
运盛·美之苑	美高大厦	名都园	福乐名园
台湾	美好愿景·汀香水榭	10号名邸	名城
法登美墅	美加·湖滨新城	远见名苑	名都花园
美馆大宅	青青美庐	世纪星河名苑	名汇达
美丽大直	人信·千年美丽	万地名苑	湘楚名园
美墅馆	新绿美地	潞河名苑	**成都**
美墅赏	圆梦·美丽家园	亮马名居	秦堰名居
美学大街	都市经典·山水美园	久居名园	宝泰海棠名居
和光真善美	**西安**	光大名筑	风尚名街
国美宝格丽	泛美大厦	富仁名苑	府河名居
天津	丰源美佳别墅	利景名门	华馨名屋
美日阳光	亚美大厦	当代名筑家园	江都名园
美震格蓝春天	吉源美郡	立恒名苑	京龙名苑
美震裕阳大厦	亚美伟博广场	时代之光名苑	名士公馆
美震裕阳花园·美震时区	**厦门**	名商大厦	牡丹名苑
	美丽新世界	名成国际大厦	祺瑞名居
美震公寓	**香港**	海晟名苑·使馆新城	亲河名居
美阳馨苑	美孚新村	名流花园	双楠名城
博美园	**郑州**	瀛海名居	武侯名园
美福园	美好新苑	大隐名座	现代名城
美晨家园	美协花园	逸秀名园	香樹名苑
美华大厦	致美公寓	银科名苑	新和名座
		蓝筹名座	星河名都
	◀ **名** ▶	世纪名苑	星河名居
		百吉名门国际公寓	玉锦名都
北京	世界名园	**长春**	中海名城

中天滨河名邸	鑫城名都	天河名门	西湖·定安名都
宝泰海棠名居	海韵名邸	顺华名庭	兴财·名都苑
中海名城千色园	一业名居	海意名苑	野风·现代名苑
芙蓉名城	春江名都	名人苑	湖畔·名珏
重庆	北部时代名居	名雅花园	名都·西雅城
伴山名都	名门山庄	名圃花园	**济南**
丹阳名居	**大连**	名晋大厦	名人大第
地王广场·名仕阁	东北名苑	名汇商业大厦	名人时代商务区
帝豪名都	府佳名都	鸿瑞欧派名庭	**昆明**
朵力名都	名贵山庄	名汇商业大厦	都市名园
帝景名苑	水仙名苑	名雅苑	**南京**
华宇名都城	**东莞**	南雅名苑	典雅居·名雅
梦幻21·名仕城	东城名苑	绿翠名庭	东方名苑
轻轨名店城	金域名苑	**贵阳**	广成东方名城
星河名居	倚湖名居	华仕·名园	鸿仁名居
佳禾钰茂河畔名居	**广州**	**桂林**	弘燕名居
友诚生态名苑	锦尚名苑	都市之光·名品城	江南名府
圣名国际	南洲名苑	桂名大厦南楼	金陵名人居
龙脊金山名都	景泰名苑	**哈尔滨**	京隆名爵府
渝中名郡	南雅名苑	恒佳名苑	名湖雅居
林华环岛名都	中海名都	华通名苑高层	龙山名府
畔溪名都	名粤广场	嘉泰名宅	名仕嘉园
恒鑫名城	名盛广场	江名苑商服部分	书香名门
红鼎国际名苑	可逸名庭	珠江名苑住宅部分	望燕名居
渝北名都	联发名阁	**海口**	文化名园
世纪名苑	荔湖名苑	名门广场	亚东·名座
海屋裕鑫名都	名门大厦	**杭州**	裕华名居城
巨宇名居	德丰名轩	东海·名仕家园	紫金名门
俊豪名居	伟腾天逸名都	汇锦名店广场	左岸名苑
星光名都	仙湖名苑	龙生·钱塘名都	名城世纪园
新城名都	云景名苑	名城左岸花园	名嘉佳园
名仕城	十甫名都商厦	名仁家园	裕华名居城

紫金名门·明月轩	保利名园别墅·舞榭园	银都名墅	华盛名门
名佳嘉园	大名公寓	亿豪名邸	常德名园
华阳名街	名都城	书香名第	星光名门
宋都·奥体名座	知汇名邸	名典苑	富仕名邸
大成·名店公园	金汇花园·金汇名人苑	精品·名典苑	新华名门
南宁	名仕苑帝庭阁	仕嘉名苑	太和名邸
汇春名庭	名人花苑	月泉湾名邸	江南名庐
名都苑	兆丰帝景苑·帝苑名品广场	名江七星城	茂名大厦
宁波		美树名家·佳源时代华苑	文化名园
丽都名邸	保利名园别墅·舞榭园		博捷名苑
青岛	士博汇弘辉名苑	绿地名人坊·现代思想家	静安左岸名门
泛海名人广场	新城名庭		申江名苑
上海	西南名苑	东方名筑	名门世家
中星海上名庭	东方名园	新城名园	名门河滨花园
祥和名邸	静安阳光名都	枫桥湾名邸	中星海上名庭
虹叶名园	西郊名邸	未名园	淮海新名门
浦江名邸	华南名苑	上海临汾名城	住友嘉馨名园
名扬豪苑	文化名邸·江南苑	城市名园	欧阳名邸
阳光名都	虹桥大名人	银星名庭	西部名邸
临汾·上海名城	翡翠名人府·福海公寓	外滩滨江名人苑	挹翠名门
保利·名园	金羽名庭	亚都国际名园	欧香名邸
千代名墅	名都公寓	御华名苑	东方名城
西班牙名园	颐德名苑	荣欣大厦·首席名邸	新世纪名苑
滨江名座	东渡名人大厦	荣盛名邸	阳光名邸
临江名庭	名师华苑	新华绘·东湖名苑	名盛苑
上海名城	亚都国际名园	城投世纪名城	水岸名邸·海昌苑
名人世家	住友名人苑	恒联名人世家	海德名园
名园·小安桥	圣约瀚名邸	沁春名邸	名都新城
广兰名苑	西部名都花园	名门滨江苑	金桥名都
苏堤春晓名苑	银都名庭	龙威名邸	**深圳**
九歌名苑	新华名苑	星云名座	英伦名苑
曲阳名邸	世纪名苑	高富丽源名邸	名门世家

中加名园	龙都名园	**石家庄**	吉品名人苑
碧海名园	紫光名苑	SOHO都市名苑	**武汉**
香逸名园	嘉年华名苑	钓鱼台名居	豪景名苑
合正名园	深业岭秀名苑	建国名都	金榜名苑
金海丽名居	骏皇名居	名人山庄	名都花园
竹雅名居·竹韵苑	裕康时尚名居	**苏州**	名仕阁
信义假日名城	碧海名园	名都花园	名雅居
创富时代名苑	沁芳名苑	新港名城花园	千禧名苑
后海名苑居	名仕商城	**台湾**	狮城名居
汇港名苑	益田名园	碧瑶名园	天下名苑
绿海名都	缇香名苑	放翁名	同成大厦·万松名门
惠中名苑	惠名花园	名人录	名城雅居
万事达名苑	中信星光名庭	世纪名人	永安名苑
宝湖名园	麒麟名居	**天津**	中力名居
新天国际名苑	招商名仕花园	顺驰名仕博郡	紫荩名门
新天地名居	雅庭名苑	名仕郡	百强·名流雅阁
名科馨阁	都市名园	水运名苑	保利名苑
翡翠名园	金汇名园	汇文名邸	滨湖名都城
天一名居	名牌大世界	汇名公寓	地龙·常青藤名苑
赛格名苑银兴苑	都荟名苑	名仕达花园	东方名园
骏庭名园	国际名园	军星名苑	东湖名居
鸿景湾名苑	合正名园	津名园	**西安**
名墅海景度假村	鸿景湾名苑	博泰名居	名园
名骏豪庭	名豪居	海腾名居	杰座名园
名商园	后海名苑居	金厦世纪名都	宏林名座
翔名苑	惠中名苑	仁永名居	菁华名门
天建阳光名苑	汇锦名园	海河名人世家	名仕家园
名泰轩	建艺名苑	宾泰名居	宏林名苑
彩天名苑	金泰名苑	盈海名都	都市名邸
集建国际名园	龙都名园	万维名邸	旭景名园
鸿业苑名豪居	苏豪名厦	顺驰名都	芙蓉名座
星海名城	天健名苑	**无锡**	名流天地

名城雅居
名仕花园
名人居
厦门
东方名园
富山名仕园
新阳名仕阁

香港
名逸居
名门
海名轩
郑州
文博名门

新城明珠
国窖明城
祥宏九龙明珠
阳明商都
明瑜恒康
时代明珠
大连
东明阁
昆明花园
明泽苑小区

天晟明苑
鹅潭明珠
元邦明月园
贵阳
明彩居
哈尔滨
东方明珠公寓
明珠府邸
人和明苑
海口

◀ **明** ▶

北京
翠海明筑
明珠花园
新明胡同住宅
明月嘉园
长安明珠
明春苑
靓景明居
望京明苑
北方明珠
阳明广场
圆明园花园别墅
星海明珠
明日嘉园
新明嘉园
黎明新座
运河明珠城
未来明珠
富河园碧水明珠
北苑明珠大厦
恋舍·长安明珠
明春庄园

清境明湖公寓
长春
长春明珠
光明大厦
长沙
明媚星城
明天世纪广场
明天世纪花园
明月商贸城
南明苑·静和园
阳明山庄
成都
东方明珠花园
明星花苑
明珠园
启明花园
启明西苑
成都·东方明珠花园
华明居春风翠柳
重庆
江南明珠
金江明珠

广州
远洋明苑
明轩
信明阁
翡翠明庭
华荟明苑
明珠新村
明珠东苑
光明大厦
明晖苑
明桂苑
鄢龙明珠花园
月明轩
富力天朗明居
荔湖明苑
天明花苑
光明广场
远洋明珠大厦
东方明珠苑
白云明珠广场
东明居
海印明珠花园

光明大厦
明珠广场
杭州
明华·明辉花园
明珠公寓
西湖·阳明谷
济南
大明翠庭
光明苑
明月华庭
昆明
翠明园
昆明世纪广场
南京
大明花园·风光里
江畔明珠广场
景明家园
明城大厦
明都雅苑
明发·滨江新城
明湖山庄
明华家园

明华清园　　　　东珂臻品·明纶园　　阳明花园广场　　海岸明珠
明通家园　　　　海上明珠园　　　　明珠福邸　　　　西海明珠
明月港湾　　　　徐汇枫情·明晖苑　　明辉华庭　　　　明舍御园
明月花园　　　　贝越流明新苑　　　建明花苑　　　　**沈阳**
万达·江南明珠　　河滨传奇·河畔明珠　光明城市　　　　城建明居园
万达·紫金明珠　　　公寓　　　　　　明月清泉别墅　　黎明罗马花园
大明花园·风光里小区　明杨豪苑　　　海阳明园·日月新殿　**石家庄**
紫金名门·明月轩　明月星河·华丰佳园　明华苑　　　　　光明大厦
美达上河明苑　　明光苑　　　　　　明申商务广场　　**苏州**
南宁　　　　　世博明珠　　　　　明安绿苑·翠庭　　明清一条街
明湖大厦　　　　明珠家园　　　　　明丰花园　　　　新明园·挹翠华庭
东方明珠花园　　东明苑　　　　　　明丰阳光苑　　　**台湾**
宁波　　　　　明珠东苑　　　　　地铁明珠苑　　　第五文明
明园　　　　　　新明星花园　　　　安基明珠·实华公寓　**天津**
青岛　　　　　太古豪庭·明华大厦　明丰佳园　　　　花明园小区
明阳花园　　　　新虹桥明珠花园　　畅想苑·明泉公寓　明华里
阳明山庄　　　　明日新苑　　　　　明申花园　　　　时代明居
上海　　　　　九亭明珠苑　　　　**深圳**　　　　　华门明筑
馨庄明珠　　　　明和苑　　　　　　翡翠明珠花园　　景明花园
柳明公寓·清悠时代　上海西郊明苑别墅　劲力城市明珠　　明家庄园
金澄·明珠　　　　明丰世纪苑　　　　海湾明珠　　　　明珠花园
汇景新城·明月清泉　嘉利明珠城　　　　东海岸天利明园　昆明公寓
明发商业广场　　明光公寓　　　　　泰华明珠　　　　八方园明
明园森林都市　　明园小安桥　　　　灏景明苑　　　　海赢明居
新湖明珠城　　　国际明佳城　　　　碧海蓝天明苑　　**无锡**
崇明新城　　　　阳明新城　　　　　河畔明居　　　　锦明苑
明珠花苑　　　　明日星城世纪星　　阳光明居　　　　明珠广场
中虹明珠苑　　　明月花园　　　　　明雅阁　　　　　山明四村
明丰绿都　　　　明安馨苑　　　　　天明居　　　　　益明花园小区
嘉利明珠城　　　明园森林都市　　　南方明珠花园　　**武汉**
中环明珠　　　　瑞禾明苑　　　　　明华广场　　　　江南明珠园
景明花园　　　　明丰文化苑　　　　星河明居　　　　金谷·明珠园

晴川明珠	凤城明珠	海东青大厦	常青藤花园
黎明小区	悦明园	**成都**	青山紫金楼
明雅苑	天伦明珠	青城·翠朗园	**桂林**
明泽·半岛尊邸	阳明国际	青城白鹭洲	彰泰桂青园
明泽半岛	明德景园	青城高尔夫·新丽江	**杭州**
明珠花园	明德怡心居	青城山高尔夫山庄	青城·良辰美景
明珠商住楼	**厦门**	青城山水	青山翠湖
南国明珠	东方明珠	青城雅居	新青年广场
新明小居	明发国际新城	假日青城水园	青城嘉园
城明花园	**香港**	丽水青城·金桂苑	青山湖畔
开明路小区	星河明居	丽水青城·玫瑰苑	**南京**
西安	光明台	青城风景	江南·青年城
明德花园大厦	昌明大厦	青城阳光	青田雅居
明苑花园	**郑州**	青年房产·静居嘉苑	**南宁**
明珠花园	明鸿新城	青牛小区	青年·国际
明德广厦	明华苑	青青河畔	青秀花园
明珠热线	明辉城市花园	天下青城半山酒店	青秀山庄
		阳光世界·青春派	左岸青园

◀ 青 ▶

		中国青城	**青岛**
		假日青城	青岛山公寓
北京	青年路小区	**重庆**	青岛太平洋中心
青年汇	青春汇馆	青青佳苑	**上海**
青年湖小区	青春路一院	水木青华	上青家园
青水文化花园	青塔西里小区	青年汇	丽水青城
青云当代科技大厦	北京青年城	沙美丽都·新青年时尚	青浦佳乐苑
青春苑西区	三水青清	卖场	青之杰花园
青春无限	青春雅舍	青簏雅园	青青白洋淀·田园
青塔东里小区	**长春**	青年根据地	上青佳园
青岛嘉园	长青小区	长青湖	青青白洋淀恬园
青龙湖 TOWNHOUSE	青草小区	恒运青河湾	新青浦佳园
万科青青家园	青怡坊	常青藤人文别墅	中福花园·青年汇
青塔小区	**长沙**	**贵阳**	青年汇

长青公寓
深圳
青年城邦
青春庭园
城投青莲公寓
青海大厦
青春驿站
青春家园
青青山庄
青橙时代公寓
沈阳
青铜雅居
青阳四季园
台湾
常青墅
国扬青年市
青泉岗
青山镇
青庭
青弦雅舍
天津
青年创业广场

青春南里小区
青山溪语
青青家园
武汉
青山碧水花园
青翠苑小区
青年广场
青鹏国际
青青国际公寓
青青美庐
青山·健吾公馆
怡青园
常青花园
常青苑
长青东村小区
长青广场
丹青苑
地龙·常青藤名苑
西安
青龙小区
长青园
金裕青青家园

◀ 区 ▶

北京
炫特区
九龙特区
美然动力街区
时尚街区
第七街区
成都

国际花园闪特区
南京
摩尔特区
托乐嘉街区
朗诗·国际街区
上海
第七街区

上海壹街区
深圳
碧湖皇冠假日国际街区
国贸摩登街区
天津

◀ 荣 ▶

北京
荣丰2008
金荣园
荣尊堡国际俱乐部公寓
汉荣家园
荣宁园
新荣家园
金融街华荣公寓
长春
繁荣小区
长沙
荣华大厦
重庆
荣升大厦
荣州苑
荣升锦瑟华年
瑞迪荣都
广州
富荣新村
富荣大厦
荣庆大厦
荣建大厦
荣华大厦
荣芳阁

格调街区
城市之光特色商业街区
蓝调街区
香港
中环SOHO区

百荣园
鸿荣阁
桂林
兴荣花园
杭州
荣邦·嘉华公寓
华荣时代大厦
济南
荣泰花园
南宁
荣宝华商城
荣和山水美地
中荣大厦
鸿荣家园
上海
金荣公寓
莘闵荣顺苑
荣承公寓
荣鑫公寓
荣轩
泰荣苑
万荣阳光苑
荣丰花园
荣欣大厦·首席名邸

239

荣盛名邸
荣胜公寓
兴荣家园
华亭荣园
深圳
鸿荣源尚都
荣超广场
荣超花园
荣国花园
荣盛家园
台湾
荣耀世纪
基隆长荣桂冠
天津
荣华园
荣华时代广场
乌鲁木齐
荣安小区

荣合小区
荣盛花园
无锡
荣耀花园
武汉
荣昌花园
裕荣家园
西安
科荣花园
海荣阳光城
海荣豪佳花园
荣城公寓
香港
大荣楼
殷荣阁
郑州
翠园锦荣世家

◀ **瑞** ▶

北京
瑞丽江畔
瑞海新城
格瑞雅居
瑞都公园世家
祥瑞苑
瑞康世家
瑞康佳园
瑞莲家园
瑞康
泰瑞广场

东方瑞景
裕瑞轩
瑞都国际
瑞都景园
瑞馨公寓
星瑞家园
瑞城中心
富瑞苑公寓
瑞福苑
东瑞丽景家园
瑞景嘉园

安瑞嘉园
长沙
瑞龙阁
成都
瑞康花园
博瑞都市花园
豪瑞新界
祺瑞名居
瑞升花园
双楠嘉瑞苑
瑞家苑
重庆
中瑞方园
瑞丰花苑
船舶鸿瑞新景
国瑞城
新瑞奇五金灯饰广场
瑞迪荣都
嘉瑞江山公寓
中瑞方园天然居
嘉瑞广场
东莞
瑞康花园
广州
鸿瑞欧派名庭
瑞心苑
瑞兴大厦
瑞丽花园
瑞康大厦
瑞华大厦
瑞宝花园
贵阳

康瑞苑
瑞福商厦
哈尔滨
瑞铭豪宅
杭州
华瑞·沁园春
绿都·百瑞广场
瑞城
瑞丰格林苑
华瑞信息广场
南京
瑞华园
立信·瑞景文华
瑞金花苑
瑞鑫兰庭
瑞金大厦
林景瑞园
南京瑞尔大厦
瑞华大厦
青岛
瑞纳花园
上海
瑞虹新城
瑞嘉苑
立信·瑞景文华
瑞金尊邸
瑞金花园
瑞丰园
瑞生花园
高峰汇·瑞南新苑
嘉瑞花苑
瑞金福地·福华花苑

瑞达苑	丰瑞公寓	隆盛园	齐盛花园
古北瑞仕花园	瑞江花园	康盛园	天和盛世
瑞德公寓	瑞丽园	花都盛景	**重庆**
瑞丽公寓市中星	豪伯斯客瑞景商业公园	中安盛业大厦	盛世嘉园
瑞禾明苑	瑞达·颐中园	中盛大厦	盛世年华
虹瑞公寓	蒙地卡罗·瑞丰花园	万盛家园	鼎盛新都会
瑞南新苑	别墅	盛和家园	盛世空间
瑞金福地	**无锡**	盛今大厦	盛世家园
深圳	广瑞公寓	清凉盛景	立邦盛景天下
瑞河耶纳	**武汉**	盛鑫嘉园	康隆盛大都会
瑞士峰景	瑞龙苑	宝盛里小区	盛天地
瑞达苑	瑞通广场	百盛购物中心	聚盛家居
宝瑞轩	**西安**	菊园盛景	聚丰锦绣盛世
鸿瑞花园	捷瑞智能大厦	华盛乐章	博丰嘉华盛世
瑞昌大厦	瑞欣大厦	百盛大厦	盛仁汇大厦
鹏瑞仙桐雅轩	新格瑞拉·湖滨假日中心	宝盛里	**大连**
沈阳	瑞祥大厦	**长沙**	金盛家园
瑞士家园	瑞源清风	华盛家园	中盛家园
石家庄	瑞丰小区	盛世中欣	**广州**
瑞国花园	捷瑞小区	元盛世家	麓湖盛景
瑞特家园	交大瑞森云峰	**成都**	万盛广场
台湾	翔瑞宜人家园	长盛续锦	名盛广场
瑞士花园	瑞鑫家园	长盛苑商住楼	高盛大厦
长虹瑞光	**郑州**	盛锦华庭	润盛花苑
天津	瑞奇公寓	盛杨空中港湾	万盛苑
秋瑞家园		高盛中心	东盛大厦
		天合盛世	宝盛园
	◀ **盛** ▶	天盛花苑	德盛苑
		天盛驿都锦绣	福盛花苑
北京	盛世嘉园	欣盛家园	华盛居
盛通绿色家园	华盛家园	盛世年华	金盛大厦
九龙宏盛家园	冠英园西区·盛华苑	盛世荷花	**海口**

康盛商务公寓
蜀盛大厦

杭州
华盛·双溪假日
盛元·慧谷
倚天·盛世钱塘
盛世嘉园
易盛大厦

济南
万盛园

昆明
和平盛世

南京
东宝·盛世嘉园
金盛·曲水文华
康盛花园
力盛佳苑商住楼
隆盛大厦
盛世华庭
同创·九龙盛世园
运盛美之国
佳盛花园·山水居
盛泉新城

青岛
昌盛花园
永盛蔚蓝海岸

上海
大运盛城
滕王盛世
盛世豪景
盛世天地
盛大金磐

三盛颐景园
百盛园
大唐盛世花园
盛世香樟园
茂盛花苑
盛顺意苑
盛大花园
盛和玲珑
盛族家园
平盛苑
繁盛苑
永盛苑·中心e站
盛绿苑别墅
安盛花苑
安盛杉庄
盛世家园
盛世年华
盛源大厦
盛兴公寓
新普盛公寓
同盛豪园
荣盛名邸
盛源新苑
盛源晶华
安盛景园
盛世海岛风情酒店
住友昌盛新苑
华盛名门
盛业公寓
齐盛世纪花园
丰盛雅苑
亚太盛汇

长宁盛居
广盛公寓
名盛苑
伟达盛宅花园
天极盛宅花园
裕盛豪园

深圳
盛铭居
恒盛居
鼎盛时代
荔盛苑
隆盛花园
长城盛世家园
和盛苑
金港盛世
盛世鹏程
鹏盛年华公寓
中盛大厦
盛地龙泉
金盛苑
风华盛世
盛景国际花园
盛龙花园
盛涛花园

沈阳
东盛花园
华盛新村
盛发花园
兴盛家园

石家庄
鼎盛时代
荣盛家园

润丰盛世家园

苏州
长盛花园
泰盛绿岛
运盛·美之苑

台湾
盛世纪
宏盛帝尊
盛宴

太原
东大盛世华庭
盛立苑

天津
盛达园景·水映兰汀
环盛里小区
盛达园景·水映碧城
盛达园景·水映云顶
盛景花园·百合园
东盛园
悦盛园
盛仓新苑
盛世园
盛华园
泰盛小区
福盛花园·法桐香榭
福盛花园

乌鲁木齐
诚盛花园
荣盛花园

武汉
汉盛·关山春晓
和盛世家

金盛花园
盛合嘉园
盛兴公寓
长盛大厦
德盛大厦
丰盛园

盛世华庭
豪盛时代华城
香港
一盛大厦
昌盛楼

时代阳光
时代尊城
时代印象
和贵时代巢
重庆
时代豪苑
时代绿苑
时代天骄
新时代大厦
茂业东方时代
斌鑫中央时代
加新时代印象
铂金时代
时代SOLO
时代菁英
新时代大厦
立洋知本时代
俊豪时代
时代明珠
北部时代名居
东莞
时代广场
广州
时代廊桥
广信江湾时代广场
时代花园
时代天骄
时代玫瑰园
时代广场
时代新世界中心
新时代广场
会展时代

时代美居
贵阳
时代新居
哈尔滨
时代广场
杭州
春江时代
钱江时代
凤起时代大厦
华荣时代大厦
春江时代·东南华府
西湖时代广场
济南
名人时代商务
昆明
国际花园·时代园
南京
时代华府
时代雅居
时代新城
居易时代
南宁
21时代
E时代科技商城
华星时代广场
时代丽都
上海
独立时代
摩登时代
新时代花园
柳明公寓·清悠时代
时代金领·爱建园

◀ **时代** ▶

北京
知本时代
丰体时代花园
东恒时代家园
金源时代商务中心
时代庄园
亿时代大厦
信德新时代
知春时代
迈豪时代居
东风时代
首都时代广场
丰汇时代
通用时代国际中心
时代之光名苑
时代紫芳馨园
白云时代大厦
时代SOLO
辉煌时代大厦
时代庐峰
时代芳群
金侨时代
韦伯时代广场

长春
白菊时代华庭
长电时代花园
东兴时代家园
时代大厦
长沙
e时代电讯广场
恒达时代花园
新大新时代广场
成都
春禧时代
繁华时代
黄金时代
金沙时代城
锦江时代花园
科华广场时代风情
钱江铂金时代
时代100
时代锋尚
时代广场
时代凯悦
时代数码大厦
时代天骄

243

时代·庐峰	东方时代广场	时代奥城	知本时代
时代逸居	志健时代广场	梅江新时代	百胜·家想时代
华丽家园·赏翠时代	天俊 CEPA 时代	时代华庭	东辉时代
远景时代	风尚时代	荣华时代广场	**西安**
时代花园	新时代广场	时代公寓	新时代广场
时代欧洲公寓	金成时代家园	新时代花园	金色时代
东城时代华庭	时代骄子大厦	**武汉**	企图时代
新时代景庭·欧原	时代华庭	锋尚时代大厦	豪盛时代华城
新朝时代	天安数码时代大厦	江景时代	**厦门**
美树名家·佳源时代华苑	常兴时代广场	金鑫·黄金时代	新阳名仕阁·房东时代
	物业时代新居	鹏程时代	**香港**
时代绿园	会展时代中心	时代龙庭	新时代广场
百汇中心·独立时代	中民时代广场	时代天骄	
时代映象·和嘉公寓	缤纷时代家园		
时代星园	澎柏白金时代	◀ **世纪** ▶	
SOHO 时代	飞扬时代		
韵动时代	青橙时代公寓	**北京**	世纪金源公寓
时代金领·金桥爱建园	中民时代广场	世纪风景	世纪阳光
清悠时代	**石家庄**	世纪东方城	世纪龙鼎
翰林苑·财智时代	鼎盛时代	旺角新世纪	金世纪嘉园
SOHO 赢家时代	时代方舟	世纪城	世纪风景
大上海时代广场	时代花园	世纪新景	世纪城生活城
东城时代华庭	易城·时代广场	美华世纪大厦	世纪村住宅小区
和居时代·涵合园	**台湾**	世纪星河名苑	世纪宝鼎
易时代	时代赢家	世纪星	世纪名苑
缤纷时代	太平洋时代	世纪科贸大厦	光彩新世纪
深圳	**天津**	世纪豪景	美华世纪大厦·世纪财星
时代都会	泰达时代	世纪嘉园	
创富时代名苑	时代广场	世纪财富中心	世纪星城
时代景苑	时代明居	鼎极嘉华世纪	世纪村
鼎盛时代	时代新城	世纪财星	**长春**
时代金融中心	通达尚城·独立时代	世纪金色嘉园	21 世纪国际商务总部

慈光世纪居
世纪家园
世纪兴嘉园
兆阳新世纪
太阳世纪居

长沙
明天世纪广场
明天世纪花园
新世纪安居苑
新世纪家园
政力世纪大厦

成都
二十一世纪花园
　千禧园
世纪朝阳
世纪锦苑
新世纪广场

重庆
飞扬世纪
佳华世纪新城
世纪花园
世纪中环
蔚蓝世纪
世纪金街
世纪环岛
金色世纪·白金宫
南湖魅力世纪
龙寰世纪
金色世纪
世纪阳光
世纪阳光新尚城
世纪金源国际公寓

百康年世纪门
阳光世纪城
斌鑫世纪城
龙寰世纪农贸市场
华宇广场·世纪银河
世纪名苑

大连
世纪经典

东莞
新世纪豪园
新世纪花园
新世纪华庭
新世纪丽江豪园
新世界花园

广州
世纪绿洲
金碧世纪花园
世纪广场
新世纪花园
世纪华都

贵阳
创世纪新城
华宇世纪花园
新联世纪华庭
新世纪数码港

桂林
安厦世纪城
世纪花园

哈尔滨
世纪广场

杭州
e世纪·长岛绿园

e世纪·城市花园
金世纪·红枫苑
世纪嘉园
金世纪·星都家园
e世纪·都市知音公寓
联合·世纪新筑
伟星·东河世纪大楼
世纪新城
风雅钱塘·世纪花园
世纪嘉园·晴彩巴厘

济南
恒泰世纪经典
齐鲁世纪园
鸿苑世纪开元
世纪泉城·舜景花园
舜风世纪花园
中润世纪城

昆明
昆明世纪广场
世纪生活

南京
21世纪·巴黎春天
21世纪·世纪园
21世纪·现代城
21世纪·连岛金海岸
山顶假日公寓
湖滨世纪花园
谷阳世纪大厦
金陵世纪花园
世纪星园
新世纪广场
名城世纪园

世纪家园
世纪商都
世纪阳光·沁景苑
世贸商城
中天世纪花园

宁波
江东新世纪

上海
星河世纪城
民丰世纪苑
世纪之城·半岛花园
绿地世纪城·世纪同乐
大华清水湾·21世纪
　金海岸广场
世纪时空
世纪晶典
世纪左岸
绿地世纪花苑
海湾世纪佳苑
世纪阳光园
绿地世纪花园
世纪苑
世纪花苑
明丰世纪苑
正阳世纪星城
景华世纪园
世纪名苑
银河世纪经典
金芙世纪公寓
浦东世纪花园
明日星城世纪星
昌鑫世纪园

世纪之门·半岛花园	世纪山庄	荣耀世纪	世纪皇冠
新世纪花苑	大世纪花园	**太原**	世纪家园
世纪凯厦	世纪春城	世纪花园	新世纪宝安花园
松江世纪新城·明丰文化苑	世纪村	**天津**	新世纪都市花园
	滨福世纪	世纪花园	东龙世纪花园
城投世纪名城	金鼎辉煌世纪	米兰世纪花园	凤凰世纪家园
世纪之春花园	光彩新世纪家园	世纪汽配城	**西安**
古北新城·世纪新作	创世纪滨海花园	世纪幸福家园	锦园新世纪
世纪花园	天健世纪花园	金厦世纪名都	老三届世纪星大厦
世纪景典·花木苑	皇庭世纪	碧水世纪园	白马世纪广场
新华世纪园	双城世纪	中豪世纪花园·SOHO部落	世纪春天
齐盛世纪花园	**沈阳**		世纪金园
世纪梅陇镇	金穗世纪花园	世纪大厦	中华世纪城
江南世纪新苑	新世纪家园	世纪城	世纪颐园
三湘世纪花城	中润世纪家园	**无锡**	绿地世纪城
虹叶茗园·世纪虹叶	**石家庄**	新世纪花园	雁塔世纪花园
明园世纪城	世纪花园	**武汉**	**厦门**
山水世纪	**苏州**	南湖·新世纪宝安花园	大洲新世纪广场
21世纪海岸广场	南门世纪花园	世纪·阳光花园	世纪之星
平吉世纪家园	世纪花园	世纪彩城	**郑州**
新世纪名苑	**台湾**	世纪大厦	21世纪居住社区
阳光世纪城	盛世纪	世纪华庭	21世纪中心大厦
创世纪花园·纽约座	世纪の樱		
创世纪河滨花园	世纪财星		
世纪同乐	世纪广场		
淮海世纪花苑	世纪花园大厦	**北京**	地王广场·名仕阁
华敏世纪广场	世纪经典	雅龙骑仕	名仕城
白领·创世纪花园	世纪经贸	佳仕苑	天安·仕锦阁
创世纪河滨花园	世纪名人	**成都**	**广州**
深圳	世纪威秀	柏仕晶舍	恒仕大厦
世纪村·如意府	世纪之音	仕闲庭	嘉仕花园·尚海
世纪华庭	世纪花园广场	**重庆**	嘉仕花园·上领

贵阳
华仕·名园
杭州
东海·名仕家园
南中国·雅仕苑
兴财·雅仕苑
南京
百仕园
名仕嘉园
青岛
宜仕宜家·SOHO100
上海
雅仕兰庭·伊顿公寓
柏仕晶舍
南洋博仕欣居
名仕苑帝庭阁
虹桥大仕馆
雅仕轩
阳光富比仕
绿洲仕格维花园
古北瑞仕花园
仕嘉名苑
杰仕豪庭
富仕名邸
宜仕怡家
富比仕
金桥瑞仕花园
名仕苑

◀ **泰** ▶

北京

瑞仕花园
深圳
雅仕居
百仕达花园
雅仕阁
雅仕荔景苑
名仕商城
招商名仕花园
台湾
雅仕堡
逸仙雅仕
天津
顺驰名仕博郡
名仕郡
名仕达花园
白楼仕嘉
武汉
富仕雅庭
江都仕嘉
名仕阁
东创仕际
东创仕佳
名仕家园
名仕花园
厦门
富山名仕园
新阳名仕阁

永泰园

北京银泰中心
泰和园
泰华滨河苑
金宏泰家园
泰中花园
政泰家园
昆泰国际中心
泰然居
天泰新景温泉小区
金泰阁
泰悦豪庭
泰瑞广场
泰和嘉苑
泰庄园
和泰园
永泰花园
同泰苑
景泰新苑
景泰嘉园
宏泰家园
泰乐坊商业
泰斗豪庭
长春
康泰乐园
亚泰新城
长沙
锦泰家园
泰时新雅园
天泰花园
成都
宝泰海棠名居
国泰现代之窗

红泰静水楼台
红泰美家饰
宏泰花簇锦绣
蜀泰商厦
泰逸美景
泰庄花园
永泰雅居
锦泰世家
重庆
泰达大厦
泰正花园
通泰大厦
银泰新苑
鑫泰大厦
鑫泰文化家园
泰正花园丽甸
泰古广场
鼎泰国际
泰正花园·蔚蓝水岸
艾佳天泰
新鸿泰富
宏泰苑
鑫泰铭居
泰兴科技广场
渝高和泰家园
泰大厦
东莞
丰泰华园山庄
中信东泰花园
广州
粤泰·学林华轩
中泰国际广场

捷泰广场	恒泰世纪经典	祥泰商住大厦	武泰公寓
景泰名苑	荣泰花园	**上海**	泰成花苑
荔泰居	**昆明**	昆泰国际中心	泰晤士小镇
安泰大厦	泰信·地中海	泰鸿新苑	泰兴广场
浚泰商业城	**南京**	怡泰家苑	泰古公寓
泰怡苑	宏泰花苑	泰宸景苑	福泰公寓
泰兴苑	金泉·泰来苑	永泰花苑	杨泰苑
泰然居	盘谷·亚泰广场	阳光新景·鑫泰园	同泰公寓
泰康城广场	泰龙家园	东泰花苑	宇泰景苑
泰安楼	泰润公寓	银泰花园	博泰景苑
泰安居	泰盈·阳光之旅	复泰华庭	宇泰公寓
润泰大厦	腾泰花苑	大宁绿湾·宁泰馨苑	泰德苑
泰湖山庄	正泰·阳光苑	佳泰花园	泰业公寓
康泰花园	正泰大厦	运泰公寓	宏泰公寓
民泰阁	中泰国际广场	和泰花园	博泰新苑
贵阳	鑫泰·国际广场	阳光前景·海泰苑	泰燕华庭
宏泰世家	泰裕花园小区	昕泰苑	**深圳**
桂林	泰琮花园小区	和泰玫瑰园	泰华海逸世家
彰泰桂青园	泰琛高层公寓	康泰新城	泰华锦绣城
哈尔滨	泰翠花园小区	伊泰利大厦	泰华豪园
东莱祥泰花园	泰祺花园小区	嘉泰花园公寓	龙泰轩
嘉泰名宅	泰僖花园小区	泰荣苑	泰华明珠
海口	泰翔花园小区	上泰雅苑	泰富中心广场
诚泰大厦	泰秀花园小区	莲泰苑	泰安轩
杭州	泰惠花园小区	东泰大厦	泰宁轩
金泰·蓝色霞湾花园	**宁波**	海泰大厦	泰康轩
泰和苑	泰和家园	泰鸿苑	名泰轩
兴龙·兴泰花苑	**青岛**	景泰嘉苑	泰美园
永泰丰新天地	山东国泰公寓	泰苑·文馨园	金泰名苑
怡大厦	泰成石老人花园	康泰东苑	利泰公寓
济南	天泰阳光海岸	怡泰花苑	泰和花园
恒泰花园	天泰馥香谷	泰宸舒庭	龙盈泰商业中心

怡泰中心	鸿泰花园别墅	**西安**	**厦门**
泰宁花园	富泰园	鑫泰园小区	泰和大厦
国泰豪园	博泰名居	馨泰花园	**香港**
泰华俊庭	国泰逸城	丰泰大厦	国泰新宇
沈阳	泰达园	金泰丝路花城	**郑州**
泰合苑	泰鸿大厦	金泰丰商务大厦	泰和苑
石家庄	泰盛小区	吉泰花园	
华泰家园	金泰花园		
康泰广场	鸿泰花园	◀ **伟** ▶	
苏州	泰达时尚广场		
馨泰花苑	海泰绿色产业基地	**北京**	伟业金锦苑
泰盛绿岛	泰达金色领地	昊天伟业嘉园	林海伟星·靖江花城
银泰花园	海泰大厦	伟图大厦	伟莱家园
台湾	泰丰SOHO	**长春**	伟达盛宅花园
基泰捷座	宾泰名居	经伟大厦	**深圳**
润泰台北富境	泰丰家园	**重庆**	文伟阁
润泰翡翠	泰达新天地	升伟·朝凤苑	**沈阳**
天津	泰达国际公寓	升伟·新居民	宏伟新都
泰丰傲景观澜	泰兴公寓	升伟·新天地	宏伟茗都
泰达国际酒店	**乌鲁木齐**	**广州**	**台湾**
海泰信息广场	康泰苑小区	伟诚广场	中央伟圆
泰达大厦	**武汉**	伟超大厦	**武汉**
泰达清新园	鸿泰佳园	华伟商住楼	天源·城伟鹏苑
芳林泰达园	金泰公寓	伟业阁	伟鹏大厦
泰达时代	康泰苑	伟腾天逸名都	伟业公寓
鸿泰千佰汇	泰昌公寓	**哈尔滨**	**西安**
泰达城	泰格生态公寓	先锋·宏伟小区	伟世佳大厦
泰裕温泉别墅区	泰合百花公园	**杭州**	亚美伟博广场
银泰公寓	泰合花园	伟星·东河世纪大楼	伟业都市远景
兴泰园	泰园居	建伟商务广场	伟丰花园
丽泰园	武泰闸花园小区	**上海**	**香港**
孚泰公寓	信泰公寓	伟星大厦	伟发大厦

◀ 文 ▶

北京
回龙观文化居住区
文教小区
青水文化花园
文津国际公寓
文慧园
山水文园
文津世家
文城杰座
文林商苑
文慧家园
小营文教小区
文达日式花园写字楼
前门文化体育用品公司
崇文区天坛商业大厦
菜市口文化用品商店
欢乐文城

长沙
长沙文化广场

成都
好望角商业文化广场
文庙商业广场

重庆
文星大厦
鑫泰文化家园
文华天成
耀文凯旋星座
杨家坪文化广场
常青藤人文别墅

大连
文园别墅

东莞
文华花园

广州
文德广场
天文苑
穗文大厦
文昌花苑
文福新筑
文华阁
环宇花园·文景阁
九洲文化家园
文昌阁
文昌雅居

哈尔滨
文昌街综合楼
文景小区

海口
昌茂文化广场

杭州
滨江·文景苑
大都·文苑风情
国都·崇文公寓
锦绣文苑
锦昌文华
南肖埠·文景苑
耀江·文萃苑
下沙·文汇苑

耀江·文鼎苑
耀江·文欣苑
中大·文锦大厦
中大文锦苑
金帝文源广场
良渚文化村·白鹭郡

济南
三庆·汇文轩
文东花园

昆明
文华苑

南京
金盛·曲水文华
立信·瑞景文华
天鹤·文云商务大厦
文化名园
文庙新天地
文思苑
文泽园
江南文枢苑
文靖新村

南宁
碧园数码文化城
文德大厦
文华园

上海
文定天下
精文城
文博水景别墅
文坊
立信·瑞景文华
懿文大厦

东方文苑
博文园
文化名邸·江南苑
文怡花园
文治福邸
文轩苑·南文大厦
文华苑
松江世纪新城·明丰文化苑
新文苑
文坊·崇文苑
文定天下苑
文锦大厦
久阳文华府邸
文曲苑·合虹公寓
精文公寓
金铭·文博水景别墅
正文花园
宝纳文化源
金榜世家文馨苑
泰苑·文馨园
文化名园
江南文化园
锦秀文华
文涛阁
文化佳园
文宇大楼
文化人家

深圳
鸿洲文鼎家园
文伟阁
东埔文和园

威文大厦
文福大厦
中信海文花园
国际文化大厦
文德福豪园
文华大厦
保利文化广场

沈阳
文萃苑

台湾
第五文明
文学苑
文心漂亮花园
鹿致文林

太原
文苑大厦

天津
汇文名邸
天津文华国际商务中心
古文化街
文才公寓
新文化花园
南开文园

崇文小区

武汉
汇文新都
尚文创业城
文豪苑
文华公寓
文锦苑
博文花园

西安
西北文化艺术大厦
文景苑
秦文阁
博文园

香港
文英楼

郑州
文博名门
文华西区
文化绿城
文化西区
文雅新世界
文馨花园

◀ 香 ▶

北京
香草天空
莱镇香格里
香榭舍
提香草堂
百环硅谷香林

香林郡运河
书香庭
香花畦
香山甲第
美林香槟小镇
京香福苑

大雄郁金香舍
香江花园
香山艺墅
香化大厦
檀香山别墅
南珠苑花香丽舍
美然香榭里
香山别墅
四季香山
庭香园
莲香园

长春
卉香花园

长沙
巴黎香榭
香巴圣地
香格里·嘉园

成都
花香九里
坡景·香樟林
四季香榭
千和沁香华庭
天府香城
香槟广场
香槟一代
香都美地
香格里拉
香木林花园
香木林馨苑
香木林竹源居
香榭里
香榭名苑

阳光香榭
郁金香花园广场
千和·沁香华庭
正成香域
香都广场
香语街头

重庆
金都香榭
龙湖·香樟林别墅
龙湖·枫香庭
南方新城·香榭里
香江家园
香榭里
中伦·香山园
书香美地
巨豪香溪美林
书香美舍
香林华府
香山花园
聚维书香世家
东海金香庭
福星颐美香
黄桷香园
佳禾钰茂·香港城
中天香悦华府
丁香苑

大连
花香维也纳

广州
保利香槟花园
香榭里春天
锦绣香江

贵阳
香港城
香江花园
杭州
丁香公寓
绿城·七里香溪
商宇·香榭里花园
五月香山
香溢·白金海岸
香溢·大学苑
香樟公寓
香榭商务大厦
森淼·径香苑
南京
复地朗香别墅
墨香山庄
书香名门
香格里拉半岛
香居美地
香山美墅
香缇丽舍
香榭里花园
香榭里小区
中国香泉湖
花香季雨
赛世香樟园
南宁
江南香格里拉
庭香园
香百合
香港花园
香格里拉花园

香榭里
宁波
香格里拉
青岛
天泰馥香谷
香港花园
香阁丽苑·公园世家
香港丽园
绿野香洲·碧林湾
紫丁香花园
美丽香槟小镇
香梅花园
锦绣香江
复地·香堤苑
绿野香洲
茵香榭·逸兴家园
森香水筑·光鸿苑
盛世香樟园
丽水香郡·河滨香景园
书香门第
香歌丽园
珠江香樟南园
逸香园
郁金香花苑
丁香公寓
香缇花园
罗马假日·香山苑
月夏香樟林
外滩香格里拉白金府邸
华山香榭
提香别墅
香港新世界花园

香榭苑
香梅花园
桂竹香公寓
书香公寓
仲信苑·香榭花都
天香公寓
紫藤新园·含香馆
绿洲香岛
西郊龙柏香榭苑
香榭丽花园
满庭香半岛
珠江香樟园
香树丽舍
欧香名邸
深圳
皇庭香格里花园
金地香蜜山
香逸名园
康达尔香槟谷
香林玫瑰花园
书香门第
香荟雅苑
香荔绿洲
金众香诗美林
中航香水郡
中国茶宫茗香苑
香榭里花园
香缤广场
缇香名苑
香域中央
香珠花园
香蜜湖豪庭

香荔花园
香蜜三村
苏州
采香花园
万杨香樟公寓
台湾
百顺香榭
大竹香颂林园
书香大第
四季花香
香滨
丽池香颂
香草山庄
太原
香榭舍公寓
天津
凯立天香水畔
香港花园
香江雅兰
香水之约
香江花园
书香园
香滨左岸
福盛花园·法桐香榭
荷香园
乌鲁木齐
香榭丽居
武汉
枫香苑
香格里·嘉园
香格里都
梦湖香郡

水榭香堤
书香门第
汀香水榭
香江花园
香江家园
香江新村
香榭丽舍
小南湖芬香园

中奇香港花园
滨水香苑
东湖·香榭水岸
芬香园
芬香苑
香港
香和大厦

哈尔滨
东莱祥泰花园
汉祥家园
祥和人家
昆明
楚祥苑
美丽家园美祥阁
南京
汇祥园
凯祥花苑
青岛
祥泰商住大厦
上海
祥和名邸
中祥龙百苑
中祥金祥苑
佳祥公寓
宁祥公寓
中祥哥德堡
怡祥居
宏祥花苑
龙祥公寓
虹祥福邸
吉祥苑
祥安公寓
祥和公寓
祥和名邸
祥和星宇花园
深圳
祥韵苑
祯祥阁
吉祥来花园

雍祥居
祥和花园
雅豪祥苑
祥福雅居
鹤祥苑
众冠祥苑
沈阳
吉祥花园
祥顺科技花园
台湾
极祥
天津
祥和家园
祥居福苑
凯祥花园
富祥园
乌鲁木齐
锦祥院
武汉
宏祥花园
吉祥国际公寓
吉祥欧式花园
吉祥商住楼
祥和公寓
祥和家园
祥云海尔山庄
祥云山庄
西安
瑞祥大厦
厦门
聚祥广场
郑州

◀ 祥 ▶

北京
祥馨别墅
宜祥家园
祥和苑
祥瑞苑
祥和精典
吉祥园
祥和家苑
金祥嘉园
祥龙公寓
裕祥花园
和祥苑
新科祥园
祥云新居
长春
吉祥苑
祥和小区
成都
吉祥大厦
吉祥阁
吉祥花园

祥福苑
祥和花园
重庆
鸿祥·金色年代
祥宏九龙明珠
东莞
祥富花园
广州
祥兴大厦
天祥阁
韫祥楼
祥兴新村
祥日苑
祥庆花园
祥龙花园
祥景花园
祥华阁
贵阳
虹祥大厦
桂林
恒祥花园

253

金祥花园	金祥小区	中鑫花园	阳光新景·鑫泰园
		鑫源楼	鑫城苑 K 座
	◀ **鑫** ▶	**桂林**	山鑫康城
		鑫灿花园	银鑫高级公寓
北京	**成都**	鑫隆置业广场	鑫华俊园
鑫兆佳园	久鑫华园	**哈尔滨**	荣鑫公寓
鑫兆豪园	**重庆**	龙鑫家园	昌鑫家园
中鑫国际	斌鑫·丰泽园	**海口**	尚品·联鑫虹桥苑
鑫兆丽园	光宇锦鑫大厦	琼海鑫泉	万康城·鑫康苑
鑫苑小区	恒鑫花园	鑫海公寓	昌鑫世纪园
中鑫嘉园	天鑫花园	**济南**	黄浦众鑫城
鑫德嘉园	银鑫楼	建鑫花园	静安鼎鑫家园
鑫兆雅园	鑫泰大厦	福鑫苑	金鑫怡苑
天鑫家园	鑫泰文化家园	**昆明**	鑫龙苑
宏鑫家园	鑫耀苑	鑫龙小区	鑫都佳园
盛鑫嘉园	银鑫碧海龙庭	**南京**	徐汇鑫秀
鑫帝大厦	鑫信巴蜀丽景	瑞鑫兰庭	福鑫大楼
鑫宝苑	巨宇融鑫花园	鑫都公寓	晶品汇·国鑫大厦
鑫雅苑	斌鑫中央时代	鑫泰·国际广场	金桥丽景·凯鑫苑
金鑫苑	嘉华鑫城	鑫园·凯旋城	鑫安公寓
同鑫家园	鑫泰铭居	福鑫国际大厦	鑫国家园
同鑫花园	恒鑫名城	紫鑫中华广场	广海花园·鑫海苑
裕鑫园	鑫光商厦	**南宁**	三鑫花苑
漪澜鑫筑	斌鑫世纪城	佳得鑫水晶城	**深圳**
龙鑫园	鑫源大厦	鑫金丽园	潜龙鑫茂花园
长春	鑫隆达大厦	鑫金雅园	万鑫五洲风情
万鑫花园	海屋裕鑫名都	**青岛**	**沈阳**
鑫鹏花园	鑫城名都	鑫龙源花园	双鑫家园
长沙	**广州**	**上海**	**太原**
长鑫美树园	恒鑫御苑	鑫隆花园	漪鑫雅园
鑫天佳园	福鑫大厦	鑫城苑	鑫汇苑
鑫宇翠庭	汇鑫阁	共富鑫鑫花园	**天津**

林立鑫铭水岸	东鑫商住楼	信成苑	中信广场
鑫苑花园	**西安**	中信宝邸	富信广场
鑫东国际公寓	汇鑫温泉都市庭院	天信双骄	**贵阳**
乌鲁木齐	融鑫园小区	信一金典	广信四季家园
国鑫苑	西高新鑫宇小区	协信巴南新天地	嘉信华庭
武汉	鑫泰园小区	协信百年广场	**桂林**
弘鑫花园	鑫宇小区	协信黄金海岸	佳信华庭
嘉鑫·假日广场	鑫海大厦	**大连**	**海口**
嘉鑫大厦	鑫龙天然居	建信敦煌大厦	长信海景花园
金鑫·黄金时代	长鑫领先国际	**东莞**	成信景苑
鑫汉城市花园	瑞鑫家园	华信大厦	成信丽苑
鑫涛苑	**郑州**	中信东泰花园	**杭州**
鑫鑫花园	新鑫花园	**广州**	东信莱茵园
东鑫·鑫海花城	鑫原花园	江南雅苑信明阁	国信翰林花园
		广信银兰苑	国信嘉园
◀ **信** ▶		广信桥东大厦	华瑞信息广场
		广信金兰花园	永通·信息广场
北京	恒信花园	广信江湾时代广场	**济南**
信荷城	建信奥林匹克花园	广信嘉乐花园	华信花园
信德新时代	信禾人家	广信荷花苑	**昆明**
信义大厦	置信丽都花园	广信春兰花园	恒信花园
广信嘉园	置信逸都花园	广信白兰花园	华信大厦
万信公寓	置信柳城谊苑	信合大厦	华信园
信通大厦	安信花园	中信君庭	泰信·地中海
信恒大厦	置信金沙园	华景新城信华花园	**南京**
长春	**重庆**	粤信广场	国信·利德家园
永信花园	宏信大厦	华信大厦	金信花园
永信金庭	嘉信·御庭苑	信和豪庭	立信·瑞景文华
长沙	金信大厦	信步闲庭	易发信息大厦
鸿信大厦	融信大厦	好信广场	**上海**
信丰商住楼	中信银行大厦	金信大厦	立信·瑞景文华
成都	鑫信巴蜀丽景	中信乐涛苑	海信花苑

诚信大厦
信和花园
黄山始信苑
信联公寓
佳信都市花园
仲信苑·香榭花都
信利苑
安信·湖畔天地坊
深圳
大信花园
信义假日名城
信和爱琴居
中信海文花园
中信海阔天空
中电信息大厦
中信红树湾
信托花园
中信星光名庭
地王信兴广场
石家庄
万信城市花园
苏州
信息大厦
台湾
信义鼎间
中信大饭店
太原
同信公寓
天津
新义信里

国信风景 OFFICE
海泰信息广场
贻信园
凯信佳园
信德大厦
国信捷座
信达广场
乌鲁木齐
百信幸福苑
武汉
港信大厦
国信小康城
国信新城
汉信城市花园
建信小区
人信·奥林花园
人信·假日威尼斯
人信·千年美丽
武汉国信城
信泰公寓
正信大厦
信合大厦
西安
方信院
杰信花园
西部电子信息大厦
厦门
信达大厦
信海花园
信隆城

◀ **秀** ▶

北京
优秀·赏
椿秀园
玉秀园
悦秀园
灵秀山庄
天秀泊心湾
天秀花园
晶城秀府
秀安园
秀苑双座
秀城
三秀涵雅居
领秀硅谷
顶秀欣园
逸秀名园
德秀轩
海开天秀花园
成都
大成天府景秀
SHOW 秀城
枫林秀色
天府景秀
重庆
巴蜀俊秀
华普鼎秀
岭秀锦园
华天俊秀
秀苑碧华庭居

秀水丽苑
西城景秀
枫林秀水
大连
越秀大厦
广州
天秀大厦
华秀苑
华秀
北秀花园
锦秀大厦
颐秀华庭
新城市玥秀
哈尔滨
秀景阁
海口
水秀花园
杭州
万安秀水山庄
南京
宁南·秀林苑
泰秀花园小区
万汇秀林水苑
南宁
青秀花园
青秀山庄
万秀小区
新秀佳园
上海

上海领秀	宝宸怡秀园	湖畔雅居	和枫雅居
公园景秀	**深圳**	丽泽雅园	苏荷雅居
越秀苑	景秀年华家园	雅丽世居	潇雅居
天秀花园	深业岭秀名苑	康馨雅苑	福雅居
汇秀公寓	**苏州**	雅龙骑仕	北大博雅创业大厦
双秀家园	环秀花园	听涛雅苑	青春雅舍
罗秀新苑	**台湾**	望京雅特住区	**长春**
上海莘城·莘秀苑	世纪威秀	冠雅苑	听涛雅居
三春汇秀苑	溪城秀墅	京城雅居	**长沙**
中皇广场·智慧岭秀	新秀赏	安贞雅园	长江雅园
天秀苑	优秀赏	金雅园	丹桂雅苑
西部秀苑	**天津**	精图雅苑	富雅花园
申能秀庭	越秀大厦	雅宝公寓	泰时新雅园
领秀府邸	长达清秀园	博雅德园	**成都**
龙庭秀舍	溪秀苑	风格雅园	青城雅居
徐汇鑫秀	湘秀丽舍	三秀涵雅居	蜀韵雅居
罗秀家园	秀河花园	博雅园	博雅丽景
翔殷心秀	逸秀花园	东阁雅舍	博雅庭韵
徐汇秀水苑	唐人街·易买得秀谷	雅典娜庄园	博雅馨地
罗秀苑	秀丽南园	博雅西园	翠堤雅筑
锦秀文华	**武汉**	格林雅地	岷山雅居
领秀丽墅	秀水公寓	嘉隆雅苑	人和逸景清雅空间
华城秀庭	小寨领秀城	达富雅园	少城雅居
领秀赏	**厦门**	典雅居	西雅语嫣
山水秀	育秀中心	绿雅阁	雅典国际社区
		鑫兆雅园	雅居苑
	◀ **雅** ▶	白露雅园	雅郡
		中海雅园	学林雅苑
北京	锦绣雅园	雅龙骑仕	雅然居
朝阳雅筑	蓝调沙龙雅园	中雅大厦	雅图丽景
格瑞雅居	舒雅名苑	中雅阁	永泰雅居
绿谷雅园	名苑雅居	鑫雅苑	风格雅园

金鹏雅舍	维雅苑	福泉雅居	雅骏花园
博雅新城	雅居乐花园	乐雅苑	雅景苑
颐和雅居	东雅轩	翠雅苑	康雅花园
上锦雅筑	雅郡花园	松云雅苑	雅景花园
富临清江雅居	雅景湾	聚景雅居	景雅阁
蓝色雅典	金湖雅苑	荟雅苑	海雅轩
西雅图	绿庭雅苑	天河雅苑	京华雅居
重庆	恒雅居	雅居乐欧洲故事	枫丹雅筑
浩景雅苑	竣雅阁	柏涛雅苑	聚雅苑
丽景雅苑	江南雅苑	历德雅舍	碧雅苑
三凌雅园	雍雅园	建雅台	金雅苑
新华雅阁	南雅名苑	桥东雅苍苑	金雅阁
学林雅园	东山雅筑	侨雅苑	新河浦雅居
中阳雅阁	荔锦雅居	加怡雅居	名雅花园
心巢雅居	一方雅居	愉景雅苑	**哈尔滨**
翠湖雅居	旭日雅苑	金穗雅园	光太雅居
青簏雅园	和风雅居	雅郡伯朗别墅	**海口**
雅地天际	金碧雅苑	逸涛雅苑	世贸雅苑
缙簏商都雅苑	顺景雅苑	悦涛雅苑	天龙雅居
雅豪丽景	簏雅居	怡雅苑	**杭州**
江风雅筑	观湖雅轩	怡雅居	风雅钱塘花园
帝豪雅苑	簏景雅居	雅宝新城	金鹿雅园
华宇林泉雅舍	金逸雅居	五元雅园	雅仕苑
禾风雅筑	流花雅轩	怡芳苑·雍怡雅轩	沁雅花园
南岭雅舍	荔雅花园	逸雅居	野风·现代雅苑
美堤雅城	枫丹雅居	雅图花园	通和·戈雅公寓
金都雅园	万寿雅苑	雅致花园	名都·西雅城
东方雅园	雅居乐雍华廷	雅怡花园	兴财·雅仕苑
东莞	新城雅居	雅怡阁	南中国·雅仕苑
富雅花园	福雅居	康盈雅园	黄龙雅苑
菁泉雅苑	利雅湾	雅图居	**济南**
广州	柏丽雅居	雅林居	鸿苑·雅士园

雅居园	宝华雅苑	枫林雅苑	雅仕阁
昆明	静安雅筑	上南雅筑	香荟雅苑
鸥翔雅居	京城雅居	雅园	雅兰酒店
田园雅居	雅舍	幽兰雅筑	新洲阳光雅居
南京	天合雅园	雅苑	东方雅苑
典雅居	中邦·风雅颂	华亭雅居	星河雅居
名雅阁	知雅汇	复地雅园	富怡雅居
枫桥雅筑	雅墅（Hasa）	东方雅苑	福雅园
靖雅居	雅舍小品	传人雅居	东方凤雅台
汉府雅苑	雅仕兰庭伊顿公寓	滨江雅墅	雅庭名苑
九龙雅苑	雅仕轩	莘雅名门	翠雅居
美景雅苑	金都雅苑	花园村雅苑	明雅阁
名湖雅居	滨江雅苑	典雅公寓	雅颂居
青田雅居	昌里雅苑	名人雅居·沪贵苑	海伴雅居
时代雅居	中大雅苑	**深圳**	雅仕荔景苑
儒林雅居	天宸美景·心仪雅苑	新锦安雅园	学林雅院
腾达雅苑	东兰世茗雅苑	云天雅苑	雅豪祥苑
天琪雅居	中星雅苑	雅然居	洪福雅园
仙林雅居	西雅图	雅云轩	金石雅苑
雅瑰园	佳慧雅苑	典雅居	蕙兰雅居
阳光雅居	中通雅苑	东都雅苑	祥福雅居
亚东·沁兰雅筑	雅士公寓	枫丹雅苑	新锦安雅
银达雅居	上泰雅苑	雅仕居	诚品雅筑
雯锦雅苑	河畔雅苑	海逸雅居	荔雅居
雍雅园	浣纱雅苑	竹雅名居	城中雅苑
明都雅苑	绿雅苑	东方海雅居	玉雅居
南宁	雅典花园	长海雅园	蔚蓝雅苑
鑫金雅园	岭南雅苑	汇园雅居	汇雅苑
雅和居	雅庐苑	黄埔雅苑	德邻雅筑
振宁雅苑	康宁雅庭	雅涛花园	弘雅花园·雅兰亭
上海	丰盛雅苑	心语雅园	**沈阳**
金沙雅苑	兰馨雅苑	翠堤雅居	青铜雅居

水岸雅居	雅都天元	雅丽花园	长安雅苑别墅
雅典娜	香江雅兰	雅丽新都	学林雅苑
雅都苑	纯雅公寓	雅苑公寓	麒麟雅筑
石家庄	雅川家园	泽皓雅居	雅荷春天
博雅庄园	雅庭苑	百强·名流雅阁	西雅图翡翠城
诗语·雅居	天华雅园	迪雅花园	心晴雅苑
旭雅园	第6大道·第博雅园	集贤雅苑	城南雅居
雅铭苑	津滨雅都公寓	**西安**	景致雅居
雅兴园	城市雅韵	红华雅居	枫馨雅苑
苏州	靖江雅园	雅荷城市花园	明德雅园大厦
雅典苑	**乌鲁木齐**	雅荷度假山庄	名城雅居
雅典花园	雅安公寓	雅荷花园	**香港**
雅阁花园	**武汉**	雅荷智能家园	雍雅轩
雅韵花园	富丽雅花园	虹桥雅轩	
台湾	富仕雅庭		
宝仁雅筑	黄浦雅苑	◀ **阳光** ▶	
和风·小雅	集贤雅苑		
和风雅集	金色雅园	**北京**	阳光都市
湖山雅致	金域雅庭	阳光左右间	阳光假日别墅
青弦雅舍	兰亭雅居	阳光地带	阳光新干线
薇多绿雅	丽景雅苑	阳光空间	慧谷阳光
雅集	棉花雅苑	亚奥阳光	阳光翠园
雅居小筑	明雅苑	琉璃阳光	世纪阳光
雅舍	名雅居	合生米兰阳光	北辰绿色阳光
雅舍小品	南湖雅园	阳光星期八	阳光100国际公寓
雅仕堡	名城雅居	阳光好东东	阳光曼哈顿
山林雅境	向阳雅居	阳光丽景	阳光100
MAYA 湄雅之旅	新大地博雅苑	阳光斯坦福	阳光星城
逸仙雅仕	新五里雅居	加洲阳光花园	阳光苑
太原	学雅芳邻	阳光别墅	慧谷阳光
漪鑫雅园	雅典居	阳光新园	阳光上东
天津	雅景阁	怡和阳光大厦	**长春**

长影阳光景都　　阳光365　　　　　阳光都会广场　　阳光雅居
东南阳光　　　　凯蒂阳光　　　　阳光花园　　　　正泰·阳光苑
筑业阳光城　　　阳光金沙　　　　富力阳光美居　　阳光里

长沙　　　　**重庆**　　　　阳光假日花园　　阳光聚宝山庄
阳光花园　　　　金日阳光花园　　阳光心域　　　　阳光·新街坊

成都　　　　阳光华庭　　　　**贵阳**　　　　**南宁**
龙泉阳光假日体育城　阳光家园　　阳光都市　　　　阳光绿城
巴黎阳光　　　　阳光丽景　　　　**哈尔滨**　　　阳光新城
城市阳光　　　　阳光100国际新城　阳光绿色花园　　阳光新都
加乐福阳光　　　清迈阳光　　　　**杭州**　　　　阳光100城市广场
青城阳光　　　　阳光新干线　　　开元·加州阳光　世纪阳光·沁景苑
上东阳光　　　　凤鸣阳光小区　　阳光地带　　　　**青岛**
时代阳光　　　　光宇阳光海岸　　阳光四季　　　　天泰阳光海岸
双楠所有阳光　　阳光心殿　　　　浙水·阳光天地　阳光山庄
西景阳光　　　　南方上格林阳光美谷　太湖阳光假日　**上海**
新阳光健康家园　世纪阳光　　　　阳光都市　　　　阳光巴黎
阳光地带　　　　世纪阳光新尚城　**济南**　　　　阳光翠竹园
阳光海韵广场　　新洲阳光　　　　太阳城·阳光新景　阳光威尼斯
阳光花苑　　　　阳光100城市广场　新世界阳光花园　阳光名都
阳光华庭　　　　阳光世纪城　　　阳光舜城·格林苑　阳光新居
阳光假日别墅　　光华阳光水城　　阳光舜城·怡然居　阳光加州·国际村
阳光金山花园　　阳光星座　　　　**昆明**　　　　阳光星期八
阳光科技孵化园　中天阳光美地　　阳光海岸　　　　阳光摩天城
阳光商业世界　　左岸阳光　　　　阳光花园·昊苑　阳光威尼斯
阳光世界·青春派　拓展阳光　　　　**南京**　　　　西溪阳光城
阳光香榭　　　　**大连**　　　　东恒·阳光嘉园　阳光国际公寓
阳光河畔　　　　滨海阳光　　　　嘉业阳光城　　　阳光水岸家园
新阳光健康家园　亿成阳光　　　　九点阳光　　　　阳光神州苑
伊甸阳光　　　　**东莞**　　　　四季阳光　　　　阳光四季公寓
锦绣阳光　　　　阳光山庄　　　　东山阳光新城　　阳光新景
新沙河阳光水岸　**广州**　　　　泰盈·阳光之旅　阳光欧洲城
龙华阳光　　　　阳光家园　　　　阳光锦绣阁　　　静安阳光名都

悉尼阳光·盛族家园	贵仁绿苑·阳光新天地	嘉业·阳光城	水岸阳光
原顾路阳光苑	维纳阳光	金枫苑·阳光水岸	太阳城棕榈阳光
现代星洲城·星洲阳光	**深圳**	阳光地带	**武汉**
湘江大厦·虹桥阳光	中海阳光棕榈园	**台湾**	关西阳光花园
弘泽阳光园	阳光花园	舞动阳光	光谷未来·阳光海岸
世纪阳光园	阳光荔景	**太原**	汉江·阳光城
阳光富比仕	阳光海景花园	阳光花园	嘉和·阳光水岸
阳光翠竹苑	阳光带海滨城	阳光时尚公寓	开源·阳光城
阳光美景城	阳光天地	**天津**	统建阳光花园
阳光前景	新洲阳光雅居	阳光家园	世纪·阳光花园
阳光世家	阳光四季	美日阳光	阳光大厦
阳光公寓	阳光明居	阳光维也纳	阳光公寓
界龙阳光苑	阳光翠园	城市阳光	阳光新苑
万荣阳光苑	阳光广场	棕榈阳光	阳光在线
阳光欧洲	天建阳光名苑	宁发阳光公寓	东方阳光城
北欧阳光庭园	阳光城市家园	阳光小镇	东风·阳光城
上大阳光	阳光新干线家园	邻水阳光	**西安**
阳光万源公馆	东部阳光花园	金色阳光国际公寓	海荣阳光城
LACALA 阳光海岸	地中海阳光	阳光嘉年华商业广场	**厦门**
明丰阳光苑	金色阳光雅居	阳光新干线	阳光海岸
阳光西班牙	五米阳光	阳光 100 国际新城	**郑州**
阳光水岸家园	**沈阳**	米兰阳光	阳光公寓
阳光爱琴海	健康·阳光苑	五一阳光	阳光温泉花园
阳光新天地	阳光宝座	阳光星期 8	新洲·阳光
阳光绿园	中联城市阳光		
阳光名邸	阳光花园	◀ **怡** ▶	
阳光世纪城	正昌阳光新苑		
南部阳光翠庭	**石家庄**	**北京**	怡丽园
阳光永业	东方·阳光园	天怡家园	怡佳家园
阳光高城苑	阳光华苑	怡景园	福怡苑社区
虹桥阳光翠庭	阳光水岸	怡静园	怡景城花园
顾路阳光苑	**苏州**	怡丽南园	莲水怡园

新怡家园	海怡花园	乐怡居	雅怡阁
怡然家园	江都怡园	番禺怡景花园	康怡花园
怡乐北街	龙泉怡苑	怡翠花园	星海怡居
怡锦园	平安·怡和园	怡景楼	馨怡花苑
怡和阳光大厦	怡悦苑	东怡新区	海怡花园
似海怡家	怡丰花园	泰怡苑	中怡城市花园
怡升园	安怡和园	德怡居	君怡大厦
怡美家园	天奇怡畅苑	嘉怡苑	华怡花园
怡景城	怡丰海韵豪园	加怡雅居	**桂林**
怡龙别墅	巴蜀怡苑	加怡大厦	怡嘉华庭
怡清园	西亚怡顺佳苑	汇怡苑	**海口**
福怡苑	怡馨花园	汇怡居	海怡豪园
怡禾国际中心	海棠晓月·怡景天域	新怡苑	**杭州**
怡海花园	怡锦苑	华怡花园	华鸿·怡景花城
万柳怡水园	怡庭家园	怡雅苑	怡泰大厦
长春	怡馨大厦	怡雅居	清怡花园
青怡坊	千荷怡景	怡心苑	**济南**
长沙	**东莞**	怡龙苑	舜怡佳园
荷花园·怡菏园	富怡花园	怡乐花园	阳光舜城·怡然居
怡景民居	鸿怡花园	怡景湾	怡心苑
成都	怡丰都市广场	怡景花园	**南京**
嘉怡苑	**广州**	怡花阁	金陵世纪花园·怡华园
金色怡园	怡龙大厦	怡海华轩海涛阁	新怡园
怡和水岸	惠怡楼	怡海华轩	怡康新寓
怡家新城	广怡大厦	怡港花园	怡水嘉园
怡景花园	海怡半岛花园	怡芳苑雍	城开·怡家
怡景园	怡新花园	怡雅轩	怡华园
怡晴苑	隆基怡苑	怡安花园	**宁波**
心怡蝴蝶城	荔怡中心	雅怡花园	海怡花园
怡丰新城	怡和苑	茵怡居	**上海**
重庆	福怡居	绿怡居	君怡花园
帝豪·怡庭	滨江怡苑	翠怡居	怡园洋房

怡泰家苑	海怡居	怡康家园	**西安**
怡君苑	富怡雅居	佳怡公寓	碧水怡兰
怡水新镇	怡然天地居	怡安购物广场	怡景大厦
泗海怡家	中海怡美山庄	**武汉**	银河怡园公馆
虹桥怡景苑	中海怡翠山庄	嘉怡苑	怡和国际商务公寓
东苑新视界·虹桥怡和园	心怡花园	康怡花园	明德怡心居
	怡乐花园	云鹤怡景苑	**香港**
怡东花园	旺海怡苑	怡博苑	怡心园
宝宸怡秀园	怡泰中心	怡景花园	康怡花园
文怡花园	怡园大厦	怡青园	海怡半岛
绿地海怡酒店公寓	海怡东方花园	怡和苑	绿怡居
汤臣怡园	长怡花园	怡康苑	
福缘·怡沣大厦	中房怡芬花园		
人间怡景	翠怡豪苑	◀ **银** ▶	
怡祥居	中房怡乐花园		
罗山怡景苑	乐怡居	**北京**	银河大厦
八月桂林·怡德苑	**沈阳**	北京银泰中心	鹿港银网中心
嘉怡苑	保工怡园	银科大厦	银科铭苑
怡乐花园	**石家庄**	银领国际	**长春**
金鑫怡苑	燕港怡园	银座九号	长春银座
怡泰花苑	**苏州**	得易家·银街俊景	**长沙**
东怡花苑	乐怡苑	银帆国际	华银园
君怡公寓	怡馨花园	银谷大厦	银府花园
宜仕怡家	**太原**	南银大厦	银海大厦
怡峰园	怡华苑小区	银湖别墅	银洲公寓
金阳怡景公寓	**天津**	银泰庄园	**成都**
虹桥尊邸·永怡公寓	怡林佳缘	银通大厦	银海大厦
虹桥首席·东苑怡和苑	天怡康居	银枫家园	银洲公寓
怡德苑	丹怡康居	银地家园	银海花园
深圳	幸福怡家	银网中心	千和银杏花苑
绿怡居	真爱怡家	银科名苑	水岸银座
金怡华庭	怡华园	东方银座	星城银座

银都花园	嘉银华庭	银河湾	银华苑
银河商业广场	银涛阁	银贡山庄	申银发展大厦
银杏生活广场	银珠苑	钟山·银城东苑	上海银座
紫微银座	银政大厦	长发银座	银龙小区
迪康银色诗典	银苑大厦	**宁波**	银晨数码大厦
银谷基业	银燕大厦	银桂揽月	银涛高尔夫别墅
重庆	银威花园	银杏四季	华银府邸
华夏银座	银山大厦	**青岛**	贵都苑·兴银花园
金银园区	银利花苑	银都景圆	**深圳**
美银苑	银华大厦	**上海**	银翠苑
银都公寓	银海花园	华银坊	百合银都国际
银光庭园	华银大厦	佘山银湖别墅	银座国际
银泰新苑	东银广场	银东大厦	新银座华庭
银中大厦	广州汇丰银行大厦	银马郡庭	银兴苑
银鑫楼	广州国际银行中心	银泰花园	银谷别墅
中信银行大厦	**海口**	锦绣人家·银杉苑	集银皮革市场
银鑫碧海龙庭	银谷苑	银鑫高级公寓	福建兴业银行大厦
东和银都	**杭州**	东银曲阳花苑	银泉花园
银海峰景	南都银座公寓	银都名庭	东方银座
万吉广场·银街俊景	银河嘉园	银河世纪经典	东门银座
中环银座	银座大厦	银都名墅	银座金钻
巴蜀锦绣银街	**济南**	金银汇	银海苑
华宇广场·世纪银河	三箭银苑	银杏家园	银汉国际公寓
大连	银座数码广场	银欣花苑	**沈阳**
银海公寓	**昆明**	裕华恒银大厦	银兴苑
东莞	银海森林	银座公寓	**石家庄**
银峰花园	**南京**	运银公寓	银都花园
广州	银城·宝船听涛	银都佳园	银海住宅组团
美国银行中心	银城·御道家园	虹桥银城	**苏州**
广信银兰苑	银达雅居	银星名庭	银桥三期·日月湾
广发银行大厦	银龙花园	银鹿大厦	银泰花园
光大银行大厦	银城大厦	东银茗苑	银杏苑

中欣大厦·金银岛　金厦银座　　雍景台　　深圳
台湾　　　　金银岛花园　山畔雍庭　雍翠豪园
玖都银座　　　金银湖国际高尔夫　雍景豪园　雍祥居
银河水都　　　　　俱乐部　　雍怡雅轩　雍华府
太原　　　　银邦大厦　　雍景山庄　宏发雍景城
银河公寓　　　银丰富苑　　雍逸豪廷　雍翠华府
银河苑　　　　银海花园　　**南京**　　雍景轩
天津　　　　银海华庭　　雍雅园　　威尼斯·港湾·雍景台
恋日银河　　　银海山庄　　**上海**　　**武汉**
银泰公寓　　　银河湾　　　雍景苑　　雍景台
银杏公寓　　　银河华庭　　雍江星座·香园　**香港**
银珠公寓　　　银龙花园　　东旺雍景苑　雍雅轩
银丰花园　　　银洲公寓　　雍景园
乌鲁木齐　　东谷银座
银钻花园小区　银河怡园公馆
无锡　　　　和平银座　　　　◀ **永** ▶
银仁花园　　　**香港**
银杏苑　　　　一号银海　　**北京**　　永泰雅居
武汉　　　　**郑州**　　　　永达逸家　**重庆**
华银城　　　　开元银田花园　永丰嘉园　永达思源花园
　　　　　　　　　　　　　　永泰园　　**广州**
　　　　　　　　　　　　　　永顺家园　永福大厦
　　　　　　◀ **雍** ▶　　　永金里小区　永丰大厦
　　　　　　　　　　　　　　永合馨苑　永安居
　　　　　　　　　　　　　　永安综合商住楼　**贵阳**
北京　　　　雍景园　　　永泰花园小区　永恒商住楼
雍和大厦　　　**东莞**　　　永泰园新地标　永乐新苑
雍和家园　　　雍华庭　　　**长春**　　**哈尔滨**
雍景台　　　　雍景花园　　永长小区　永平小区
雍和名家　　　**广州**　　　永吉花园　**海口**
雍景台国际公寓　雍翠园　　永信花园　三永花园
长春　　　　雍雅园　　　永信金庭　永发小区
雍景豪庭　　　半山雍景苑　**成都**　　**杭州**
长沙　　　　雅居乐雍华廷

永康苑
永泰丰新天地
华立永通·逸城
南京
永嘉年华
永丰国际商业大厦
永利晶华城
宁波
永久花园
青岛
永盛蔚蓝海岸
上海
永和丽园
永兴富邦
永新花苑
永泰花苑
永汇新苑
永盛苑中心e站
永惠大厦
永和新城
永泉公寓
永业公寓
永和新城·阳城
永嘉公寓
永久城市花园
永巍公寓
永厦大楼
阳光永业

◀ **御** ▶

北京

永怡公寓
永升大厦
沈阳
永乐花园
石家庄
永壁新村
太原
永乐苑小区
永乐苑翡翠花园
天津
仁永名居
永安大厦
永莲国际购物中心
无锡
永丰大厦
武汉
天永大厦
天永公寓
永安公寓
永安名苑
永成大厦
永开商住楼
城开·永清庭苑
西安
永丰公寓
厦门
永升花园
永升新城

玫瑰御园

御鹿家园
御水苑
御东花园
御京花园
东方御景
御墅临枫
新御景
御景山
御景园
皇家·御院
长春
御花苑公寓
长沙
御景大厦
成都
东湖御景
牡丹御园
御都花园别墅
御峰苑
御景江山
重庆
御景江山
心巢御园
御景豪庭
御景天成
大众御湖苑
嘉信御庭苑
东莞
御景花园
广州
五溪御龙湾
东湖御苑

恒鑫御苑
溪御龙湾
珠江御景湾
华南御景园
富力御龙庭
御庭湖轩
金碧御水山庄
御侨居
御鹿华轩
御景花苑
御晖苑
御华苑
翠湖山庄·御庭苑
东湖御园
杭州
大禹·御景城
南肖埠·御景苑
御庭园
南京
金陵御沁园
金陵御庭轩
银城·御道家园
御都花苑
御水湾花园
御河苑
御园小区
御湖国际
上海
御品
公馆·上海御泓苑
东方御花园
新华御庭

虹御公寓
御墅花园
御桥馨华苑
御华名苑
御翠园
御墅临枫
御品大厦
上海之窗·御景园
御风国际

深圳

仙桐御景
御景台
鸿翔御景东园
御庭园
京基御景华城
皇御苑
御龙居
御景苑
朗钜御风庭
御海湾山庄
明舍御园
东湖御苑

沈阳

御龙苑

苏州

御龙苑

台湾

和风御庭
御宝京城
御和风
御品
御墅

天津

御河湾新苑
御景园邸
御河湾公寓
长瀛御龙湾

武汉

御景别苑
御道华城
御城

香港

御庭轩
嘉御山
御皇庭
皇御居

第四章　按特殊词眼归类的楼盘名称

◀ 异域风格命名方式 ▶

北京
温哥华森林
联家园布拉格城
莱镇香格里
巴克寓所
卡布其诺
香榭舍
德国印象
柏林在线
牛顿办公区
北欧小镇
威凯星期八
四季莱茵
欧陆经典
格瑞雅居
麦卡伦地
雪梨澳乡
兰德华庭
莫奈花园
田园波尔卡
澳洲新星
长岛澜桥
德国楼尚
东方比华利花园别墅
阅读莱茵
鹿港
米罗公元
纽约客
风度柏林

德邑新时空
加洲阳光花园
欧堡
加来小镇
卡尔生活馆
康斯丹郡
亚特兰大厦
富莱茵花园
那尔水晶城
康桥水郡
道乐蒙恩商务街
檀香山别墅
美然香榭里
波恩小镇
波特兰花园
雅典娜庄园
万方·阿波罗计划
加华印象街
莱茵河畔
柏林春天
塞纳维拉
DBC加州小镇
凯帝克大厦
澳洲康都
依斯特大厦
北欧印象
北欧春天
希格玛中心
多摩市

威尼斯花园
温莎大道
韦伯豪家园
蒙顿卡雀
站前巴黎
温特莱中心
理想的拿铁镇
纽约客易墅殿堂
巴克寓所
北岸·莱茵
德邑新时空
朗斯芳德
珠江罗马嘉园
乐澜宝邸
密西花园
长春
东方伯爵
娜奇美商住综合楼
维多利亚庄园
长沙
巴黎香榭
成都
爱丁堡
爱丽舍
爱舍尔花园
巴黎阳光
波尔多商城
财富欧罗巴
国一澳乡
好莱坞广场
好望角商业文化广场
华尔兹广场

加乐福阳光
金巴黎凯旋帝景
金色夏威夷
凯蒂阳光
凯莱帝景
莱茵·春天
莱茵河畔
莱茵家园
蓝色夏微夷
罗浮世家
曼哈顿自然派
米兰风度
南加州娱乐广场
欧城花园
欧康花苑
普罗旺斯
塞纳风情商业街
圣马可广场
威斯顿联邦大厦
维也纳森林别墅
香榭里
罗浮世家
新加坡花园
雅典国际社区
诺丁山
雅图丽景
温哥华花园
中海格林威治城
爱舍尔依存走廊
重庆
爱丁堡
巴黎世家

巴蜀俊秀	东方夏湾拿	香榭里花园	柏林春天
金都香榭	雅郡伯朗别墅	阿尔卡迪亚	上海多伦多
香榭里	马赛国际公寓	康桥圣菲	沈默荷兰园
比华利豪园	**桂林**	巴厘·原墅	虹桥加州风情
贝迪龙庭	樱特莱庄园	圣·欧庭	奥朗新庄园
赛格尔国际大厦	**杭州**	托乐嘉街区	维也纳新都
爱丁新甸	东信莱茵园	拉德芳斯	华尔道芙
金色世纪白金宫	加州阳光	**南宁**	东方莱茵
米兰大厦	晴彩巴厘	香榭里	北美枫情
柏林公寓	威尼斯水城	**青岛**	林茵香榭
罗马大厦	维也纳春天	爱琴海公寓	金色维也纳
东方曼哈顿商务公寓	好望角	**上海**	英伦生活
加州百合园	奥兰多小镇	雅仕兰庭·伊顿公寓	布鲁克林
威尼斯印象	萧宏普罗旺斯	阳光威尼斯	克拉水城
大连	香榭里花园	欧洲之星	帕萨迪纳
花香维也纳	利兹城市公寓	静安·偌丁汉	香树丽舍
东莞	苏黎士小镇	巴黎枫情	巴洛克宫廷
安娜花园	巴比松渡假庄园	阳光加州·国际村	非常地中海
曼克顿广场	理想·伊萨卡	西班牙名园	东方剑桥
广州	新湖·香格里拉	海伦香榭	圣马丽诺桥
海伦堡	诺丁山郡	东方苏荷	晶彩加拿大
罗马假日	**昆明**	威尼斯花园	欧罗巴生活
曼哈顿大厦	加洲枫景	纳帕溪谷	创世纪花园·纽约座
汇景新城·柏菲美泉	**南京**	欧洲豪庭	塞纳左岸
罗马家园	巴黎春天	加州映象	林克司别墅
城启波尔多庄园	百家湖花园·印象威	西郊美林馆·西班牙风	奥克苑
雅居乐·欧洲故事	尼斯	华尔道夫	林顿大厦
香榭里春天	莱茵东郡	理想的拿铁镇	泰晤士小镇
澳洲山庄	罗马假日	维也纳森林别墅	剑桥景苑
加勒比湾	玛斯兰德	绿地崴廉公寓	奥塞花园
托斯卡纳	欧陆经典花园	诺丁区	英伦花园
富力爱丁堡国际公寓	威尼斯水城	金色奥斯卡	富兰克林

巴黎时尚	圣约瀚名邸	圣特丽墅	歌德花园
奥玎·宫廷	爵士静安	**深圳**	荷兰村
莱茵枫景	英国会	加州地带	荷意一品
莱茵风尚	莫奈印象	波托菲诺	横の滨
悉尼星光	法式情怀	英伦名苑	建筑晶典
温莎别墅	亨纳斯酒店	汀兰鹭榭花园	剑桥原味
康诗丹郡	圣骊澳门苑	英达利科技数码园	柯梦波丹
华山香榭	维纳阳光	东方威尼斯花园	克拉码头
东方曼哈顿	巴黎时韵	欧景城	莱茵皇家
白金府邸	东方康洛	观澜高尔夫大宅·露诗达区	莱茵赏
莱茵清境	罗马假日	赛维纳	罗丹映象
路易凯旋宫	金爵别墅	瑞河耶纳	欧风城堡
虹桥蒂凡尼花园	好莱坞花园	金色华尔兹	欧峰
维也纳坡景森墅	莱诗邸	柏龙奥特莱斯商业广场	欧乡小镇
上海威尼斯花园别墅	东方巴黎	北欧峰尚	欧洲风华
绿洲比华利花园	中祥哥德堡	比华利山庄	欧洲晶典
莱顿小城	洛可可花园	威尼斯港湾	欧洲赏
维诗凯亚	巴黎风情	奥特城	帕华洛帝
巴黎春天	爱伦坡艺墅	金域地中海	普罗旺世
达安圣芭芭花园	苏州伯恩国际酒店	欧意轩花园	巧遇欧洲
阳光巴黎	东方鹿特丹	世金汉宫	阅读欧洲
悉尼阳光	维多利广场	圣莫丽斯	尊爵·高堡
金色贝拉维	爱丁堡公寓	宇宏罗马公元	曼哈顿DC
剑桥别墅	欧洲映象	**沈阳**	尊爵
伊莎士花园	上海捷克住宅小区	格林豪森	新站欧洲
塞纳·左岸	圣特丽墅	**台湾**	哈佛学园
阳光欧洲城	诺丁汉	百顺香榭	华尔道夫
爱法奥朗新庄园	兰乔圣菲	柏达翡利	晴光夏威夷
莘都巴洛克	绿洲仕格维花园	班芙春天	罗马假期
同润加洲	伦敦广场	法登美墅	竹城大阪
欧洲豪庭	马赛花园	歌德堡	瑞士花园
阳光爱琴海	圣马丽诺·桥		法国小镇

竹城富士	麦迪逊广场	铭爵山庄	加州豪园
丽宝爱琴海	法桐香榭	**香港**	伊利莎伯大厦
霍格华滋	米兰翠景	爱琴海岸	丹拿花园
西班牙小镇	蒙地卡罗瑞丰花园别墅	威尼斯花园	波斯富街
贝克汉	罗马花园	比华利山别墅	迈尔豪园
西班牙水花园	欧美风情小镇	曼克顿山	
左岸巴黎	**武汉**		
温哥华花园	剑桥铭邸	◀ **谐音风格命名方式** ▶	
纽约上城	人信·假日威尼斯		
润泰翡翠	人信·千年美丽	**北京**	雅龙骑仕
长虹瑞光	时尚欧洲	纯粹建舍	温镀空间
百荷千曜	水岸·毕加索	馨领域	领域
远雄耶鲁科技	威尼斯水岸	朝阳捷座	天地美墅
圣荷西花园	卧龙·剑桥春天	好来屋	品阁
巴黎春天	亚安花园·哈佛苗苑	新奇市	西山美墅馆
依托邦	普罗旺斯	西引力	时尚橙堡
罗浮宫廷	伊甸园	锋阁嘉园	香山艺墅
法国臻品	宜家·汤臣	东领鉴筑	西成忆树
天津	东方莱茵	钛度	易墅殿堂
爱琴海花园	东方夏威夷国际花园	津狮花园	知本时代
莱茵小镇	南湖加州花园	英郡	文城杰座
阳光维也纳	汤逊湖山庄	枫渡	金航安翔
洛卡小镇	**西安**	净界	一世情园
莱茵春天	新格瑞拉·湖滨假日	观缘	私摩空间
卡梅尔	中心	靠山居艺墅	逸成
玛歌庄园	欧洲世家	东晶国际	世馆
米兰翠景·诺克西区	萨菲尔	京品	领秀硅谷
王朝罗纳河谷	苏格兰风笛	糖人街	纯境
豪伯斯客瑞景商业公园	小悉尼家园	赢家	杰座
麦格理花园	新温莎堡	星峰佳缘	独墅逸致
米兰阳光	**厦门**	汤泉逸墅	御墅临枫
埃维昂依云小镇	加州洋房	建赏天兆	绿社

亿树公元	芝华室	爵士阁	华厦津典
源屋曲	竹韵菁华	精英荟	**武汉**
高巢	自由自宅	万源晶点	艺树家
德茂佳缘	静水楼台	居礼别墅	拜赞庭
天赐良园	楠极地	优贤生活	**西安**
新奇市	领域	长宁鉴筑	斯惟小区
观逸美树	成都私房	智慧岭秀	新西蓝
自由自宅	西岸蒂景	鸟与花乡	同创奥韵
润憬	蜀牛知茗都	晶彩视界	巴黎公舍
品德	**大连**	欧原	心巢雅居
北京好漾	大有恬园	东方佳年华	骏逸新视界
三水青清	优·豪斯	新家坡·美树馆	帝景摩尔
湖光山舍	**广州**	林与堂	钻酷
慧谷根园	泊岸森邻	理享家	万凯锋度
巨库	桐林美墅馆	好享家	**台湾**
今都王府	金帼大厦	爵世美墅	百室达
涧桥·泊屋馆	**杭州**	师大森呼吸	草根谭
麓鸣果墅	大地上的艺墅	白金瀚宫	常青墅
日坛晶华	佳境天城	徐汇鑫秀	大直观邸
私摩空间	**南京**	华阳森活馆	大直晶华
时尚·橙堡	花好月苑	人本主邑	枫阁
长沙	良城美景	御墅临枫	峰云
盛世中欣	香山美墅	玲珑碧寓	阁厦
成都	天宫·艺墅馆	贞观艺树林	耕原
海棠月色	新城市广场·摩尔特区	爱伦坡艺墅	贵筑
汇发摩尔	格林美地	领世馆	荷堤
交大靓典	蓝筹谷	士博汇	恒滨
锦绣森邻	**南宁**	韵动时代	湖适
新巢	天赐良园	**深圳**	基泰捷座
新景观美墅云间	**上海**	锦绣和山	吉第
美树馆	上海领秀	**天津**	极祥
艺墅花乡	瑞丽公寓·市中星	英郡	杰座

京典别墅
晶彩
晶典
如森堡
圣址
士林紫京城

中央伟圆
戴维营
海扬
淡大菁英
元气大镇

亲爱的 villa·亦庄小
　独栋
金第 NOLITA
企图 ATT 中心
澳林 park 国际公寓
北京 GOLF 公寓
CBD 核心区
FESCO 国际公寓
靓景 Q Q
迷你立方板·Mini 阁调
Moma 国际寓所
Nolite 那里
水岸·VILLA
SOLO
UHN 国际村
WE HOUSE

BLOG 公社
VACA 国际城
SOLO 自由城
SOHO 沸城
SOLO
第 V 大道
城南 loft
CITYWALK 风情
　商业街
南桥 windows

◀ 含英文字母命名方式 ▶

北京
ZAMA 咱们
DBC 加州小镇
10AM 新坐标
京城 DC
飘 HOME
City one 金隅国际
GOGO 新世代
TPT 大厦
鑫兆佳园 VO1
建于果岭的上层建筑·
　CLASS
你好！My life·润龙家园
CONDO360°·瞰都
Condo·国际街坊
Olive·澳立国际
望京新城 A4 区
CBD 总部公寓
跃城 UP365
取舍 1960'S
LOMO 流星花园
BOBO 自由城
北京 MOHO

FESCO 外企国际公寓
青龙湖 townhouse
西 BD
BDA 国际企业大道
西贸 DNA
堂 HOUSE
Mini 阁调
绿景苑 solo
韩 SHOW 百货
汤 HOUSE
宽 HOUSE
优士阁商务 MALL
都市 T 站
UHN 国际村
HIGH HOUSE 高巢
鑫兆雅园 VO1·里仁为美
时代 SOLO
高登 HOUSE
富海中心·H₂O 写字楼
other villa 渡上
CBD 卫城
建外 SOHO
北京 GOLF 公寓

长春
e 景佳园

长沙
SOHO 顺天城
e 时代电讯广场

成都
@ 世界
MINI 米妮
SAILING 西岭雪温泉
　酒店
Self_Blog SOHO 沸城
　私会所艺墅
SOLO WOIN 风尚
荷兰 CITYWALK 水上
　风情商业街
飘 com

重庆
e 动力广场
金岛 E·HOUSE
美力·com
时代 SOLO
e·times

大连
幸福 e 家

贵阳
中创联合 SOHO 大厦

杭州
e 世纪·长岛绿园
e 世纪·城市花园
e 世纪·都市知音公寓
rew 安居·嘉绿苑

济南
玖 A 花园

昆明
街公寓 U2

南宁
E 时代科技商城

青岛

SOHO100

上海

TOP·凤凰行宫

北纬 180C

北京 GOLF 公寓

LG 大厦

企图 ATT 中心

ABP 总部基地

雅墅 Hasa

WOHO 商务先锋

中华 BOSS 淮海中华大厦

Office2010 丽都大厦

永盛苑中心 e 站

格力 H_2O

上城 up town

LACALA 阳光海岸

Pasadena 帕萨迪纳

SOHO 时代一天厦

金淙苑 e 家源

THE HOUSE 御品大厦

SOHO 赢家时代

Hasa·雅墅

海上海 LOFT

家骏花苑·E 境

Woodland 浣纱雅苑

21 世纪海岸广场

E 境

ME 时代·上海阳城

深圳

I·领海

都市 e 站

石家庄

SOHO 都市名苑

台湾

淡水 SMART

淡水 up·up

台北·N 世代

台北 Going

台北 VISA

曼哈顿 DC

春虹 e 吉邦

师大·COM

VISION

Yes 2000

丽宝 ABC

活力 Double

万芳 villa

台大 JIA

西门 TOKYO

TOP 衡阳

筑科 24hr

SOHO 战谷

天津

麦收 METRO

山水颐园之 UP 生活汇

中基 T 城

柠檬 HOME

泰丰 SOHO

SOHO 部落

武汉

F·天下

西安

新兴 24G

佳家 SPORT

紫薇 LIHO

上城 LOFT

香港

YOHO Town

蓝天海岸实景 VIDEO

◀ **含数字命名方式** ▶

北京

百子湾 1 号

荣丰 2008

牛街 18

建国路 29 号

10AM 新坐标

聚龙花园 8A 楼

CONDO360° 瞰都

1+1 大厦

逸园 11

望京新城 A4 区

跃城 UP365

取舍 1960'S

10 号名邸

九台 2000 家园

银座 9 号

格林湾 15 号

国英 1 号

鑫兆雅园 VO1

未来 66

住邦 2000

富海中心·H_2O 写字楼

阳光 100 国际公寓

中环 SOHO 区

旺角 chic 之堡

happy vally

Wonderland Villas

cityone

作品 003 号

学风 1911

数码 01 大厦

公园 5 号

恋曲 70

长春

都会 1+1

成都

时代 100 时代锋尚

阳光 365

第 5 大道

重庆

创景 2000

梦幻 21

华夏 8 街

康德 27 度生活空间

长德东经 29 度

美力 24

广州

伊顿 18

杭州

16 街区

华门·自由 21

◀ **创新个性命名方式** ▶

筑境 2050

昆明

76 港

86 街公寓 U2

南京

21 世纪·巴黎春天

21 世纪·世纪园

21 世纪·现代城

21 世纪假日花园

魔方 4·8

南宁

21 时代

第 5 大道

都市 100

阳光 100 城市广场

上海

北纬 180C

罗山精华 NO·2·通联阁

Office2010 丽都大厦

徐汇 37.2℃

格力 H_2O

徐汇 99

上海 88 区

公园 3000

21 世纪海岸广场

碧云 108

公园 2000

玫瑰 99

幸福 365

21 世纪海岸广场 E 境

深圳

新 2000 广场

玲珑 1·8

都会 100

美丽 365

东门 168

金谷 1 号

城市 3 米 6 公寓

精彩 24 家园

台湾

第 5 大道

竹北 101

Yes 2000

筑科 24hr

摩天 31

天津

玛歌庄园 1848

第 6 大道

阳光 100

海河大道 1902

第 4 杰座

第 6 田园

阳光星期 8

2008 先锋社区

西安

新兴 24G

100 富星座

公园 50 坪

曲江 6 号

郑州

21 世纪居住社区

北京

炫特区

橙色年代

远洋商务

非常宿舍

白领居易

非常男女

五朵金花

青春无限

黄金宿舍

新锐

乐府江南

紫金长安

水郡长安

长安明珠

西山枫林

远洋山水

香草天空

乐府江南

万象新天

观逸美树

阳光左右间

永达逸家

朝阳无限

甲方乙方

果岭假日

家春秋

美然动力街区

柏林爱乐

建于果岭的上层建筑·CLASS

渡上

中国房子

燕清·源

提香草堂

圣华原

樱桃源

双裕德邻

未来上层

恋日上层

心都

北京六月

墅园假日

北京故事

吉利恒润

果岭·假日

人民派对

南极星

旗舰·凯旋

山的理想

宅·美诗

万万树

幸福时光

百环硅谷香林

优秀·赏

蓝调沙龙

城市月光

万豪君天下

绿波漫板	格兰晴天	里仁为美	碧海方舟
石上清泉	顺驰领海	世纪龙鼎	时代庐峰
竹天下	左岸工社	东方之子	阁外山水
星月云河	迷你立方板	碧水云天	盈创动力
空港樱花	华源之星	世涛天朗	一幅画卷
阳光好东东	山水汇豪	上海沙龙	东一时区
印象江南	点击未来沁居	东环十八古柏家居	第七街区
锦秋知春	庄胜	空间蒙太奇	华盛乐章
商翼	快乐无穷大·北京快乐	花样年华	奥竺
香花畦	假日大酒店	似海怡家	渤海皇家
嘉多丽巢	丽阳四季	阳光新干线	长城下的公社
紫庐	旗舰凯旋	时代芳群	长安西点
豪柏风度	半山枫林	格调	城市亮点
得易家·银街俊景	西山美庐	奥竺	成品家
在水一方	城市亮点	世纪宝鼎	第三极
一栋洋房	天创世缘	硅谷先锋	低调
易构空间	风景线	水岸长桥	顶天立地
和乔丽致	云景帝成	牛顿·办公区	非中心
成品家	雅龙骑仕	美景东方	非常生活
君悦朗琴	真典藏	蓝色澳林	峰景·蓝天
公园大道	绿荫芳林	岸芷汀兰	阁外山水
望京新锐·慧谷时空	世纪财星	星海明珠	禾风·相府
筑梦缘	鼎恒新星	北京商界	华墅洋房
上元	京华学者之家	矩阵	龙岳洲·海后珍藏
翠堤春晓	东华经典	巷上	丽桥城丽桥美树
乐府·江南	世涛天朗	世嘉丽晶	恋舍·长安明珠
新地标	四季香山	古桥镜水	尚西·泊图屋
颍泽洲	蓝色家族	未来明珠	顺驰·林溪
自由度	金航安翔	领地	独立宣言
意华·田园都市	天之骄子	水云天	水色时光
中海凯旋	爵世	第一都市	水岸·蓝桥
日月东华	水印长滩	时代·紫芳	**长春**

彩云间	高山流水	时代锋尚	玉林芳华
长春明珠	红帆风林假日	时代凯悦	香槟一代
金色华尔兹	春禧前景	时代天骄	香格里拉
长沙	宏泰花簇锦绣	时代阳光	小城故事
都市本色	花好月圆	沙河北岸	心中田园
都市先锋	花溪温泉	双楠回归线	梦里水乡
沁园春	花香九里	双楠美邻	四海一家
左岸春天	花样年华	双楠所有阳光	新绿季节
成都	梦想家	明阳家在回廊	彩世界
单人房双人床	钻石景翔	缤纷假日	星光大道
阳光世界·青春派	汇景樱桃季	豪瑞新界	幸福春天
贝多小屋	枫林秀色	财富程式	幸福时光
长盛绫锦	丽日樱花	水岸格林	阳光地带
奔腾年代	江南房子	水叮当	三道堰
城西故事	城市物语	水木光华	在水一方
春语花间	交大吾家	水漪叕铜	阳光香榭
纯真年代	金色乐章	水印长滩	夜色聊人
翠堤春晓	金色起跑线	四季香榭	宜家结庐缘
翠堤雅筑	锦宏自由假日	蔚蓝森林	艺家
大成天府景秀	锦上花	香语街头	远鸿方程式
大地城市脉搏	锦绣朋成	桃都自由东方	紫荆春天
迪康银色诗典	春风翠柳	天彩菁华	宗申流溪·别院
第九交响	经典坐标	丽日清风	左岸花都·悦扬
东成西就	蓝光金荷花	天盛驿都锦绣	时代风情
三洲佳润	丽都美语	万基新界	吾家
和贵时代巢	丽泉江南	玉林芳华	五彩生活
蓝色钻石	美丽人生	五彩生活	伊甸阳光
枫桥晓月	美丽星	武城碧云天	上行东方
凤凰栖	欧景蓝天	西城映画	西雅语嫣
福华新起点	盛世荷花	西蜀皓月	荷花金池
府河菁华	上东阳光	西雅语嫣	康桥水乡
阳光金沙	客汇天下	西延锦绣	廊桥水岸春天

坡景香樟林	广厦经典	兴地都市方舟	回龙兰湖天
水映长岛	海棠晓月	水天一色	金香林
人和逸景间	荷塘月色	天一桂湖花源	城市江山
东润风尚	金色年代	富比帝物业	巴蜀俊秀
正成香域	宏声商业长廊	彩色奥邻	聚丰锦绣盛世
正成商翼	华普鼎秀	天池林海	博丰嘉华盛世
向左向右	江南明珠	朵力欣元	山语间
十里彩云间	江南山水	人和天地	得意世界
倾城之恋	江山多娇	巨豪香溪美林	左岸阳光
交大靓典	金江明珠	海兰云天	拓展阳光
城南名著	锦华源	森林龙门皓月	武夷滨江
众合北尚	凌江翠屏	城市传说	枫林秀水
蓝色雅典	美景华联	奥林骄子	世纪中环
利通出水芙蓉	升伟·新居民	祥宏九龙明珠	南方星空
总部聚落	时代天骄	轻轨美仑	奇峰清华源
校园春天	世纪中环	城市之光	江畔语林
盛世年华	天骄年华	美茵天鹅湖	东方山水
五彩生活	我爱江山	阳光心殿	重庆森林
国泰现代之窗	新城明珠	骄阳天际	**大连**
春江花月	新锐地带	艾佳天泰	兰亭山水
优品道	新洲·阳光	都市经典	青云林海
博雅庭韵	一城新界	巴山夜雨	世纪经典
天和盛世	在水一方	兰亭水云涧	软件知音
美墅云间	人和春天	雅地天际	**东莞**
西景阳光	清迈阳光	都市风采	现代经典
商环境	金科天籁城·美社	君悦长滨	**广州**
草堂之春	南方上格林	菁英年代	都市之眼
重庆	荣升锦瑟华年	黑格金界	上寓
城市今典	两路枫景	东和春天	熙源
翠堤春晓	高山流水	天信双骄	时代廊桥
富贵天骄	阳光新干线	南桥江山	锦州国际
高创锦业	江山多娇·钻石年代	珠江彩世界	海珠锦绣

荷塘月色	在水一方	倚天·盛世钱塘	独立年代
时代天骄	**桂林**	浪漫和山	曲水文华
君铂国际	桂林大世界	枫丹白露	九点阳光
东山水恋	**杭州**	春江时代·东南华府	凯悦天琴
凯旋会	爱都·枫丹白露	南肖埠	湖畔之星
理想蓝堡国际	春江花月	绿苑晨光	南湖春晓
尚海	假日之约	香槟之约	千峰彩翠
上领	江南水乡	西城年华	水月秦淮
本色生活	爵士风情	赞成·林风	四季翠岭
江南快线	沁园春	都市水乡	四季经典
嘉汇华庭·居尚	双溪假日	三水一生	四季仁恒
蓝色快线	华庭云顶	倚天·盛世钱塘	金基蓝钻
蓝色探戈	岸上蓝山	金色闲林	苏宁·千秋情缘
丽岛翠堤	江南春城·白云深处	**昆明**	苏宁·天华百润
珠江明珠	江南春城·庭院深深	彩云水榭	阳光之旅
珠江高派	江南春城·闲林山水	金碧辉煌	万和源
亲晴天	江南春城·竹海天韵	美树橙	左邻风度
万科蓝山	金海	七重天	水月秦淮
雅居乐花园·峰会	锦昌文华	地中海	时光滟韵
雅居乐花园·花巷	七里香溪	银海森林	西城映象
雅居乐花园·上善若水	桃花源	**南京**	香居美地
鹅潭明珠	学院春晓	百合华府·好风如水	翠屏·清华
橡树园	三华·天运	北苑景虹	宝船听涛
公园一号	鸣翠桃源	北苑之星	阅景龙华
班芙	时代·长岛之春	长江之家	永嘉年华
星城格调	六和源	翠屏·清华	运盛美之国
阳光心域	都市枫林	都市公社	绿城新贵
华工是我家	超级星期天	方圆绿茵	中国人家
雅郡花园·熙源	燕语林森	枫丹白露	中江美河
华秀	协安景上	枫情国度	花开四季
贵阳	五月香山	树客	金陵家天
都市之星	锦绣江南	花香季雨	城开·怡家

壹·空间	合生城邦	珍宝公园	海誓山盟
居易时代	金沙家年华	上海映象	柏林爱乐
挪威森林	世纪同乐	创意虹桥	未来窗
左邻右里	秋水云庐	第九城市	印象江南
美丽新世界	上海知音	上海早晨	左岸公社
朗诗·国际街区	歌林春天	时代金领	千禧静安
辉煌年代	永兴富邦	自由现代	星海国宝
瑞景文华	馨庄明珠	东苑利华	林海伟星
盈家春天	徐汇芳邻	锦秀文华	怡园洋房
南宁	金色探戈	上海知音	月光流域
呈辉绿城画卷	森活地带	水清木华	城市月光
第一印象·金湖汇富	城市之星	檀宫	上海诗林
格兰云天	绿邑叠翠	江南春堤	海岸人生
嘉士·天骄	百林春天	美树铭家	兰乔圣菲
江南香格里拉	海上新月	西渡指挥部	上海年华
锦绣江南	滨江晶典	长阳新贵	江南山水
两河流域	天下晶典	壹间房·张江国际酒店	东方异彩
铭湖经典	世纪晶典	公寓	生活点睛
柠檬宿	上海之窗	上大阳光	北美之林
桃花源	优贤生活	创智年代	山水秀
香百合	爱莲屋	海阔天空·三亚	虹口易家
宁波	现代康桥	摩登静安	领秀赏
香格里拉	外滩鉴赏家	中邦·风雅颂	美克·美家
银桂揽月	御品	君悦·朗琴	金地格林春晓
银杏四季	逸品	远洋天地·群星	金地格林春岸
创业天下	滨江杰作	陆家嘴大人物	盛大金磐
青岛	万源杰作	智慧岭秀	艳阳流情
宜仕宜家	锦绣江南	第七街区	金澄·明珠
银都景圆	滕王盛世	禾风·湘府	创富元年
上海	TOP·凤凰行宫	纯翠上南	阳光永业
都市宜家	路易·凯旋宫	感性达利	浪漫樱花
都市驿站	水印长滩	万象新天	一品凌江

高飞生活	时代映象	精英会	璀璨天成
凰蝶独立	世纪景典	在水一方	虹桥大名人
明园森林都市	东方云顶	虹口情缘	显赫人生
金色黄浦	开元地中海	虹锦佳话	淮海晶华
上海梦想	城市山林	欢喜临门	鉴赏新华
北美枫情	音乐河·静安生活恋曲	商务先锋	静源
康桥老街	盛源晶华	天杰徐汇	传奇海景
江南星城	联洋年华	城市经典	生活艺术居
苏堤春晓	张杨水想曲	明月星河	阳光富比仕
富林四季	易初生活	蝶恋园·金风玉露	长宁馥邦
春江锦庐	东珂臻品	金都花好月圆	虹桥逸品
璀璨天成	君悦静安	中邦风雅颂	上海奥斯卡
小沪春秋	月夏香樟林	黄浦新殿	星上海廊侨
白雪公主	自由自宅	写意春秋	莱阳生活赏
康河原味	杉林新月	绿带风光	富林四季
宝利金	田林亲家	金色碧云	大众河滨
西藏北麓	宜居田林	颐景山水	华丽家族古北
爵士静安	十里都华	飞越虹桥	新家老家
大城小室	艺品·黄兴	臻藏·元	奔腾新干线
新风尚	合家欢	同济吉品	森林海
仙霞良品	大学源	水岸蓝桥	天籁
小沪春秋	东苑新视界	新家静品	平易近水
仙霞福运	上海梦想	新芳邻	陆家嘴理想家
水岸枫叶	汇元坊·千诗万绿	古北星期八	碧云中惠
学苑风范	蔷薇绅邻	城市艺术季	银河世纪经典
宝纳文化源	雅舍小品	海上海	和风润玉
优族	花木白杨	国际俪晶	福缘
亲访曹安	金隆海悦	叠翠上南	五彩星辰
格林蓝天	东方港湾·金杰	星洲阳光	日月星辰
当代曹杨	东方知音	北美精典	上海第五季
生活的艺术	河滨传奇	大城小室	金色奥斯卡
百年徐汇	春江锦庐	未来视界	精品

纯翠江南	春之声	盛和玲珑	富通好旺角
同领都会	生活新家	盛世年华	碧海云天·红树东方
世纪新作	印象派	汤臣海景	心海假日
中天碧云	现代映象	喜福会	石鸿小洋房
紫虹嘉苑·风云录	金帝城市岸泊	现代律感	海洋之心
帕萨迪纳	中皇·外滩	翔殿心秀	东湖新地带
青青白洋淀	丝庐花语	**深圳**	招商城市主场
峰会	上海蓝山	挪威森林	丹枫白露
凤凰赢家	新上海一家人	安柏丽晶	万托城市赢家
锦三角花	花好月圆	海天一色	碧玉小家
中远行家	静安大闻	世外桃源	荔林春晓
中皇外滩	日月新殿	金地香蜜山	风临左岸
现代思想家	康健星辰	锦绣和山	欧陆经典
我是女生	都市水乡	海湾明珠	金众香诗美林
公园景秀	虹口知心	金域地中海	洪湖春天
丽都黄金走廊	上海未来	锦绣东方	海世界
孔雀王朝	锦绣一方	青年城邦	青春驿站
世纪星	新华盟	水榭花都	我爱我家
宝林春天	虹桥晶彩	半岛城邦	现代之窗
学府双星	邻岸东方	天朗风清	蓝田壹站·华苑
龙腾浦江	曹杨五月天	英郡年华	山海人家·小小家
海上花	江南新浪	金色假日	新锦安雅
远中风华	风度国际	光彩山居岁月	香域中央
世纪时空	金色枫情	艺术心殿	翡翠星空
蓝朝部落	金色黄埔	东方尊峪	海岸明珠
八月桂林	金沙嘉年华	万家灯火	心海伽蓝
美树名家	锦绣年华	壹世界	京基东方都会
上海本色	莱茵风尚	观澜高尔夫大宅	碧云天
世纪凯厦	清悠时代	阅读缤纷	前海宜家
花语墅	品赏碧云	都市本色	风华盛世
美好家	秋月枫舍	星座传奇	乐扬枫景
流晶逸彩	上游会舍	云深处	锦绣江南

银座金钻	**石家庄**	丰馥	建筑博·家
满庭芳	都市桃源	风尚	建筑群英会
西海明珠	**苏州**	风云顶客	鉴赏家
安柏·丽晶	奥林春天	浮生散记	山万里
碧海红树	东方·春晓	浮生臻品	金赏
芳邻	发现之旅	富临极品	居易
飞扬缤纷	湖左岸	公园家	巨匠
风和日丽	景运康家	公园与我	空间大赏
格兰情天	美墅·缘	关渡站前	兰亭集序
荔林春晓	师惠乐章	观自在	蓝鲸
名牌大世界	胥江假日	光之颂	蓝居俱乐部
七彩时光	**台湾**	国扬超值屋	礼赞
山海翠庐	碧海蓝天	国扬青年市	凌波
山水四季	碧海擎天	海水正蓝	琉森
玉麒麟	别墅大赏	海月	硫森
红树家邻	博·家	海悦	龙腾
锦绣东方	草本生活	海云间	绿色国度
绿景新洋房	长堤	和风·小雅	绿野新坡
米兰寓所	朝代风尚	和风雅集	美馆大宅
盛地龙泉	春树	红色炫风	美丽大直
盛世鹏程	大成赏	红树林	米堤
深业新岸线	大地赏	湖山雅致	名人录
世外桃源	大湖春天	湖中天	千秋
时代都会	大湖富邦	湖左岸	青泉岗
水山缘	大来赏	花吹雪	清谈
山湖林海	东方山河	画市	日光程序
石鸿小洋房	都会通	怀石磺溪	日光大道
天地桃源	敦藏	黄金眼	日光离宫
天朗风清	敦品	活力程序	日月光
泰华明珠	二重奏	极景	山海观
五米阳光	发现之旅	极品	山居岁月
喜洋洋	非常居易	建筑の赏	山水豪情

山水天厦	水筑世界	和歌	陶然先生
山水缘	四季	优赏	传世国宝
山下赏画	四季花彩	优天母	捷运喜来登
山宅一生	四季花乡	优秀赏	景安台北
升之阳	四季花香	有乐町	春风达人
生活大师	四季新象	宇宙之钻	德安双
生活复兴	四季之钻	御宝京城	震大华玉
生活家	台北·快意通	御和风	师大丽致
盛世纪	台北雕之森	御品	古亭栈
师苑翠堤	天地赏	源氏物语	摩登站前
狮山风土记	天晶	云滨	丰邑大自然
十方意境	天幕	云门	热带屿
时代赢家	天喜	云霞喷泉	月牙泉
世纪の樱	天裔	再兴春天	北大爱乐
纪财星	天悦	中央绿	铭传财库
世纪经典	童话世界	住宅大赏	福桦君悦
世纪经贸	薇多绿雅	自然纪行	丽池香颂
世纪名人	薇阁春天	乐扬	舞动阳光
世纪威秀	无为·草堂	达观	双福
世纪之音	霞飞	皇家将相	亚昕公园大道
世界杯	霞关	山盟海誓	草叶集
世界集	夏朵	双和金钻	华纳生活
世界之窗	现代启示	大亨首席	丽宝仙境传说
世界之顶	香滨	星河	陶玺
首席	新秀赏	心动	大学风吕
首席芳邻	幸福密码	优赏	汤泉首席
舒曼	雅集	生活臻品	权世界
双胞胎	雅舍小品	全台首学	公园大赏
水钢琴	逸品	皇家艺品	丽池经典
水上加冕	裔品	大同世界	荣耀世纪
水世界	迎河赏	和光真善美	国美宝格丽
水乡	映象之旅	元邦丽湖特区	信义鼎间

润泰翡翠	华宇国际	棕榈阳光	自由方块
好光景	旺族新屋	广得星钻	海天馨苑槟榔屿
南海荷风	**天津**	大津天	海河之子
基隆长荣桂冠	怡林佳缘	格调春天	香滨左岸
心悦梧桐	泰丰傲景观澜	格调街区	八方园明
统丰世贸	水映兰汀	万科东丽湖	美丽心殿
未来之光	美日阳光	百度风景	新浪巢
升阳立都	贻正嘉合	津河壹号	东城座标空
创世纪	雅都天元	恋日银河	希望领空
京澄会道	蓝水假期	风和日丽	青山溪语
香格里拉	邻水阳光	未来之约	太阳城艺阳枫尚
建筑年鉴	旭水蓝轩	水木天成	棕榈阳光
霞关	在水一方	建筑师走廊	水岸阳光
新天阔	水映云顶	焕日线	**武汉**
丽宾经典	香江雅兰	方正山海天	枫丹白鹭
盛宴	白天鹅	蓝色乐章	海天一色
元利星河	百合春天	蓝调街区	海景·浪晴屿
家居之最	天鹅湖	宏苑领海	汉口春天
新闻线上	美震格蓝春天	蓝天假日	汉盛·关山春晓
鹿致文林	三味舒屋	阳光新干线	花好月园
逸仙雅仕	香水之约	都市桃源	花前树下
生活派对	城市阳光	海天馨苑·珊瑚堤	江都仕嘉
丽源王朝	立达博兰	城市之光	江南金都
海神	日出东方	城市之星	晴川明珠
丽阳	三味舒屋	海逸心屿	金鑫·黄金时代
宏盛帝尊	濠景国际	立达博兰	锦绣良缘
皇家天下	海景假日	东区商务坐标	绿色晴川
现代之艺	假日风景	白楼仕嘉	美好愿景·汀香水榭
哲学之道	摩登天空	浩天天娇源	水榭香堤
太原	水岸旺角	恋日四季	春天故事
北美枫情	中山国际	香水之约	畔江影月
都市豪情	美震时区	都市坐标	七彩朝阳

七里晴川	华尔国际	碧海蓝天	晓峦
青青美庐	凤凰物语	都会駅	水蓝天
山水星辰	紫薇臻品	倚峦	**郑州**
时代天骄	男才女貌	一号银海	华林都市
水木清华	瑞源清风	慧云峰	桃园洋房
水天一色	我爱我家	尚堤	文雅新世界
顺驰·泊林	碧水怡兰	晓庐	
天上人间	福满圆		
沁园春	世纪春天		
星海蓝天	帝标		
阳光在线	东方之星		
左岸·风景线	雅荷春天		
清水源	摩登部落		
半岛嘉年华	朝阳无限		
碧云天	万强艺术家		
翠堤春晓	汉杰枫尚		
东创仕佳	八水洋房		
东方华尔兹	天伦明珠		
东方时空	高山流水		
东湖林语	城市浩星		
东林外庐	大唐西市		
都市经典	花好月圆		
非常男女	城市之眼		
世纪皇冠	尚品格蓝		
缤纷四季	自由品格		
西安	**厦门**		
城南故事	鼓浪天籁		
幸福时光	绿野轩踪		
积木的楼	美丽新世界		
恒佳格调	世纪之星		
凤城明珠	武夷桃源		
皇城国际	**香港**		